U0882030

教育部高等学校高职高专汽车类专业教学指导委员会规划教材

总主编 仪垂杰

汽车发动机
构造与维修

主　编　陈保国　倪晋尚
副主编　张北成　高　维　沈恒旸
主　审　祁翠琴

山东大学出版社

内容简介

本书分为九章，主要围绕发动机的两大机构和五大系统展开。教材内容涉及发动机基础知识以及汽车发动机各机构系统的构造、原理、调整、故障诊断与检修等。本书很好地突出了理论适度够用、强化实操技能的高职特点，而且符合一体化教学规律。教材每章之前都有学习目标、考核标准和教学建议，考核标准结合了劳动部门相关技能等级标准和学校的教学实际情况；各章之后都配有内容丰富的复习题，便于学生学习、复习和巩固所学知识与技能；另外，每个章节的后面都配有拓展阅读，可供大家拓展自己的专业知识。本书主要用于高等工科和高等职业院校汽车专业的师生作教材使用，也可供汽车维修与检测技术人员使用和参考，还可以作为各类汽车维修培训班的培训教材。

图书在版编目(CIP)数据

汽车发动机构造与维修/陈保国，倪晋尚主编．—2 版．—济南：山东大学出版社，2016.2

教育部高等学校高职高专汽车类专业教学指导委员会规划教材/仪垂杰总主编

ISBN 978-7-5607-3747-8

Ⅰ.①汽…
Ⅱ.①陈… ②倪…
Ⅲ.①汽车—发动机—构造—高等职业教育—教材
②汽车—发动机—车辆修理—高等职业教育—教材
Ⅳ.①U472.43

中国版本图书馆 CIP 数据核字(2011)第 159051 号

山东大学出版社出版发行
（山东省济南市山大南路 20 号　邮政编码：250100）
山东省新华书店经销
山东省英华印刷厂
787 毫米×1092 毫米　1/16　15 印张　344 千字
2016 年 2 月第 2 版　2016 年 2 月第 2 次印刷

定价：28.00 元

教育部高等学校高职高专汽车类专业教学指导委员会规划教材

编审委员会

总　序

进入新世纪以来，我国加快了转变经济发展方式的步伐，从而有力地推动着各领域的科学发展。随着科技创新能力的不断提高，科学技术的产业化进程日益加快，制造业不断优化结构，改善品种质量，并淘汰落后产能，汽车制造业尤其如此。《中华人民共和国国民经济和社会发展"十二五"规划纲要》提出的培育发展新能源汽车等新兴产业的战略目标就充分体现了这一点。

2010 年，中国汽车产销量已超过 1800 万辆，居全球首位，市场潜力巨大。中国汽车与装备制造业已进入了一个新的发展阶段。汽车工业的飞速发展带动了汽车与制造相关产业链的发展，为汽车和机械制造类相关专业毕业生提供了广阔的就业空间和很好的发展前景。然而，老版本的汽车类教材已经远远不能满足汽车专业的教学需求，为广大汽车专业的师生提供一套新版教材成为当务之急。同时，为贯彻《教育部财政部关于实施国家示范性高等职业院校建设计划加快高等职业教育改革与发展的意见》(教高[2006]14 号)和《教育部关于全面提高高等职业教育教学质量的若干意见》(教高[2006]16 号)的精神，进一步推动职业教育由"重视规模发展"向"注重提高质量"的工作重心转变，适应我国现代汽车工业和职业教育发展的需要，教育部高等学校高职高专汽车类专业教学指导委员会决定在工学结合课程开发和教材建设方面进行探索，组织高校富有经验的教师和企业专家共同编写一套理论性和实践性相结合的汽车类专业教材。

教学质量是学校的生命线。提高教学质量，专业建设是龙头，课程建设是关键。高职教育的课程改革是一项长期的工作，它不是片面的课程内容的解构与重构，必须以人才培养模式创新为核心，以双师素质教师团队建设、实训条件建设、实训项目开发、教学方法改革、教学实施创新等一系列条件为支撑。多年来，在教育部高等学校高职高专汽车类专业教学指导委员会指导下，各高职高专院校进行了广泛的调研，以课程建设为抓手，以校企合作、工学结合为突破口，狠抓课程实施，在教材建设方面做出了高等职业教育的特色。本套教材既注重技能的提高，又兼顾理论的提升，力求满足广大高职高专汽车类专业学生学习的需要，为学生的就业和继续深造打下坚实的基础，充分体现了工学结合的职业教育特色。

经过各分册编写者和主审们的辛勤劳动，本套教材即将陆续面世。希望教育部高等学校高职高专汽车类专业教学指导委员会的工作可以为各高职院校提供一些借鉴，并通过这套教材进一步推动各地的高职高专教学与课程改革。同时，也希望业内专家和同仁对本套教材提出指导性和建设性意见，以便在教学实践中共同完善和提高。

在本套教材编写过程中，得到了教育部领导、行业专家、各高职高专院校和企业专家的支持，山东大学出版社对教材的出版给予了大力支持和帮助，在此一并致谢。

教育部高等学校高职高专汽车类专业
教学指导委员会主任委员　仪垂杰

2010年12月于青岛

前 言

随着汽车工业的快速发展，作为汽车心脏的发动机，其结构越来越复杂，性能也越来越优越。在使用过程中，对发动机的使用、维护、检测、故障诊断和维修的要求也越来越高，发动机的维修能力已是汽车类人才能力评价的重要方面。

为适应我国高等职业教育发展的需要，强化职业能力的培养，推行一体化教学，按照教育部关于开发技能型紧缺人才培养、培训工作的要求，并结合多所高职院校的教学、生产、实践经验，组织编写了该教材。

本书分为九章，主要围绕发动机的两大机构和五大系统展开。教材内容涉及汽车发动机的构造、原理、调整、故障诊断与检修等。本书很好地突出了理论适度够用、强化实操技能的高职特点，而且符合一体化教学规律。每章之前都有学习目标、考核标准和教学建议，考核标准结合了劳动部门相关技能等级标准和学校的教学实际情况。每章之后都配有内容丰富的复习题，便于学生学习、复习和巩固所学知识与技能。另外，每个章节的后面都配有拓展阅读，可供大家拓展自己的专业知识。

在选材上，主要选取经典、技术全面的发动机作为教材讲述对象。汽油机方面主要选取本田VTEC发动机，柴油机方面主要以YC6105QC和YC6110Q两款为主，尽量将社会上已经实用化的结构纳入教材，力争缩小教材与实际的差距。

本书主要用于高等工科和高等职业院校汽车专业的师生作为教材使用，也可供汽车维修与检测技术人员使用和参考，还可以作为各类汽车维修培训班的培训教材。

本书由常州工程职业技术学院陈保国、倪晋尚担任主编，黑龙江省齐齐哈尔农业机械化学校张北成、扬州工业职业技术学院高维、镇江高等专科学校沈恒旸分别担任副主编，参加编写的还有常州工程职业技术学院孙海波、皮连根、于瑞、彭卫锋、王中磊、姜淑华，淮安信息职业技术学院黄银花，硅湖职业技术学院梁文亮，昆山登云科技职业技术学院张旭，南京技师学院丁磊，应天职业技术学院熊江勇，钟山职业技术学院向志渊。全书由河北工业职业技术学院祁翠琴教授担任主审。

本书编写过程中得到高职高专汽车教指委的关心和大力指导，在此表示衷心感谢。还得到扬州工业职业技术学院、镇江高等专科学校、淮安信息职业技术学院、硅湖职业技术学院、昆山登云科技职业技术学院、南京技师学院、应天职业技术学院、钟山职业技术学院、齐齐哈尔农业机械化学校的大力支持，在此一并表示感谢。

由于编者水平所限，教材难免存在缺点与不足，肯请读者给予批评指正。教材通过今后的教学使用，还需不断地总结经验，以便再版修订时改正与完善。

编　者
2010 年 12 月

目　录

第 1 章　发动机基础知识

学习目标

1. 熟悉发动机的总体构造、分类和常用术语以及发动机的性能指标和特性。
2. 理解发动机的工作原理。
3. 能正确读取发动机编号。

考核标准

知识要求：

1. 发动机总体构造及分类。
2. 发动机常用术语及工作原理。
3. 发动机一般性能指标和特性。
4. 国产发动机型号编制规则。

技能要求：

1. 能对发动机实体进行总体构造的准确识别。
2. 理解和掌握四冲程与二冲程发动机的工作过程。
3. 能正确识读发动机编号并获得相关发动机信息。

教学建议

教具：发动机、发动机解剖教具、汽车维修工具。

建议：发动机总体构造建议在实验室进行现场教学，发动机常用术语、工作原理及性能指标和特性建议使用多媒体教学。

1.1　发动机的分类和基本构造

1.1.1　发动机的分类

根据其将热能转变为机械能的主要构件的形式，车用内燃机可分为活塞式内燃机和燃气轮机两大类。前者又可按活塞运动方式分为往复活塞式内燃机和旋转活塞式内燃机两种。在当今汽车上应用最为广泛的是往复活塞式内燃机。

汽车发动机(主要指车用往复活塞式内燃机)分类方法很多,按照不同的分类方法可以把汽车发动机分成不同的类型。

1.1.1.1　按照所用燃料分类

内燃机按照所使用燃料的不同可以分为汽油机、柴油机及其他燃料发动机,如图1-1所示。使用汽油为燃料的内燃机称为汽油机;使用柴油为燃料的内燃机称为柴油机。汽油机与柴油机各有特点:汽油机转速高,质量小,噪声小,启动容易,制造成本低;柴油机压缩比大,热效率高,经济性能和排放性能都比汽油机好。

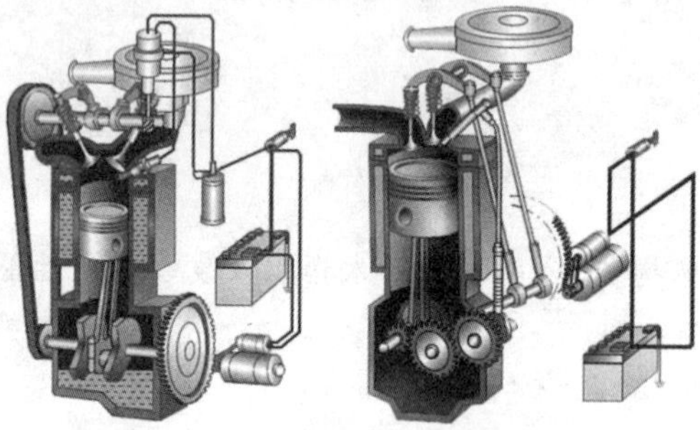

汽油机　　柴油机

图1-1　发动机按燃料分类

1.1.1.2　按照行程分类

内燃机按照完成一个工作循环所需的行程数可分为四行程内燃机和二行程内燃机,如图1-2所示。把曲轴转两圈(720°),活塞在汽缸内上下往复运动四个行程,完成一个工作循环的内燃机称为四行程内燃机;而把曲轴转一圈(360°),活塞在汽缸内上下往复运动两个行程,完成一个工作循环的内燃机称为二行程内燃机。汽车发动机广泛使用四行程内燃机。

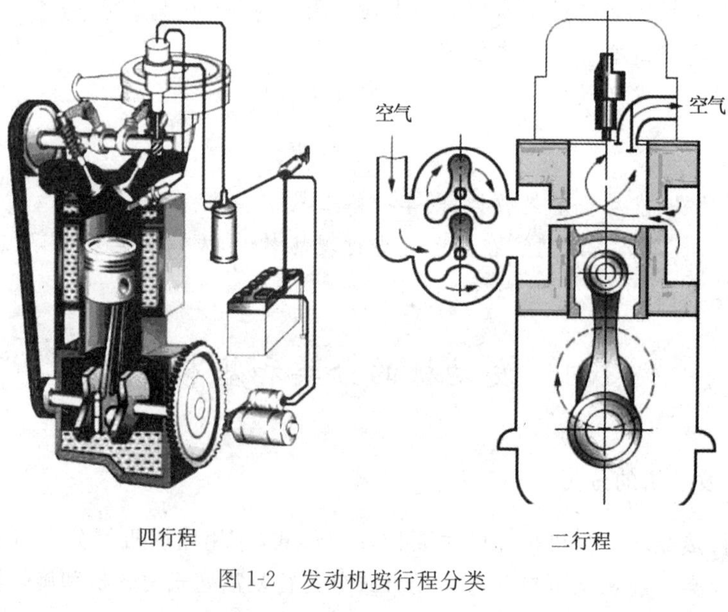

四行程　　二行程

图1-2　发动机按行程分类

1.1.1.3　按照冷却方式分类

内燃机按照冷却方式不同可以分为水冷发动机和风冷发动机，如图 1-3 所示。水冷发动机是利用在汽缸体和汽缸盖冷却水套中进行循环的冷却液作为冷却介质进行冷却的；而风冷发动机是利用流动于汽缸体与汽缸盖外表面散热片之间的空气作为冷却介质进行冷却的。水冷发动机冷却均匀，工作可靠，冷却效果好，被广泛地应用于现代车用发动机。

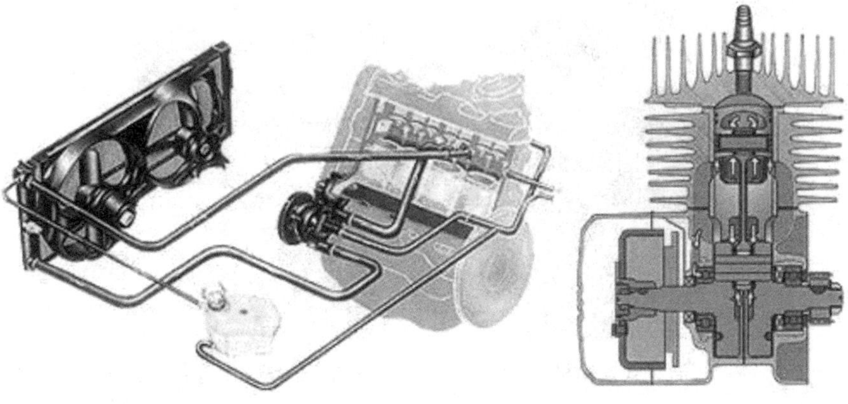

水冷却　　风冷却

图 1-3　发动机按冷却方式分类

1.1.1.4　按照汽缸数目分类

内燃机按照汽缸数目的不同可以分为单缸发动机和多缸发动机，如图 1-4 所示。仅有一个汽缸的发动机称为单缸发动机；有两个以上汽缸的发动机称为多缸发动机。如双缸、三缸、四缸、五缸、六缸、八缸、十二缸等，都是多缸发动机。现代车用发动机多采用三缸、四缸、六缸、八缸发动机。

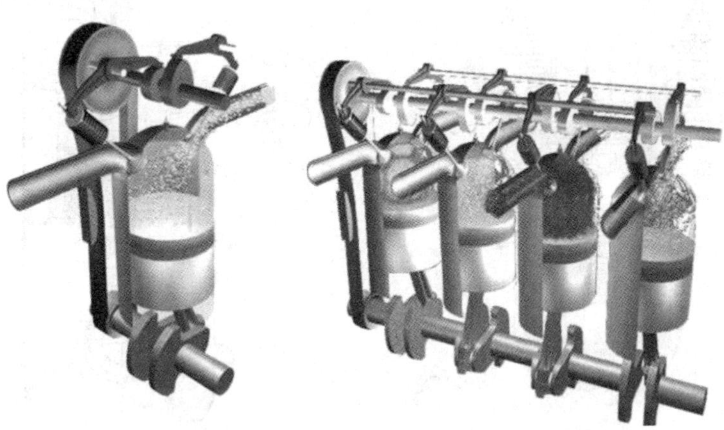

单缸发动机　　多缸发动机

图 1-4　发动机按汽缸数目分类

1.1.1.5 按照汽缸排列方式分类

内燃机按照汽缸排列方式不同可以分为单列式和双列式，如图 1-5 所示。单列式发动机的各个汽缸排成一列，一般是垂直布置的，但为了降低高度，有时也把汽缸布置成倾斜的甚至水平的；双列式发动机把汽缸排成两列，两列之间的夹角小于 180°（一般为 90°），称为 V 形发动机，若两列之间的夹角等于 180°，则称为对置式发动机。

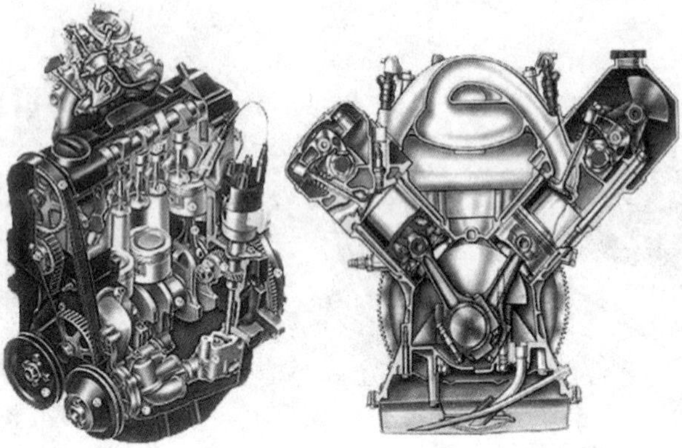

直列式发动机　　V 形发动机

图 1-5 发动机按汽缸排列方式分类

1.1.1.6 按照进气系统是否采用增压方式分类

内燃机按照进气系统是否采用增压方式可以分为自然吸气（非增压）式发动机和强制进气（增压式）式发动机，如图 1-6 所示。汽油机常采用自然吸气式；柴油机为了提高功率采用增压式的，近年来，为增加节能性，增压形式在汽油机上应用越来越广泛。

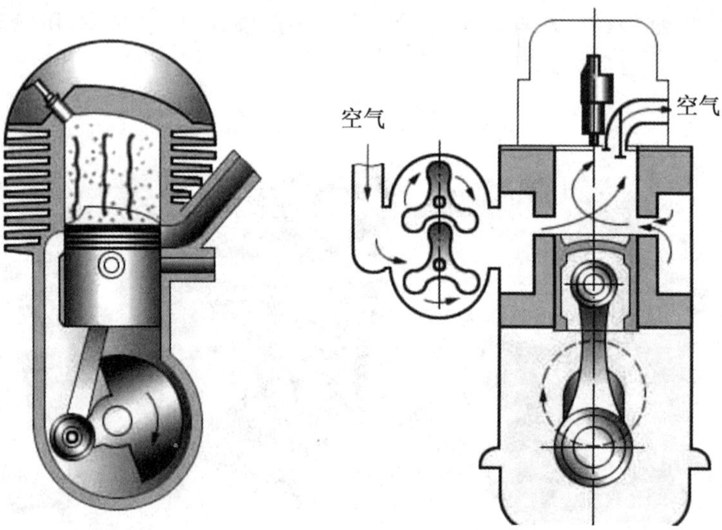

自然吸气　　强制进气

图 1-6 发动机按进气系统分类

1.1.2　发动机基本构造

发动机是一种由许多机构和系统组成的复杂机器。无论是汽油机，还是柴油机，也无论是四行程发动机，还是二行程发动机，更无论是单缸发动机，还是多缸发动机，要完成能量转换，实现工作循环，保证长时间连续正常工作，都必须具备以下的一些机构和系统。

1.1.2.1　曲柄连杆机构

曲柄连杆机构是发动机实现工作循环、完成能量转换的主要运动零件，如图 1-7 所示。它由机体组、活塞连杆组和曲轴飞轮组等组成。在做功行程中，活塞承受燃气压力在汽缸内做直线运动，通过连杆转换成曲轴的旋转运动，并从曲轴对外输出动力。而在进气、压缩和排气行程中，飞轮释放能量又把曲轴的旋转运动转化成活塞的直线运动。

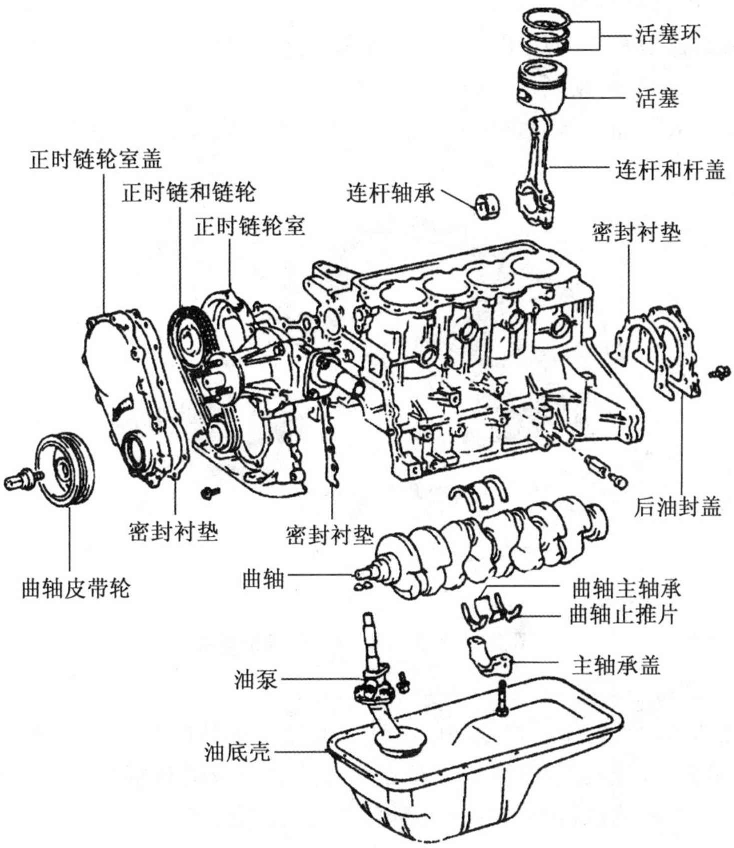

图 1-7　曲柄连杆机构

1.1.2.2　配气机构

配气机构的功用是根据发动机的工作顺序和工作过程，定时开启和关闭进气门和排气门，使可燃混合气或空气进入汽缸，并使废气从汽缸内排出，实现换气过程。配气机构大多采用顶置气门式配气机构，一般由气门组、气门传动组和气门驱动组组成，如图 1-8 所示。

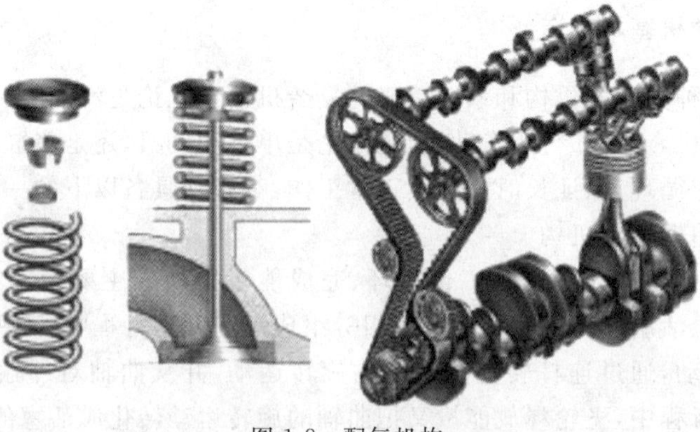

图 1-8　配气机构

1.1.2.3　燃料供给系统

汽油机燃料供给系统的功用是根据发动机的要求，配制出一定数量和浓度的混合气，供入汽缸，并将燃烧后的废气从汽缸内排出到大气中去，如图 1-9 所示；柴油机燃料供给系统的功用是把柴油和空气分别供入汽缸，在燃烧室内形成混合气并燃烧，最后将燃烧后的废气排出。

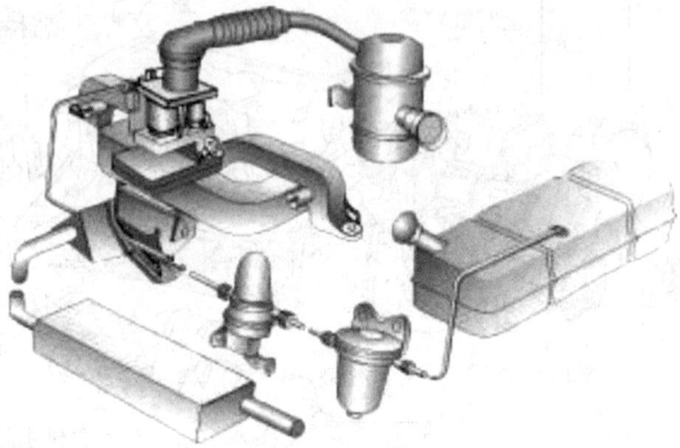

图 1-9　汽油发动机燃料供给系统

1.1.2.4　润滑系统

润滑系统的功用是向做相对运动的零件表面输送定量的清洁润滑油，以实现液体摩擦，减小摩擦阻力，减轻机件的磨损，并对零件表面进行清洗和冷却。润滑系统通常由润滑油道、机油泵、机油滤清器和一些阀门等组成，如图 1-10 所示。

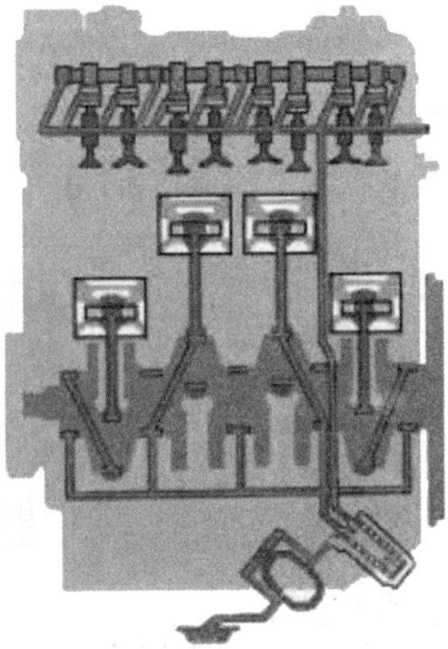

图 1-10　润滑系统

1.1.2.5　冷却系统

冷却系统的功用是将受热零件吸收的部分热量及时散发出去，保证发动机在最适宜的温度状态下工作。水冷发动机的冷却系统通常由冷却水套、水泵、风扇、水箱、节温器等组成，如图 1-11 所示。

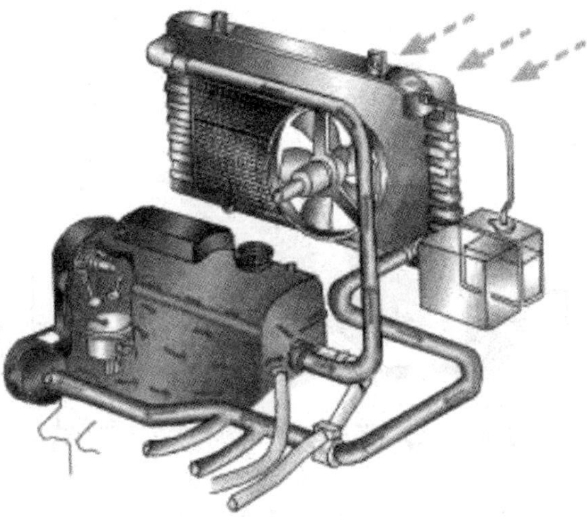

图 1-11　水冷却系统

1.1.2.6　点火系统

在汽油机中，汽缸内的可燃混合气是靠电火花点燃的，为此在汽油机的汽缸盖上装有火花塞，火花塞头部伸入燃烧室内。能够按时在火花塞电极间产生电火花的全部设备称为点火系统，点火系统通常由蓄电池、发电机、分电器、点火线圈和火花塞等组成，如图1-12所示。柴油机的可燃混合气是通过压燃进行燃烧的，无须点火系统。

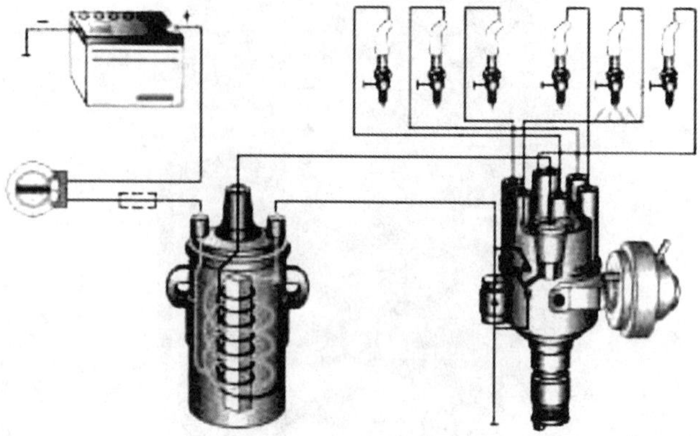

图 1-12　发动机点火系统

1.1.2.7　启动系统

要使发动机由静止状态过渡到工作状态，必须先用外力转动发动机的曲轴，使活塞做往复运动，汽缸内的可燃混合气燃烧膨胀做功，推动活塞向下运动使曲轴旋转，发动机才能自行运转，工作循环才能自动进行。因此，曲轴在外力作用下开始转动到发动机开始自动地怠速运转的全过程，称为发动机的启动。完成启动过程所需的装置，称为发动机的启动系统，如图 1-13 所示。

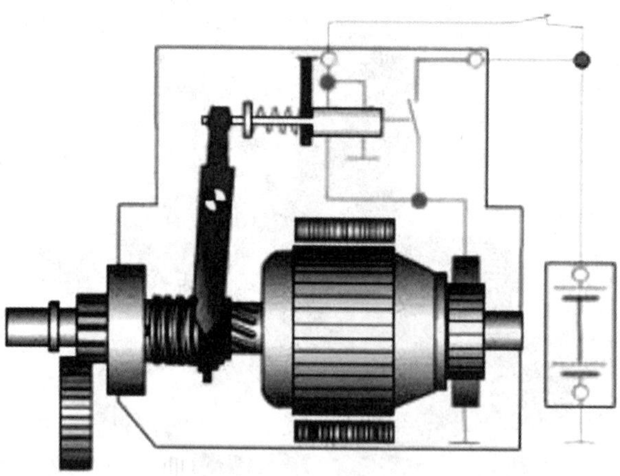

图 1-13　发动机启动系统

汽油机由以上两大机构和五大系统组成，柴油机由以上两大机构和四大系统组成，即由曲柄连杆机构、配气机构、燃料供给系统、润滑系统、冷却系统和启动系统组成，柴油机是压燃的，不需要点火系统。

拓展阅读

1. 浙江交通职业技术学院《发动机构造与维修》精品课程网站，http://jpkc.zjvtit.edu.cn/eln/outstu/cosup/index.htm

2. 柳州职业技术学院《汽车发动机检修》精品课程网站，http://edu.lzzy.net/ec2006/C137/index.asp

3. 广东交通职业技术学院《汽车发动机机械系统诊断与检修》精品课程网站，http://car.gdcp.cn:8084

4. 孙海波. 汽车发动机检修. 北京：人民邮电出版社，2009

1.2　发动机常用术语

往复活塞式发动机如图 1-14 所示，活塞置于汽缸中，活塞可在汽缸内做往复直线运动，活塞通过连杆和曲轴相连，曲轴可绕其轴线旋转。

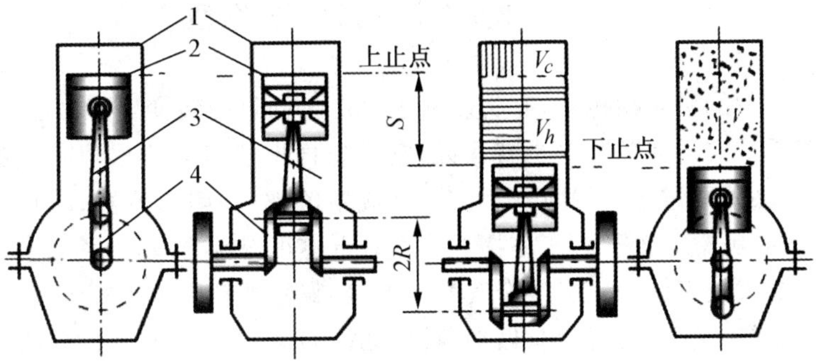

图 1-14　发动机基本技术术语示意图

1—汽缸体　2—活塞　3—连杆　4—曲柄

掌握发动机的顶工作原理，应该重点理解以下有关发动机的基本技术术语：

上止点：活塞分离曲轴回转中心最远处，通常指活塞上顶行到最高位置。

下止点：活塞分离曲轴回转中心最近处，通常指活塞下顶行到最低位置。

活塞行程（S）：上、下两止点间的距离（单位：mm）。完成一个活塞行程，曲轴旋转 180°。

曲柄半径（R）：与连杆下端（即连杆大头）相连的曲柄销中心到曲轴回转中心的距离（单位：mm）。曲轴每转一转，活塞移动两个行程。

$$S=2R$$

汽缸工作容积（V_h）：活塞从上止点到下止点所让出的空间容积（L），也称汽缸排量。

$$V_h=\frac{2\pi D}{4\times 10^6}S$$

式中：D——汽缸直径（单位：mm）。

发动机排量（V_L）：发动机所有汽缸工作容积之和（L），也称发动机工作容积。设发动

机的汽缸数为 i，则有：

$$V_L = i \times V_h$$

燃烧室容积(V_c)：活塞在上止点时，活塞上方的空间叫燃烧室，它的容积叫燃烧室容积(L)。

汽缸总容积(V_a)：活塞在下止点时，活塞上方的容积称为汽缸总容积(L)。它等于汽缸工作容积与燃烧室容积之和，即：

$$V_a = V_h + V_c$$

压缩比(ε)：汽缸总容积与燃烧室容积的比值，即：

$$\varepsilon = \frac{V_a}{V_c} = \frac{V_h + V_c}{V_c} = 1 + \frac{V_h}{V_c}$$

它表示活塞由下止点运动到上止点时，汽缸内气体被压缩的程度。压缩比越大，压缩终了时汽缸内的气体压力和温度就越高。一般车用汽油机的压缩比为 6～10，柴油机的压缩比为 15～22。

1.3 发动机的工作原理

发动机是一种能量转换机构，它将燃料燃烧产生的热能转变成机械能。那么，它是怎样完成这个能量转换过程的呢？也就是说，它是怎样把热能转换成机械能的呢？要完成这个能量转换，必须经过进气，把可燃混合气(或新鲜空气)引入汽缸；然后将进入汽缸的可燃混合气(或新鲜空气)压缩，压缩接近终点时点燃可燃混合气(或将柴油高压喷入汽缸内形成可燃混合气并引燃)；可燃混合气着火燃烧，膨胀推动活塞下行实现对外做功；最后排出燃烧后的废气。即进气、压缩、做功、排气四个过程。把这四个过程叫作发动机的一个工作循环，工作循环不断地重复，就实现了能量转换，使发动机能够连续运转。把完成一个工作循环，曲轴转两圈(720°)，活塞上下往复运动四次，称为四行程发动机。而把完成一个工作循环，曲轴转一圈(360°)，活塞上下往复运动两次，称为二行程发动机。

1.3.1 四行程汽油机的工作原理

四行程汽油机的运转是按进气行程、压缩行程、做功行程和排气行程的顺序不断循环反复的，如图 1-15 所示。

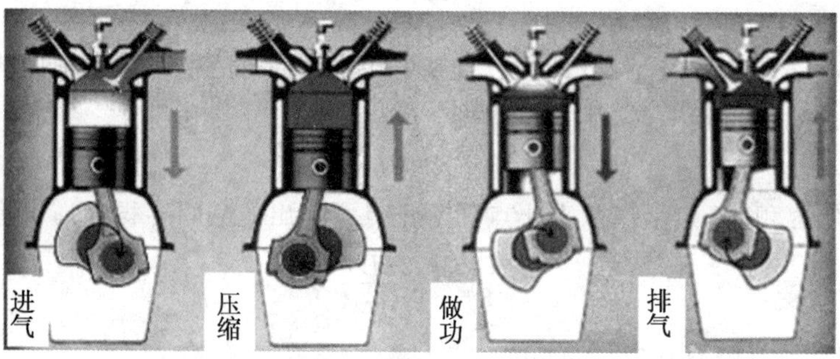

图 1-15 四行程汽油机工作过程

1.3.1.1 进气行程

由于曲轴的旋转，活塞从上止点向下止点运动，这时排气门关闭，进气门打开。进气过程开始时，活塞位于上止点，汽缸内残存有上一循环未排净的废气，因此，汽缸内的压力稍高于大气压力。随着活塞下移，汽缸内容积增大，压力减小，当压力低于大气压时，在汽缸内产生真空吸力，空气经空气滤清器并与化油器供给的汽油混合成可燃混合气，通过进气门被吸入汽缸，直至活塞向下运动到下止点。在进气过程中，受空气滤清器、化油器、进气管道、进气门等阻力影响，进气终了时，汽缸内气体压力略低于大气压，为0.075～0.09MPa，同时受到残余废气和高温机件加热的影响，温度达到370K～400K。

1.3.1.2 压缩行程

曲轴继续旋转，活塞从下止点向上止点运动，这时进气门和排气门都关闭，汽缸内成为封闭容积，可燃混合气受到压缩，压力和温度不断升高，当活塞到达上止点时压缩行程结束。此时气体的压力和温度主要随压缩比的大小而定，可燃混合气压力可为0.6～1.2MPa，温度可为600K～700K。

压缩比越大，压缩终了时汽缸内的压力和温度越高，则燃烧速度越快，发动机功率也越大。但压缩比太高，容易引起爆燃。所谓爆燃就是由于气体压力和温度过高，可燃混合气在没有点燃的情况下自行燃烧，且火焰以高于正常燃烧数倍的速度向外传播，造成尖锐的敲缸声。会使发动机过热，功率下降，汽油消耗量增加以及机件损坏。轻微爆燃是允许的，但强烈爆燃对发动机是很有害的。汽油机的压缩比 ε 一般为6～10。1.3.1.3 做功行程

做功行程包括燃烧过程和膨胀过程，在这一行程中，进气门和排气门仍然保持关闭。当活塞位于压缩行程接近上止点（即点火提前角）位置时，火花塞产生电火花点燃可燃混合气，可燃混合气燃烧后放出大量的热使汽缸内气体温度和压力急剧升高，最高压力可为3～5MPa，最高温度可为2200K～2800K，高温、高压气体膨胀，推动活塞从上止点向下止点运动，通过连杆使曲轴旋转并输出机械功，除了用于维持发动机本身继续运转外，其余用于对外做功。随着活塞向下运动，汽缸内容积增加，气体压力和温度降低，当活塞运动到下止点时，做功行程结束，气体压力降低为0.3～0.5MPa，气体温度降低为1300K～1600K。

1.3.1.4 排气行程

可燃混合气在汽缸内燃烧后生成的废气必须从汽缸中排出，以便进行下一个进气行程。当做功接近终了时，排气门开启，进气门仍然关闭，靠废气的压力先进行自由排气，活塞到达下止点再向上止点运动时，继续把废气强制排出到大气中去，活塞越过上止点后，排气门关闭，排气行程结束。实际汽油机的排气行程也是排气门提前打开，延迟关闭，以便排出更多的废气。由于燃烧室容积的存在，不可能将废气全部排出汽缸。受排气阻力的影响，排气终止时，气体压力仍高于大气压力，为0.105～0.115MPa，温度为900K～1200K。

曲轴继续旋转，活塞从上止点向下止点运动，又开始了下一个新的循环过程。可见四行程汽油机经过进气、压缩、做功、排气四个行程完成一个工作循环，这期间活塞在上、下止点往复运动了四个行程，相应地曲轴旋转了两圈。

1.3.2 四行程柴油机的工作原理

四行程柴油机和四行程汽油机的工作过程基本相同，每一个工作循环同样包括进气、压缩、做功和排气四个行程，但由于柴油机使用的燃料是柴油，柴油与汽油有较大的差别，柴油黏度大，不易蒸发，自燃温度低，故可燃混合气的形成、着火方式、燃烧过程以及气体温度、压力的变化都和汽油机不同，下面主要分析一下柴油机和汽油机在工作过程中的不同点。

四行程柴油机在进气行程中吸入汽缸的是纯空气，而不是可燃混合气，在进气通道中没有化油器，进气阻力小，进气终了时气体压力略高于汽油机而气体温度略低于汽油机。进气终了时气体压力为 0.0785～0.0932MPa，气体温度为300K～370K。

压缩行程压缩的也是纯空气，在压缩行程接近上止点时，喷油器将高压柴油以雾状喷入燃烧室，柴油和空气在汽缸内形成可燃混合气并着火燃烧。柴油机的压缩比比汽油机的压缩比大很多(一般为 16～22)，压缩终了时气体温度和压力都比汽油机高，大大超过了柴油的自燃温度。压缩终了时，气体压力为 3.5～4.5MPa，气体温度为 750K～1000K。柴油机是压缩后自燃着火的，不需要点火，故柴油机又称为压燃机。

柴油喷入汽缸后，在很短的时间内与空气混合后便立即着火燃烧，柴油机的可燃混合气是在汽缸内部形成的，而不像汽油机那样混合气主要是在汽缸外部的化油器中形成的。柴油机燃烧过程中汽缸内出现的最高压力要比汽油机高得多，可高达 6～9MPa，最高温度也可高达 2000K～2500K。做功终了时，气体压力为 0.2～0.4MPa，气体温度为 1200K～1500K。

柴油机的排气行程和汽油机一样，废气同样经排气管排入到大气中去，排气终了时，汽缸内气体压力为 0.105～0.125MPa，气体温度为 800K～1000K。

柴油机与汽油机比较，柴油机的压缩比高，热效率高，燃油消耗率低，同时柴油价格较低，因此，柴油机的燃料经济性能好，而且柴油机的排气污染少，排放性能较好。但它的主要缺点是转速低，质量大，噪声大，振动大，制造和维修费用高。在其发展过程中，柴油机不断发扬其优点，克服缺点，提高速度，有望得到更广泛的应用。

1.3.3 二行程汽油机的工作原理

二行程汽油机的工作循环也是由进气、压缩、燃烧膨胀、排气过程组成，但它是在曲轴旋转一圈(360°)，活塞上下往复运动的两个行程内完成。因此，二行程发动机与四行程发动机工作原理不同，结构也不一样，如图 1-16 所示。

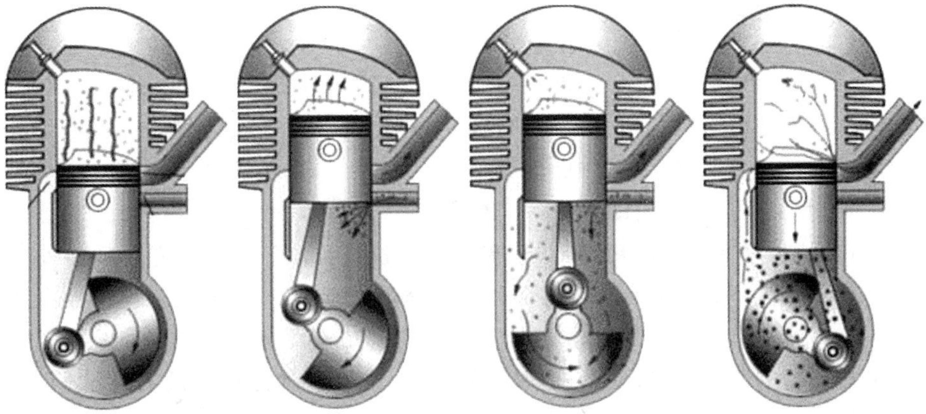

(a) 压缩　(b) 进气　(c) 燃烧　(d) 排气

图 1-16　二行程汽油机工作过程

例如，曲轴箱换气式二行程汽油机，汽缸上有三排孔，利用这三排孔分别在一定时刻被活塞打开或关闭进行进气、换气和排气的工作原理如下：

图 1-16(a)表示活塞向上运动，将三排孔都关闭，活塞上部开始压缩，当活塞继续上行时，活塞下方打开了进气孔，可燃混合气进入曲轴箱[见图 1-16(b)]，活塞接近上止点时[见图 1-16(c)]，火花塞点燃混合气，气体燃烧膨胀，推动活塞向下运动，进气孔关闭，曲轴箱内的混合气受到压缩，当活塞接近下止点时，排气孔打开，排出废气，活塞再向下运动，换气孔打开，受到压缩的混合气便从曲轴箱经进气孔流入汽缸内，并扫除废气[见图 1-16(d)]。

第一行程：活塞从下止点向上止点运动，事先已充满活塞上方汽缸内的混合气被压缩，新的可燃混合气又从化油器被吸入活塞下方的曲轴箱内。

第二行程：活塞从上止点向下止点运动，活塞上方进行做功过程和换气过程，而活塞下方则进行可燃混合气的预压缩。

1.3.4　二行程柴油机的工作原理

二行程柴油机和二行程汽油机工作类似，所不同的是柴油机进入汽缸的不是可燃混合气，而是纯空气。例如，带有扫气泵的二行程柴油机工作过程如下：

第一行程：活塞从下止点向上止点运动，行程开始前不久，进气孔和排气门均已开启，利用从扫气泵流出的空气使汽缸换气。当活塞继续向上运动时，进气孔被关闭，排气门也关闭，空气受到压缩，当活塞接近上止点时，喷油器将高压柴油以雾状喷入燃烧室，燃油和空气混合后燃烧，使汽缸内压力增大。

第二行程：活塞从上止点向下止点运动，开始时气体膨胀，推动活塞向下运动，对外做功，当活塞下行到大约 2/3 行程时，排气门开启，排出废气，汽缸内压力降低，进气孔开启，进行换气，换气一直延续到活塞向上运动 1/3 行程进气孔关闭结束。

1.3.5 多缸发动机的工作原理

前面介绍的是单缸发动机的工作过程，而现代汽车发动机都是多缸四行程发动机，那么，多缸四行程发动机与单缸四行程发动机的工作过程有什么区别呢？就能量转换过程来说，发动机的每一个汽缸和单缸机的工作过程是完全一样的，都要经过进气、压缩、做功和排气四个行程。但是单缸发动机的四个行程中只有一个行程做功，其余三个行程不做功，即曲轴转两圈，只有半圈做功，所以运转平稳性较差，功率越大，平稳性就越差。为了使运转平稳，单缸机一般都装有一个大飞轮。而多缸发动机的做功行程是差开的，按照工作顺序做功，即曲轴转两圈交替做功，因此，运转平稳，振动小。缸数越多，做功间隔角越小，同时参与做功的汽缸越多，发动机运转越平稳。多缸机使用最多的有三缸发动机、四缸发动机、六缸发动机和八缸发动机。

拓展阅读

1. http://jpkc.zjvtit.edu.cn/eln/outstu/cosup/index.htm/浙江交通职业技术学院《发动机构造与维修》精品课程网站

2. http://edu.lzzy.net/ec2006/C137/index.asp/柳州职业技术学院《汽车发动机检修》精品课程网站

3. http://car.gdcp.cn:8084/广东交通职业技术学院《汽车发动机机械系统诊断与检修》精品课程网站

4. 孙海波. 汽车发动机检修. 北京：人民邮电出版社，2009

1.4 发动机的主要性能指标与特性

1.4.1 发动机性能指标

发动机的性能指标是用来衡量发动机性能好坏的标准。发动机的主要性能指标有：动力性能指标、经济性能指标和排放性能指标。

1.4.1.1 动力性能指标

动力性能指标指曲轴对外做功能力的指标，包括有效扭矩、有效功率和曲轴转速。

(1)有效扭矩：指发动机通过曲轴或飞轮对外输出的扭矩，通常用 T_e 表示，单位为 N·m。有效扭矩是作用在活塞顶部的气体压力通过连杆传给曲轴产生的扭矩，并克服了摩擦、驱动附件等损失之后从曲轴对外输出的净扭矩。

(2)有效功率：指发动机通过曲轴或飞轮对外输出的功率，通常用 P_e 表示，单位为 kW。有效功率同样是曲轴对外输出的净功率。它等于有效扭矩和曲轴转速的乘积。发动机的有效功率可以在专用的试验台上用测功器测定，测出有效扭矩和曲轴转速，然后用公式计算出有效功率。

$$P_e = T_e \cdot \frac{2\pi \cdot n}{60} \times 10^{-3} = \frac{T_e \cdot n}{9550} \quad (\text{kW})$$

式中：T_e——有效扭矩，单位为 N·m；

n——曲轴转速，单位为 r/min。

(3)转速：指发动机曲轴每分钟的转数，单位为：r/min。发动机产品铭牌上标明的功率及相应转速称为额定功率和额定转速。按照汽车发动机可靠性试验方法的规定汽车发动机应能在额定工况下连续运行 300～1000h。

1.4.1.2　经济性能指标

通常用燃油消耗率来评价内燃机的经济性能。燃油消耗率是指单位有效功的燃油消耗量，也就是发动机每发出 1kW 有效功率在 1h 内所消耗的燃油质量(以 g 为单位)，燃油消耗率通常用 g_e 表示，其单位为 g/(kW·h)，计算公式为：

$$g_e=\frac{1000G_T}{P_e}\quad [g/(kW\cdot h)]$$

式中：G_T——每小时的燃油消耗量，单位为 kg/h；

P_e——有效功率，单位为 kW。

很明显，有效燃油消耗率越小，表示发动机曲轴输出净功率所消耗的燃油越少，其经济性越好。通常发动机铭牌上给出的有效燃油消耗率 g_e 是最小值。

1.4.1.3　排放性能指标

排放性能指标包括排放烟度、有害气体(CO、HC、NO_x)排放量、噪声等。

1.4.2　特性

发动机的主要性能指标有效扭矩 T_e、有效功率 P_e、有效耗油率 g_e 随其运转工况(负荷、转速)变化而变化的关系称为发动机的特性，其性能指标随发动机曲轴转速变化的关系称为发动机的速度特性，而性能指标随负荷变化的关系称为发动机的负荷特性。用曲线来表示这些关系，称为发动机的特性曲线。发动机特性是对发动机性能进行全面评价和鉴定的依据。在发动机特性中，其速度特性最为常用，下面仅介绍发动机的速度特性。

发动机的速度特性指发动机的性能指标 T_e、P_e、g_e，随发动机转速 n 变化的规律用曲线表示，称为速度特性曲线，如图 1-17 所示。速度特性曲线可以在发动机试验台上测得。当节气门开度保持不变时，同时用测功器对发动机曲轴施加一定数值的阻力矩。当发动机运转稳定时，即阻力矩和发动机发出的有效扭矩相等时，可用转速表测出此时的稳定转速，同时在测功器上测出该转速下的有效扭矩 T_e，计算出有效功率 P_e，另外可测出消耗一定量汽油所经历的时间，换算成每小时耗油量 G_T，然后计算出有效燃油消耗率 g_e。改变测功器的阻力矩数值，重复上述过程，又可以得出一组 n、T_e、P_e、g_e，这样重复若干次，可以得到一系列的 n、T_e、P_e、g_e，然后根据这些数据，以转速 n 为横坐标，以性能指标 T_e、P_e、g_e 为纵坐标作出三条曲线，即为相对应于该节气门开度的速度特性曲线。节气门全开时的速度特性叫发动机的外特性；节气门不全开的任意位置所得到的速度特性都称为部分特性。发动机的外特性代表了发动机所具有的最高动力性能。

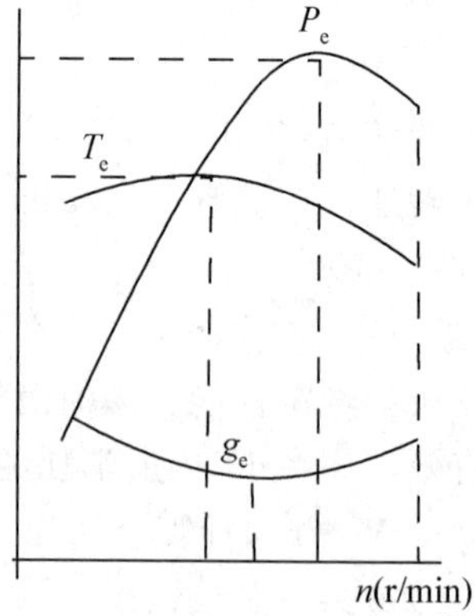

图 1-17　发动机速度特性曲线

拓展阅读

1. http://jpkc. zjvtit. edu. cn/eln/outstu/cosup/index. htm/浙江交通职业技术学院《发动机构造与维修》精品课程网站

2. http://edu. lzzy. net/ec2006/C137/index. asp/柳州职业技术学院《汽车发动机检修》精品课程网站

3. http://car. gdcp. cn:8084/广东交通职业技术学院《汽车发动机机械系统诊断与检修》精品课程网站

4. 孙海波. 汽车发动机检修. 北京:人民邮电出版社,2009

1.5　国产发动机型号编制规则

为了便于内燃机的生产管理和使用,国家标准(GB725-82)《内燃机产品名称和型号编制规则》中对内燃机的名称和型号作了统一规定。

1.5.1　内燃机的名称和型号

内燃机名称均按所使用的主要燃料命名,如汽油机、柴油机等。

内燃机型号由阿拉伯数字和汉语拼音字母组成。

内燃机型号由四部分组成(见图 1-18)。

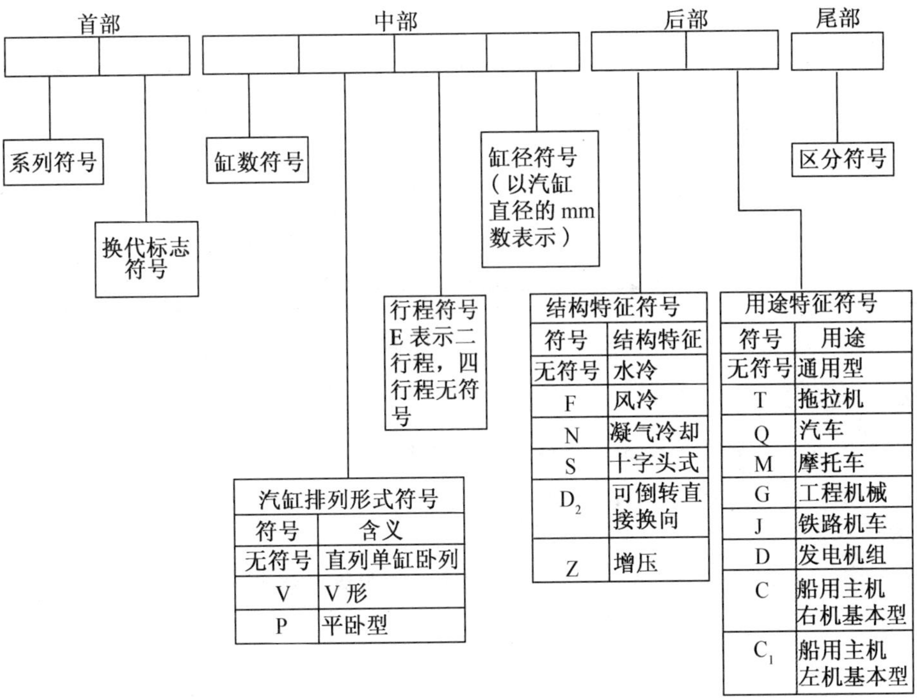

图 1-18　内燃机型号编码含义

首部：为产品系列符号和换代标志符号，由制造厂根据需要自选相应字母表示，但需主管部门核准。

中部：由缸数符号、冲程符号、汽缸排列形式符号和缸径符号等组成。

后部：结构特征和用途特征符号，以字母表示。

尾部：区分符号。同一系列产品因改进等原因需要区分时，由制造厂选用适当符号表示。

1.5.2　发动机型号编制举例

1.5.2.1　汽油机型号编制（见表 1-1）

表 1-1　　汽油机型号编制

1E65F	表示单缸，二行程，缸径 65mm，风冷通用型
4100Q	表示四缸，四行程，缸径 100mm，水冷车用
4100Q-4	表示四缸，四行程，缸径 100mm，水冷车用，第四种变型产品
CA6102	表示六缸，四行程，缸径 102mm，水冷通用型，CA 表示系列符号
8V100	表示八缸，四行程，缸径 100mm，V 形，水冷通用型
TJ376Q	表示三缸，四行程，缸径 76mm，水冷车用，TJ 表示系列符号
CA488	表示四缸，四行程，缸径 88mm，水冷通用型，CA 表示系列符号

1.5.2.2 柴油机型号编制(见表 1-2)

表 1-2 **柴油机型号编制**

195	表示单缸,四行程,缸径 95mm,水冷通用型
165F	表示单缸,四行程,缸径 65mm,风冷通用型
495Q	表示四缸,四行程,缸径 95mm,水冷车用
6135Q	表示六缸,四行程,缸径 135mm,水冷车用
X4105	表示四缸,四行程,缸径 105mm,水冷通用型,X 表示系列代号

复习思考题

(1)叙述发动机的几大机构和系统的组成及其作用。

(2)比较二冲程和四冲程发动机的不同点。

(3)读取实验室任何一款车型的发动机编号。

(4)任选一款发动机,请根据其发动机速度特性曲线说明其性能特点。

第 2 章　曲柄连杆机构

学习目标

1. 能够正确拆装、检测、更换曲柄连杆机构主要零部件。
2. 熟悉曲柄连杆机构的结构特点和功用。
3. 能分析曲柄连杆机构常见故障产生机理并进行检修。

考核标准

知识要求：
1. 了解曲柄连杆机构组成、功用及类型。
2. 掌握曲柄连杆机构的工作原理与检测注意事项。
3. 熟悉曲柄连杆机构常见故障产生机理。
4. 掌握曲柄连杆机构拆装及检修注意事项。

技能要求：
1. 能够合理利用工具进行曲柄连杆机构的分解并装复。
2. 能够对曲柄连杆机构主要部位进行检查和测量。
3. 通过查阅相关标准和技术资料，能够正确做出曲柄连杆机构检测报告。
4. 能够进行曲柄连杆机构常见故障的诊断。

教学建议

教具：汽车发动机、汽车发动机解剖教具、汽车维修工具、汽车维修量具、汽车维修易耗品。

建议：现场教学、理实一体化、教室实训室维修车间一体化并配备多媒体教学设备。

2.1　曲柄连杆机构概述

2.1.1　功用

曲柄连杆机构是内燃机实现工作循环，完成能量转换的传动机构，用来传递力和改变运动方式。工作中，曲柄连杆机构在做功行程中把活塞的往复运动转变成曲轴的旋转运动，对外输出动力，而在其他三个行程中，即进气、压缩、排气行程中又把曲轴的旋转运动转变成活塞的往复直线运动。总的来说，曲柄连杆机构是发动机借以产生并传递动力的机构，通过它把燃料燃烧后发出的热能转变为机械能。

2.1.2 组成

曲柄连杆机构的主要零件可以分为三组：机体组、活塞连杆组和曲轴飞轮组，如图 2-1 所示。

2.1.2.1 机体组

机体组是发动机各部件的安装基础，主要由汽缸体、汽缸盖、汽缸垫、汽缸套及油底壳等组成。

2.1.2.2 活塞连杆组

活塞连杆组主要由活塞、活塞环、活塞销和连杆等组成。

2.1.2.3 曲轴飞轮组

曲轴飞轮组主要由曲轴、飞轮和扭转减振器等组成。

本田 F22B1 型汽油发动机曲柄连杆机构的结构组成如图 2-2、图 2-3、图 2-4、图 2-5 所示。

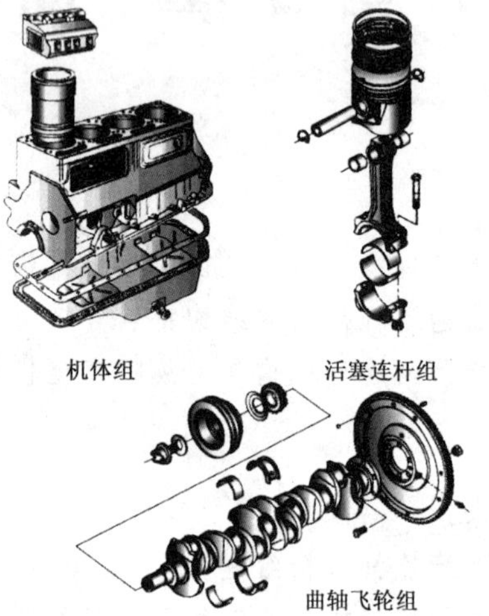

图 2-1 曲柄连杆机构组成

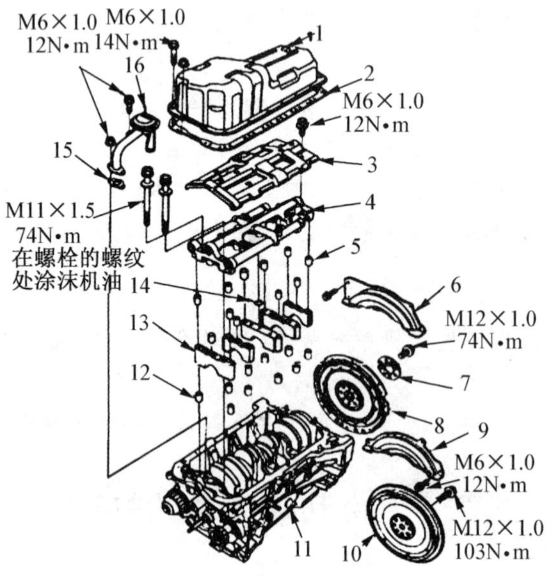

图 2-2 F22B1 型发动机曲柄连杆机构图(一)

1—油底壳 2—垫片(更换) 3—挡板(只适用于 F22B1 发动机) 4—轴承盖桥 5—定位销 6—变矩器盖(A/T) 7—垫圈 8—传动板(A/T) 9—离合器盖(M/T) 10—飞轮(M/T) 11—汽缸体 12—定位销 13—主轴承盖 14—O 形圈(更换) 15—衬垫(更换) 16—机油滤网

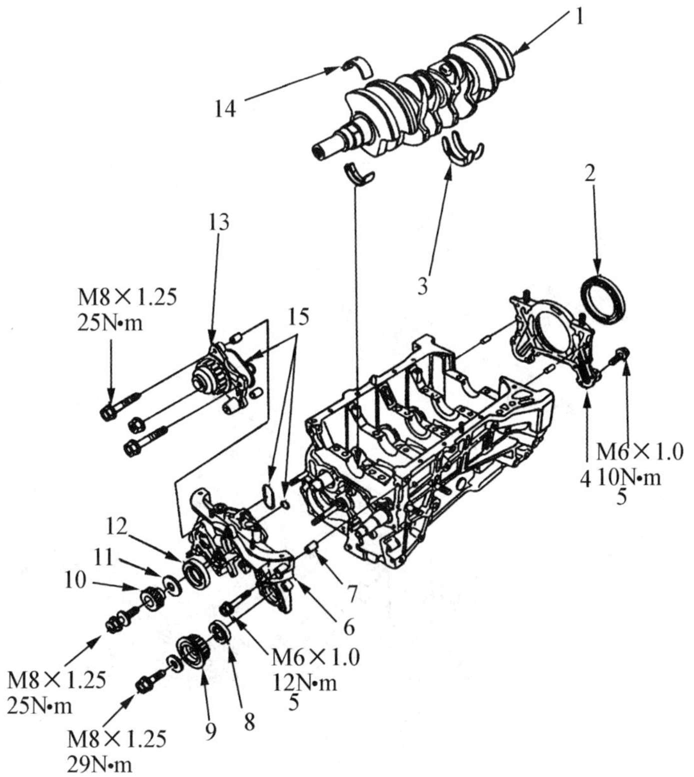

图 2-3　F22B1 型发动机曲柄连杆机构图(二)

1—曲轴　2—曲轴油封　3—止推垫片(凹槽侧朝外)　4—右侧盖板
5—螺栓(在螺栓的螺纹上涂液态密封胶)
6—机油泵(在与缸体接触的表面涂抹密封胶)
7—定位销　8—平衡轴油封(更换)　9—正时平衡轴皮带从动轮
10—平衡轴从动齿轮　11—止推垫片　12—曲轴油封
13—平衡轴齿轮壳　14—主轴承　15—O 形圈

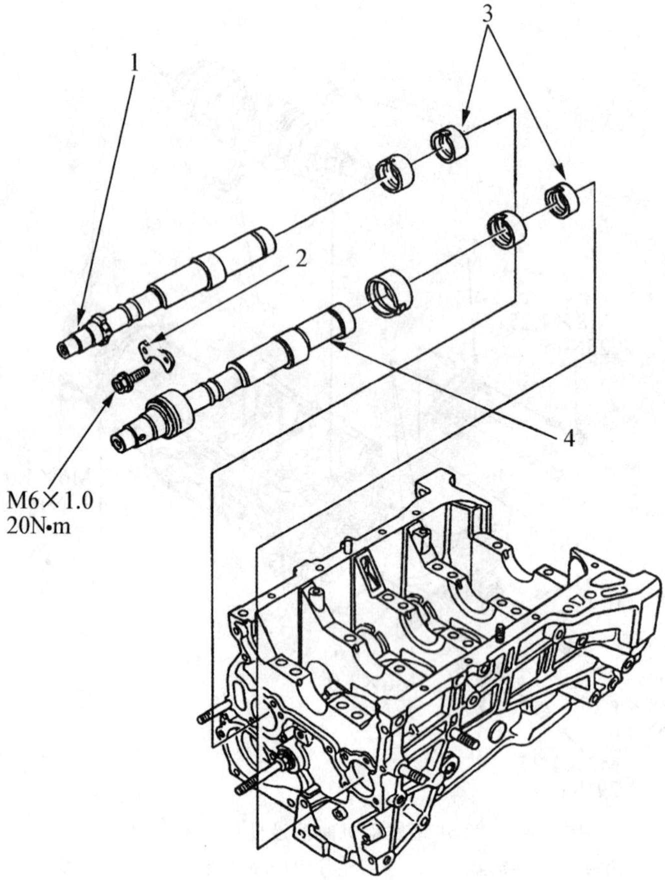

图 2-4　F22B1 型发动机曲柄连杆机构图(三)

1—后平衡轴　2—轴承保持器(注:轴承保持器的厚度是固定的,切不可采用研磨或加垫的方法来改变)

3—平衡轴轴承　4—前平衡轴

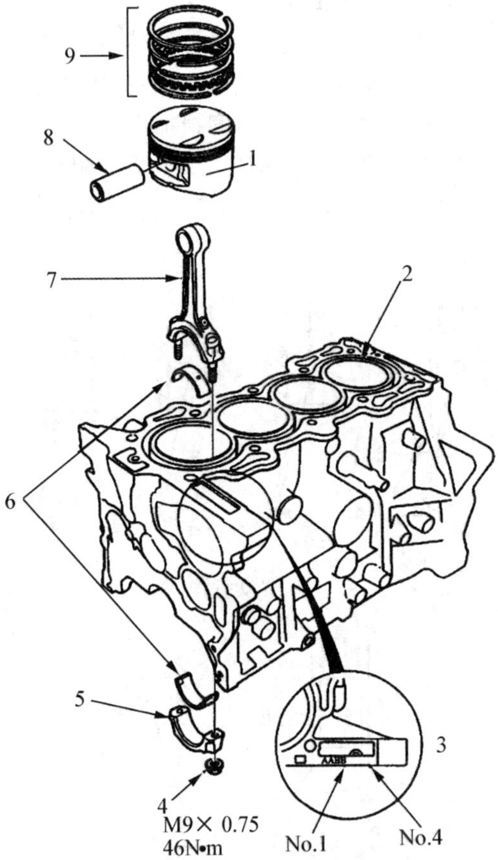

图 2-5　F22B1 型发动机曲柄连杆机构图(四)
1—活塞　2—汽缸体　3—缸径尺寸　4—连杆螺母　5—连杆轴承盖
6—连杆轴承　7—连杆　8—活塞销　9—活塞环

2.1.3　工作条件

在发动机工作时，燃烧室中的气体温度最高可为 2500K 以上，压力最高可为 3～5MPa。曲柄连杆机构中组成燃烧室的部件直接与高温、高压的气体相接触，同时受到可燃混合气与燃烧废气的化学腐蚀作用。其中的运动件，如曲轴的转速高达 3000～6000r/min、活塞的线速度可达 10m/s 以上，这些机件不仅做高速运动而且润滑困难，可见曲柄连杆机构的工作条件相当恶劣。

2.1.4　受力分析

曲柄连杆机构的部件在工作过程中受到各种载荷的作用，主要有气体压力、往复惯性力、旋转离心力以及机件摩擦力。

2.1.4.1　气体压力

在发动机工作过程中，气体压力是始终存在的。但在进气和排气两个行程中气体的压力相对较小，因而对于机件的影响主要是在做功与压缩行程中。

如图 2-6(a)所示，在做功行程中，活塞顶部受到燃烧室中气体的压力 $\boldsymbol{F}_P$，$\boldsymbol{F}_P$ 可分解为沿着连杆传递的力 $\boldsymbol{F}_{P1}$ 和使活塞侧面压紧汽缸壁的侧压力 $\boldsymbol{F}_{P2}$，其中 $\boldsymbol{F}_{P1}$ 传递至曲轴用以做功，而 $\boldsymbol{F}_{P2}$ 使该侧活塞与汽缸壁的接触面磨损加重。

在压缩行程中，如图 2-6(b)所示，气体压力 $\boldsymbol{F}'_P$ 成为阻碍活塞向上运动的主要阻力，同样其分力 $\boldsymbol{F}'_{P2}$ 也使活塞的另一侧压紧汽缸壁面而加重磨损。

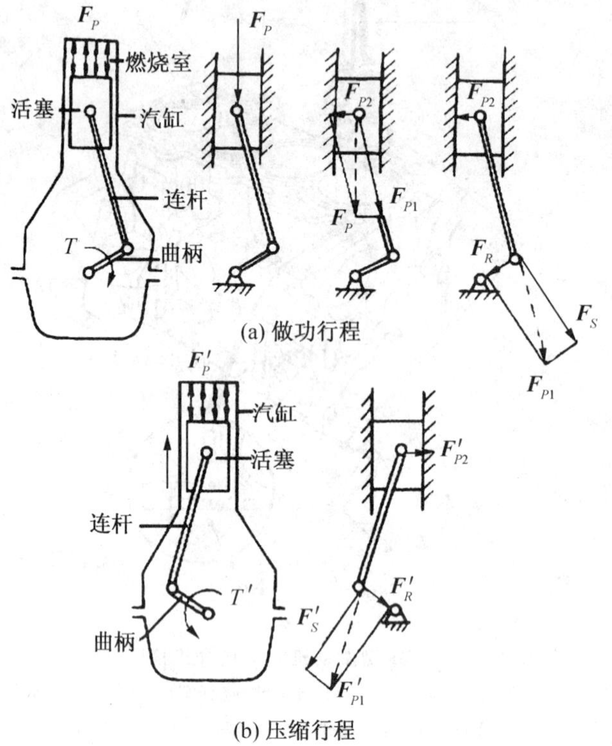

图 2-6　气体压力作用示意图

2.1.4.2　往复惯性力

活塞组件在汽缸内做高速的往复运动时，其运动方向不断改变，因此在加速和减速的不断交替变化过程中产生了交变的加速度，从而引起往复惯性力。如图 2-7 所示，活塞在向下运动时，上半行程与下半行程分别产生方向相反的惯性力 $\boldsymbol{F}'_i$ 和 $\boldsymbol{F}'_j$，且速度越高，惯性力越大。往复惯性力使曲柄连杆机构的各轴承磨损加速，并有可能引起机体振动。

2.1.4.3　旋转离心力

曲柄连杆机构中的旋转部件在做圆周运动过程中会产生离心力，如图 2-7 所示 $\boldsymbol{F}_c$ 和 $\boldsymbol{F}'_c$，该力会增加各轴承与轴颈的磨损与变形。

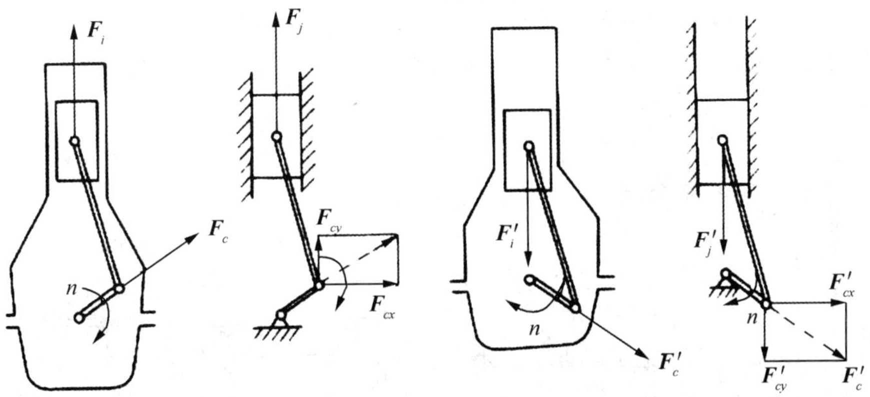

(a) 活塞在上半行程时的惯性力　　(b) 活塞在下半行程时的惯性力

图 2-7　往复惯性力和离心力示意图

2.1.4.4　机件摩擦力

曲柄连杆机构中具有相对运动的各机件接触面之间均存在摩擦力。摩擦力是造成机件配合面磨损的主要原因,同时也会造成机件接触部位的热量积累。

2.2　机体组

发动机的机体组由汽缸体、曲轴箱、汽缸套、油底壳、汽缸盖、汽缸垫和发动机附件支架组成,发动机工作条件很恶劣,所以对机体组有一定的要求。有足够的强度和刚度,才能保证工作时汽缸体变形最小。

2.2.1　汽缸体与曲轴箱

通常将汽缸体与曲轴箱组为一体,故也称汽缸体—曲轴箱。汽缸体内引导活塞做往复运动的圆筒就是汽缸,汽缸外面制有水套以散热。曲轴箱上有主轴承座孔,还有主油道和分油道,如图 2-8 所示。

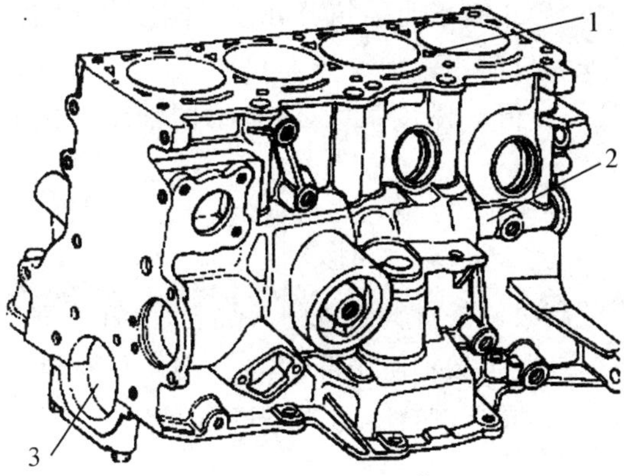

图 2-8　发动机缸体

1—各缸分油道　2—主油道　3—主轴承座孔

汽缸体的形式一般有三种，如图 2-9 所示。

直列式：多用于六缸以下的发动机。

V 形式：它缩短了发动机的长度和高度，多用于六缸以上的发动机。

对置式：是 V 形的特殊形式。

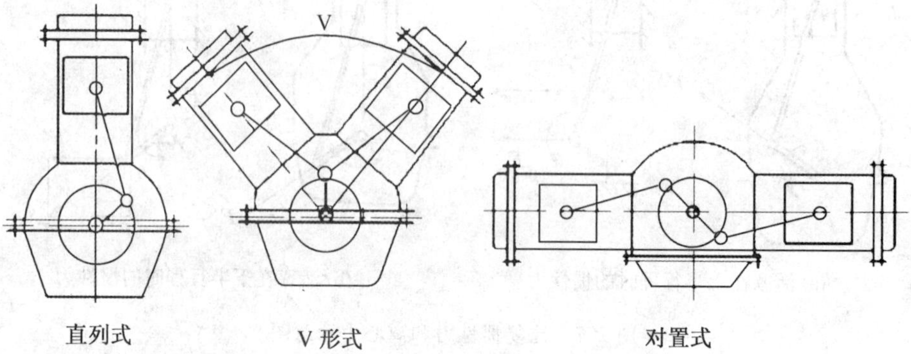

图 2-9　汽缸体布置形式

曲轴箱的形式一般有平分式、龙门式和隧道式三种，如图 2-10 所示。

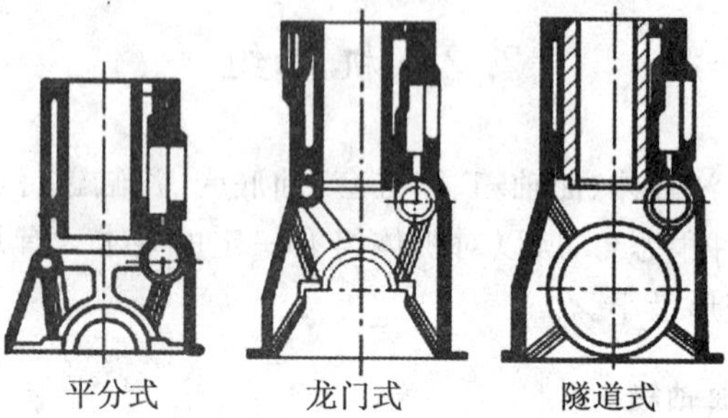

图 2-10　曲轴箱形式

平分式：主轴承座孔中心线位于曲轴箱分开面上。刚度小，前后端呈半圆形，与油底壳接合面的密封较困难。中小型发动机应用。

龙门式：主轴承座孔中心线高于曲轴箱分开面。刚度较大，油底壳前后端为一平面，密封简单可靠。大中型发动机应用。

隧道式：主轴承座孔不分开。刚度最大，主轴承同轴度易保证，主轴承用滚动轴承。负荷较大的柴油机应用。

2.2.2　汽缸套

汽缸内镶了用耐磨的高级铸铁材料制成的汽缸套，而缸体则可用价廉的普通铸铁或质量轻的铝合金制成，这样，既延长了使用寿命，又节省了好材料，解决了成本与寿命之间的矛盾。汽缸套一般有干式和湿式两种，如图 2-11 所示。

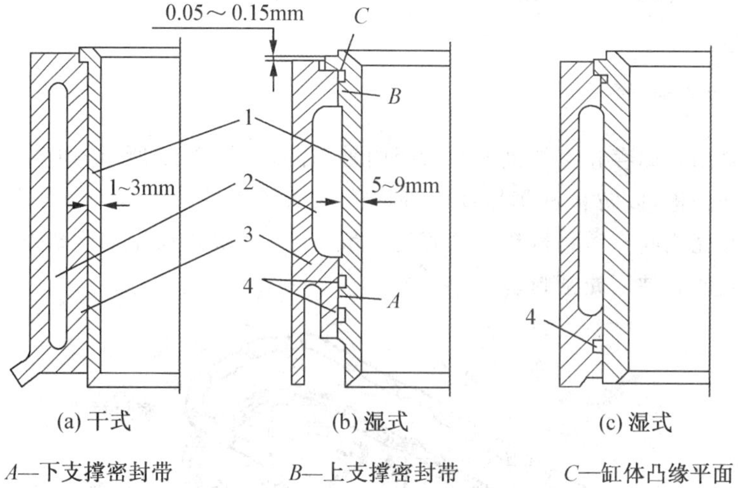

图 2-11　汽缸套的形式

1、3—汽缸套　2—水套　4—橡胶密封圈

干式缸套：其外表面不直接与冷却水接触。壁厚较薄(1～3mm)，与刚体承孔过盈配合，不易漏水、漏气。

湿式缸套：其外表面直接与冷却水接触，如图 2-12 所示。壁厚较厚(5～9mm)，散热效果好，易漏水、漏气，易穴蚀。

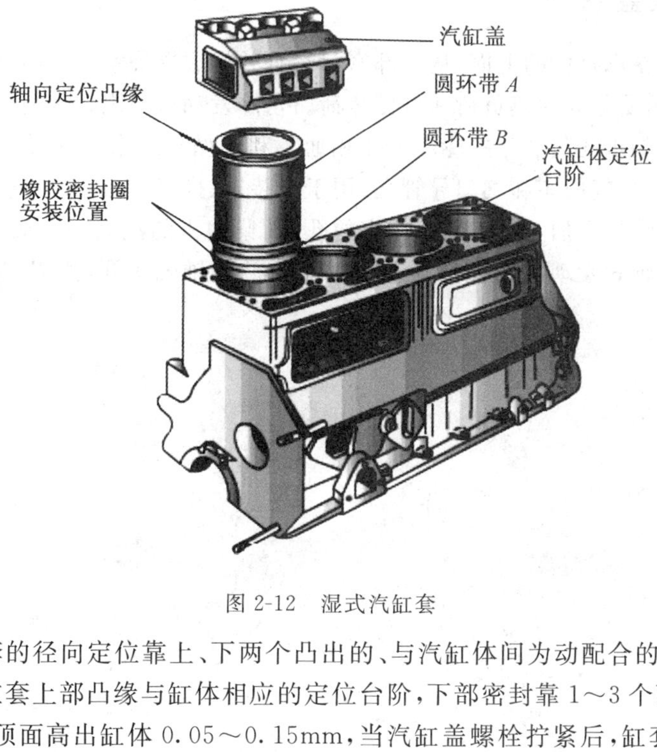

图 2-12　湿式汽缸套

湿式汽缸套的径向定位靠上、下两个凸出的、与汽缸体间为动配合的圆环带 A 和 B，轴向定位利用缸套上部凸缘与缸体相应的定位台阶，下部密封靠 1～3 个耐热耐油的橡胶密封圈，汽缸套顶面高出缸体 0.05～0.15mm，当汽缸盖螺栓拧紧后，缸套与缸体凸台接

合处、缸套与缸垫接合处，承受较大的压紧力，具有防止水套漏水、汽缸漏气和保证缸套定位的作用。

2.2.3 油底壳

油底壳是用来储存和冷却机油并封闭曲轴箱的，如图 2-13 所示，用薄钢板冲压而成。内部设有稳油挡板，以防止汽车振动时油底壳油面产生较大的波动。最低处有放油塞。曲轴箱与油底壳之间有密封衬垫。油底壳一般有 1～3 块磁铁用来吸极细的磨削物。缸体与油底壳之间有油底壳密封垫。

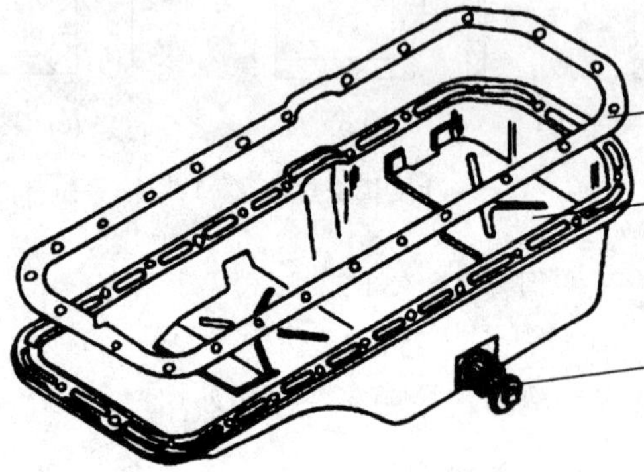

图 2-13 油底壳

2.2.4 汽缸盖

汽缸盖安装在汽缸体的上面，从上部密封汽缸并构成燃烧室。它经常与高温、高压燃气相接触，因此承受很大的热负荷和机械负荷。水冷发动机的汽缸盖内部制有冷却水套，缸盖下端面的冷却水孔与缸体的冷却水孔相通。利用循环水来冷却燃烧室等高温部分。缸盖上还装有进、排气门座和气门导管孔，用于安装进、排气门，还有进气通道和排气通道等。汽油机的汽缸盖上加工有安装火花塞的孔，而柴油机的汽缸盖上加工有安装喷油器的孔。顶置凸轮轴式发动机的汽缸盖上还加工有凸轮轴轴承孔，用以安装凸轮轴，如图 2-14 所示。

图 2-14　汽缸盖

汽缸盖一般采用灰铸铁或合金铸铁铸成，铝合金的导热性好，有利于提高压缩比，所以近年来铝合金汽缸盖被采用得越来越多。

汽缸盖是燃烧室的组成部分，燃烧室的形状对发动机的工作影响很大，由于汽油机和柴油机的燃烧方式不同，其汽缸盖上组成燃烧室的部分差别较大。汽油机的燃烧室主要在汽缸盖上，而柴油机的燃烧室主要在活塞顶部的凹坑。

2.2.5　汽缸垫

汽缸垫装在汽缸盖和汽缸体之间，其功用是保证汽缸盖与汽缸体接触面的密封，防止漏气、漏水和漏油。

汽缸垫的材料要有一定的弹性，能补偿结合面的不平度，以确保密封，同时要有好的耐热性和耐压性，在高温、高压下不烧损、不变形。目前应用较多的是铜皮—棉结构的汽缸垫，由于铜皮—棉汽缸垫翻边处有三层铜皮，压紧时较之石棉不易变形。有的发动机还采用在石棉中心用编织的钢丝网或有孔钢板为骨架，两面用石棉及橡胶黏结剂压成的汽缸垫。

注意：安装汽缸垫时，首先要检查汽缸垫的质量和完好程度，所有汽缸垫上的孔要和汽缸体上的孔对齐，将光滑的一面朝向汽缸体，防止被高温气体冲坏。其次要严格按照说明书上的要求上好汽缸盖螺栓。拧紧汽缸盖螺栓时，必须按由中央对称地向四周扩展的顺序分 2～3 次进行，最后一次拧紧到规定的力矩。

2.2.6　发动机附件支架

发动机机体组除上述的汽缸体与曲轴箱、汽缸套、油底壳、汽缸垫和汽缸盖之外，还包括发动机的附件支架，发动机的附件一般通过发动机附件支架与发动机连接。不同汽车由于设计不同，发动机的附件配备也不相同。一般来讲，发动机的主要附件包括转向助力泵、发电机、空调泵、二次空气喷射气泵、散热器风扇。每个附件支架一般都通过组合皮带驱动，所以附件支架一般都靠近发动机前端，这样才能使附件在安装后在一个水平面上。

发动机附件支架安装螺纹孔可以做在缸体上，也可做在缸盖上。另外，发动机与汽车之间的安装连接是通过几个支撑点实现的。这些支撑点一般选择在汽缸体上、发动机飞轮上或与变速箱壳体配合支撑。

拓展阅读

1. http://jpkc.zjvtit.edu.cn/eln/outstu/cosup/index.htm/浙江交通职业技术学院《发动机构造与维修》精品课程网站

2. http://edu.lzzy.net/ec2006/C137/index.asp/柳州职业技术学院《汽车发动机检修》精品课程网站

3. http://car.gdcp.cn:8084/广东交通职业技术学院《汽车发动机机械系统诊断与检修》精品课程网站

4. 孙海波.汽车发动机检修.北京:人民邮电出版社,2009

2.3 活塞连杆组

2.3.1 活塞组件

活塞组件由活塞、活塞环、活塞销组成，如图 2-15 所示。

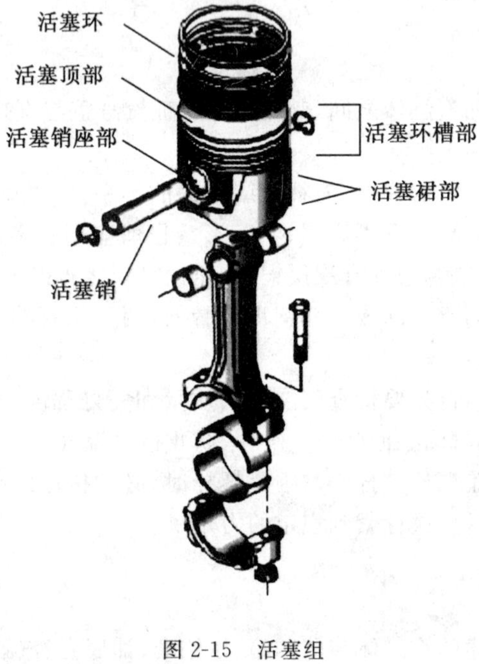

图 2-15 活塞组

2.3.1.1 活塞

功用：与汽缸盖、汽缸壁等共同组成燃烧室，承受气体压力，并将此力传给连杆，以推动曲轴旋转。

材料:汽车发动机活塞广泛采用铝合金。质量小(为铸铁活塞的50%~70%),导热性好(约为铸铁的三倍),热膨胀系数大。

组成:根据其作用,活塞可分为顶部、环槽部、裙部和活塞销座四部分,如图2-16所示。

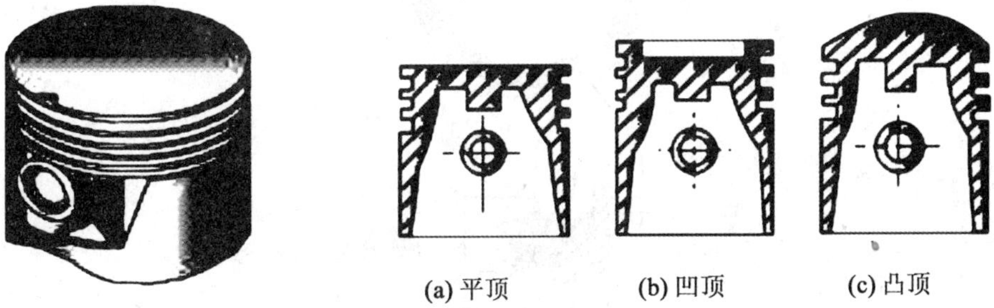

图2-16 活塞及活塞顶部形状

顶部:是燃烧室的组成部分,用来承受气体压力。汽油机活塞的顶部形状有平顶、凸顶和凹顶三种,如图2-16所示。平顶受热面积小,广泛采用。凸顶与半球形燃烧室配用。凹顶是高压缩比发动机为了防止碰撞气门,也可用凹坑的深度来调整压缩比。

环槽部:用以安装活塞环。

裙部:为活塞运动导向和承受侧压力。裙部形式中一种是全裙式,裙部为一薄壁圆筒;第二种是半拖板式,其将非承压面的裙部去掉一部分,以减轻质量并且防止碰撞曲轴平衡重;第三种是拖板式,其将非承压面的裙部全部去掉。

活塞销座:用以安装活塞销。在销座孔两端有卡环槽,用以安装卡环。

2.3.1.2 活塞环

活塞环一般由气环和油环组成,结构如图2-17所示。

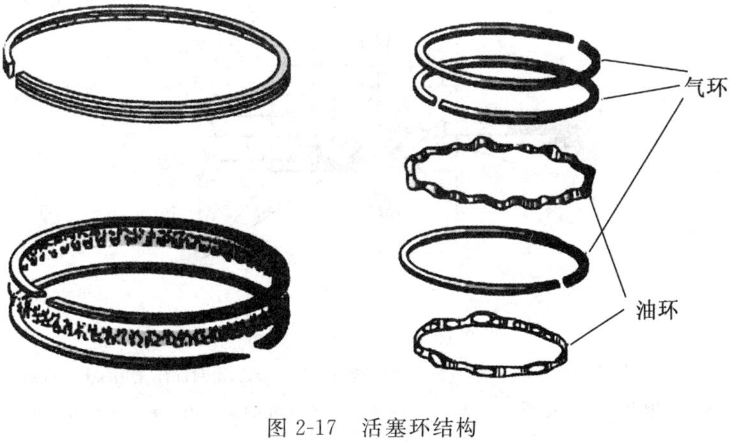

图2-17 活塞环结构

气环的作用:一是密封,防止汽缸内的气体窜入油底壳;二是传热,将活塞头部的热量传给汽缸壁;三是辅助刮油、布油。

活塞环的间隙有三种,即端隙、侧隙和背隙,如图2-18所示。

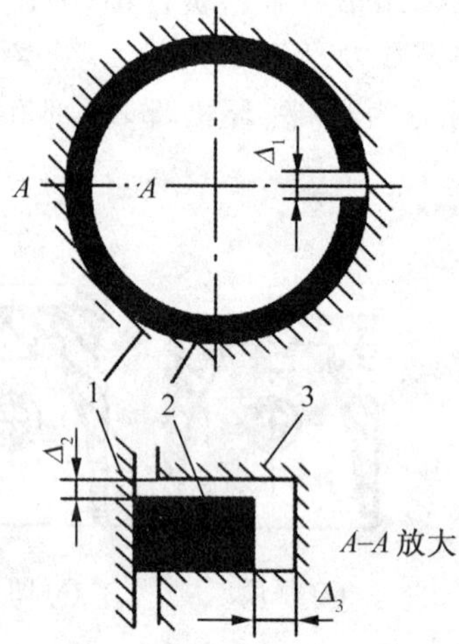

图 2-18 活塞环间隙

1—汽缸 2—活塞环 3—活塞 Δ_1—开口端隙 Δ_2—侧隙 Δ_3—背隙

端隙(Δ_1)又称开口间隙,是活塞环装入汽缸后开口处的间隙,一般为 0.25～0.50mm。

侧隙(Δ_2)又称边隙,是环高方向上与环槽之间的间隙。第一道环因温度高,一般为 0.04～0.10mm;其他气环一般为 0.03～0.07mm。油环侧隙较小,一般为 0.025～0.07mm。

背隙(Δ_3)是活塞环装入汽缸后,活塞环背面与环槽底部的间隙,一般为 0.5～1mm。

气环的密封原理如图 2-19 所示。

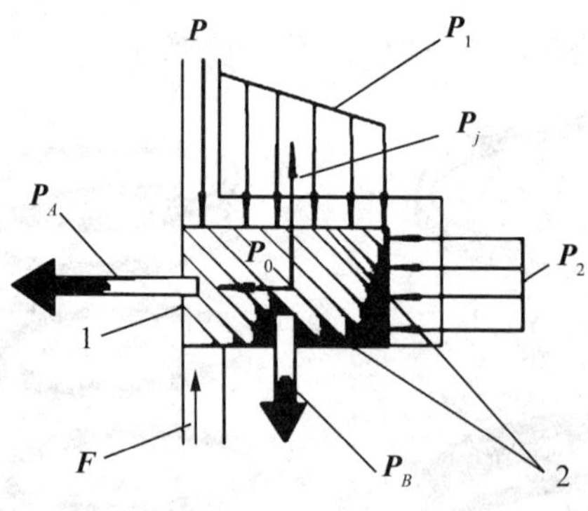

图 2-19 气环的密封作用

1—第一密封面 2—第二密封面 $\boldsymbol{P}_A$—第一密封面压紧力 $\boldsymbol{P}_B$—第二密封面压紧力 $\boldsymbol{P}$—汽缸内气体压力 $\boldsymbol{P}_1$—环测气体压力 $\boldsymbol{P}_2$—背压力 $\boldsymbol{P}_0$—环的弹力 $\boldsymbol{P}_j$—环的惯性力 $\boldsymbol{F}$—环与缸壁的摩擦力

第一密封面的建立:环在自由状态下,环外径大于缸径,装缸后在其弹力 $\boldsymbol{P}_0$ 作用下与缸壁压紧,形成第一密封面。

第二密封面的建立:活塞环在运动时产生惯性力 $\boldsymbol{P}_j$,与缸壁间产生摩擦力 $\boldsymbol{F}$,以及侧

隙有气体压力 P_1，在这三个力的共同作用下，使环靠在环槽的上侧或下侧，形成第二密封面。

气环的第二次密封：窜入背隙和侧隙的气体，使环对缸壁和环槽进一步压紧，加强了第一、二密封面的密封。

活塞环的泵油作用及危害：由于存在侧隙和背隙，活塞环运动时在环槽中靠上靠下反复变化。当活塞带着环下行（进气行程）时，环靠在环槽的上方，环从缸壁上刮下的润滑油充入环槽下方；当活塞又带着环上行（压缩行程）时，环又靠在环槽的下方，同时将油挤压到环槽上，如此反复，就将润滑油泵到活塞顶。这就是活塞环的泵油作用。

活塞环的泵油作用增加了润滑油的消耗，可能会使火花塞沾油不跳火，燃烧室积炭增多，燃烧性能变坏，环槽内形成积炭，挤压活塞环而失去密封性，加剧了汽缸的磨损。

减轻活塞环的泵油作用的措施主要采用扭曲环、组合式油环和油环下设减压腔等形式。气环的断面形状如图 2-20 所示。

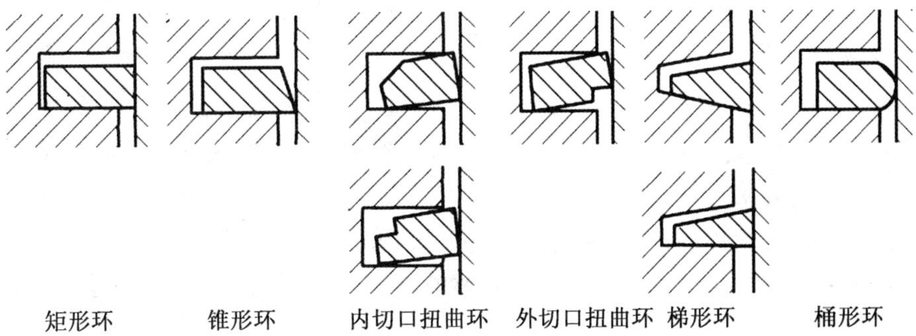

图 2-20　气环断面形状

矩形环结构简单，与缸壁接触面积大，散热好，但易泵油。

锥形环与缸壁线接触，有利于密封和磨合。下行有刮油作用，上行有布油作用，并可形成楔形油膜。但安装时要注意：锥角朝下（在环端有向上或 TOP 等标记）；但锥形环传热性差，常装到第二、三道环槽上。

扭曲环将矩形环内圆上方或外圆下方切成台阶或倒角而成。当活塞环装入汽缸后，环受到压缩产生弯曲变形，断面中性层以外产生拉应力、中性层以内产生压应力，矩形环由于中性层内外断面不对称，使拉应力和压应力不在同一平面内，从而形成力偶，在力偶的作用下，活塞环发生微量的扭曲变形。扭曲环具有锥形环的特点：减小了泵油作用；做功行程环不再扭曲，两个密封面达到完全接触，利于散热。安装时要把内上切的扭曲环装入第一道环槽，外下切的扭曲环装入第二、三道环槽。

桶形环的外圆面为凸圆弧形；环面与缸壁圆弧接触，避免了棱角负荷；环上下运动时，均能形成楔形油膜。

梯形环。当活塞在侧压力作用下左右换向时，环的侧隙和背隙将不断变化，使胶状油焦不断从环槽中被挤出。梯形环用于热负荷较大的柴油机的第一道环。

油环的作用是刮油布油，即将汽缸壁上多余的润滑油刮下来。

整体式油环如图 2-21 所示，其外圆上切有环形槽，槽底开有回油用的小孔或窄槽。

组合式油环如图 2-22 所示，由上、下刮油片和产生径向、轴向弹力的衬簧组成。其特点是密封好，第一密封面，靠径向力，因衬簧长大于刮片长而产生径向力，第二密封面，靠轴向力，因衬簧和钢片总厚度大于环槽高而产生轴向力；无侧隙，无窜油；刮油能力强：因钢片薄，对缸壁比压大；上下片可分别动作，适应性好；回油能力强。

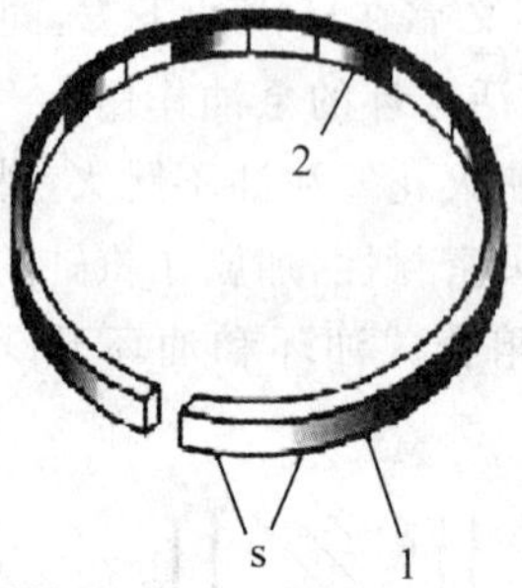

图 2-21 整体式油环

1—槽 2—回油孔

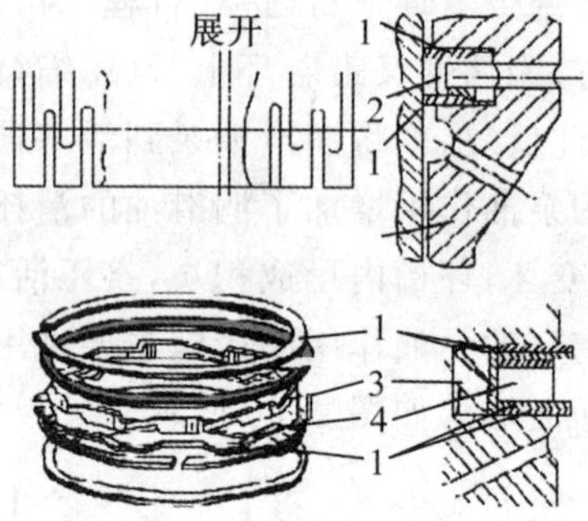

图 2-22 组合式油环

1—钢片 2—衬簧 3—径向衬簧 4—轴向衬簧

2.3.1.3 活塞销

作用：连接活塞和连杆，并传递活塞的力给连杆。

结构：用低碳钢或低碳合金钢制成的厚壁管状体（见图 2-23）。

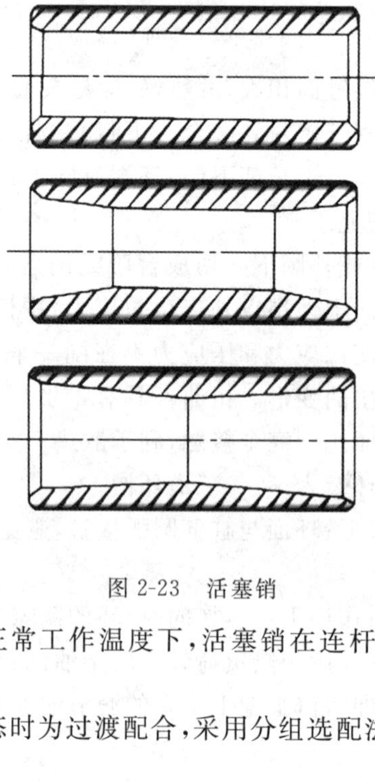

图 2-23 活塞销

全浮式连接：在发动机正常工作温度下，活塞销在连杆小头孔和活塞销座孔中都能转动。

装配：销与销座孔在冷态时为过渡配合，采用分组选配法。

热装合：将活塞放入热水或热油中加热后，迅速将销装入。

半浮式连接：销与销座孔和连杆小头两处，一处固定，一处浮动(一般固定连杆小头)。

装配：加热连杆小头后，将销装入，冷态时为过盈配合。

2.3.2　连杆组件

连杆的功用是连接活塞与曲轴，在变活塞的往复直线运动为曲轴的旋转运动或变曲轴的旋转运动为活塞的往复运动中传递动力。如图 2-24 所示，连杆是采用中碳钢或中碳铬钢模锻、调质、机械加工而成的重要零件。

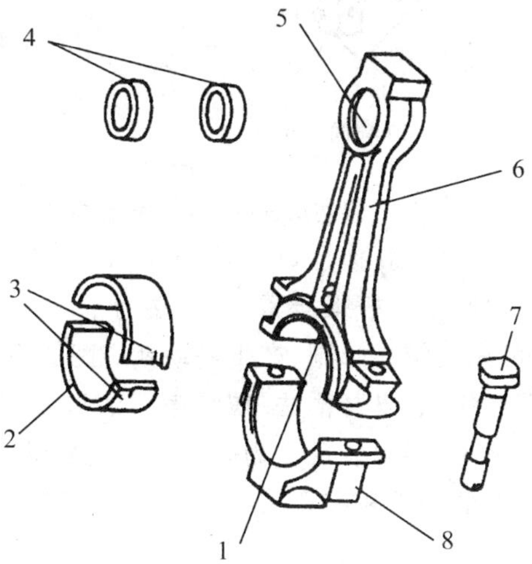

图 2-24　连杆组件

1—连杆大端　2—连杆轴承　3—止推凸唇　4—衬套
5—连杆小端　6—连杆杆身　7—连杆螺栓　8—连杆盖

连杆分小端、杆身和大端三部分。小端孔中压装铜套。活塞销与铜套的润滑有两种：一是压力润滑。连杆杆身钻有油道孔，将油引入活塞销与铜套摩擦表面；二是集油润滑，在连杆小端制有集油孔或槽，把飞溅的机油集在孔或槽中渗入摩擦表面。在强化系数较大的柴油机连杆小端制有喷油孔，以向活塞头部喷油冷却活塞头部。

杆身做成“工”字形断面，使其既减轻重量又有足够的抗弯强度。

大端孔中装有合金轴瓦，其与曲轴的连杆轴颈相连。大端的剖分面有两种：一是平分式。即连杆大端沿着与杆身轴线垂直的方向切开，用于汽油机。二是斜切式。斜切式剖分面一般与杆身中线成 45°或 60°夹角，其目的是减少分解后的大端横向尺寸，便于活塞连杆组向汽缸中的安装。斜切后会使连杆螺栓产生剪切应力，为此，必须使连杆大端盖有可靠的定位，其主要定位方法有锯齿形定位、止口定位和套筒定位等多种形式，如图 2-25 所示。

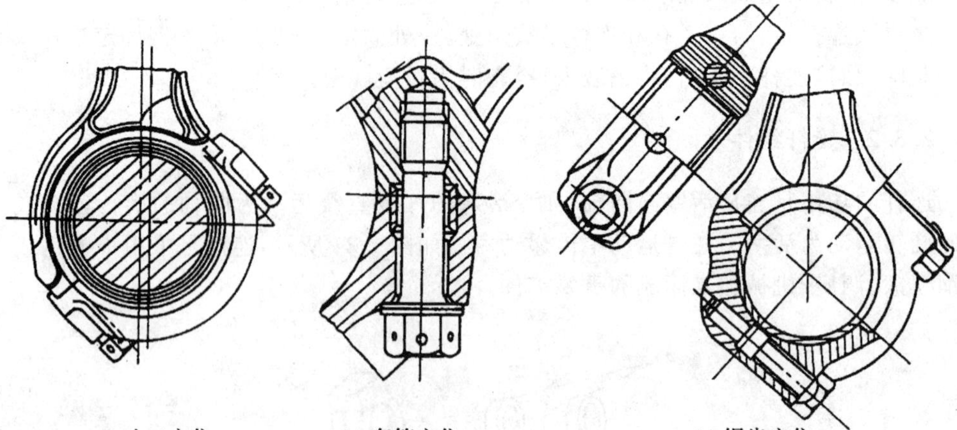

(a) 止口定位　　(b) 套筒定位　　(c) 锯齿定位

图 2-25　斜切口连杆大端的定位方式

连杆大端是配对加工的，没有互换性，也不可翻转 180°安装，故在其侧面打有配对和重量分组记号。端盖一般用两根连杆螺栓紧固，大端为平分式的一般用螺栓外圆柱面定位，连杆螺栓或螺母必须可靠锁定。否则，产生松动就会酿成重大机械事故。其锁定方法有锁片法、开口销法、锥螺纹法、螺母开槽法、螺纹镀层法以及采用高强度精制螺栓、螺母的扭矩法等。锥螺纹上大下小，不得装反。为防止连杆瓦转动和轴向窜动，在大端剖分面处加工有定位舌槽与瓦片上的凸舌相配合。

V 形发动机连杆结构通常有三种：

第一种是并列连杆式。连杆可以通用，两列汽缸的活塞连杆组的运动规律相同，但曲轴的长度增加。

第二种是主副连杆式。可不增加发动机的轴向长度，但主副连杆不能互换，两列汽缸的活塞连杆组的运动规律不同。

第三种是叉形连杆式。两列汽缸中的活塞连杆组的运动规律相同，但叉形连杆的制造工艺复杂，且大端的刚度较低，如图 2-26 所示。

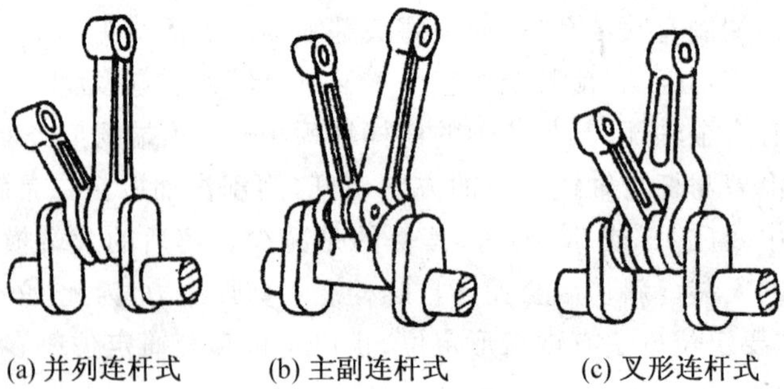

(a) 并列连杆式　　(b) 主副连杆式　　(c) 叉形连杆式

图 2-26　V 形发动机连杆示意图

拓展阅读

1. http://jpkc.zjvtit.edu.cn/eln/outstu/cosup/index.htm/浙江交通职业技术学院《发动机构造与维修》精品课程网站

2. http://edu.lzzy.net/ec2006/C137/index.asp/柳州职业技术学院《汽车发动机检修》精品课程网站

3. http://car.gdcp.cn:8084/广东交通职业技术学院《汽车发动机机械系统诊断与检修》精品课程网站

4. 孙海波. 汽车发动机检修. 北京:人民邮电出版社,2009

2.4　曲轴飞轮组

曲轴飞轮组由曲轴、飞轮、皮带轮、正时齿轮(或链轮)等组成,如图 2-27 所示。

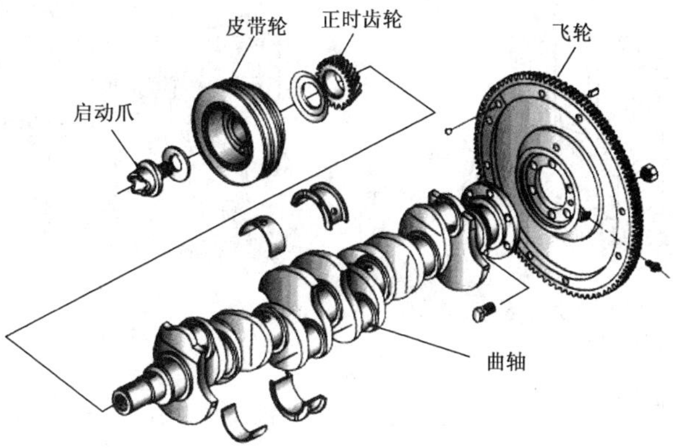

图 2-27　曲轴飞轮组

2.4.1　曲轴

曲轴的功用是把活塞连杆组传来的气体压力转变为扭矩对外输出。

曲轴的材料大多是采用优质中碳钢或中合金碳钢,有的采用球墨铸铁。

曲轴包括前端轴、主轴颈、连杆轴颈、曲柄、平衡重、后端轴等,一个连杆轴颈和它两端的曲柄及主轴颈构成一个曲拐,如图 2-28 所示。

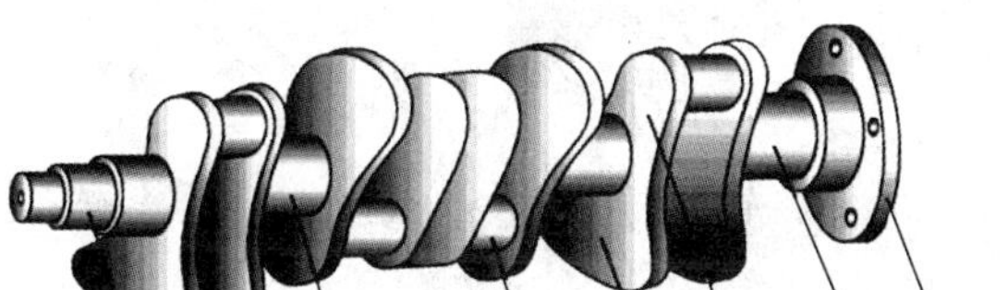

图 2-28　曲轴结构

主轴颈和连杆轴颈：主轴颈是曲轴的支撑部分。每个连杆轴颈两边都有一个主轴颈，称为全支撑曲轴；主轴颈数等于或少于连杆轴颈数者称为非全支撑曲轴。

曲柄和平衡重：曲柄是用来连接主轴颈和连杆轴颈的，平衡重的作用是平衡各机件产生的离心惯性力及其力矩。

曲拐定义：一个连杆轴颈，左右两个曲柄臂和左右两个主轴颈构成一个曲拐。

曲拐的布置：曲拐的布置原则是使各缸做功间隔角尽量相等。对直列多缸四冲程发动机，做功间隔角为720°/缸数。连续做功的两缸相隔尽量远，减少主轴承连续载荷和避免相邻两缸进气门同时开启的抢气现象。V形发动机左右两排汽缸尽量交替做功。

常用曲拐布置：直列四冲程四缸发动机曲拐对称布置于同一平面内。相邻做功汽缸的曲拐夹角为180°(发动机工作顺序有1-3-4-2和1-2-4-3两种)；直列四冲程六缸发动机曲拐对称布置于三个平面内(见图2-29)；相邻做功汽缸的曲拐夹角为120°(发动机工作顺序有1-5-3-6-2-4和1-4-2-6-3-5两种)。

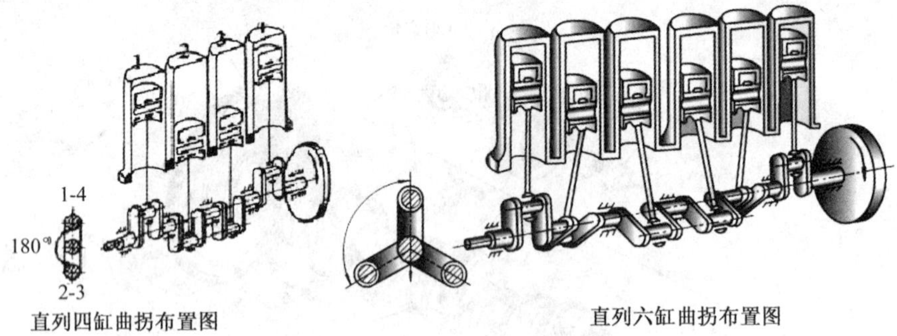

图2-29　直列六缸发动机曲拐布置图

前端轴与后端轴：如图2-30所示，曲轴的前端轴用来安装正时齿轮、皮带轮及启动爪等；后端轴有凸缘盘，用来安装飞轮。

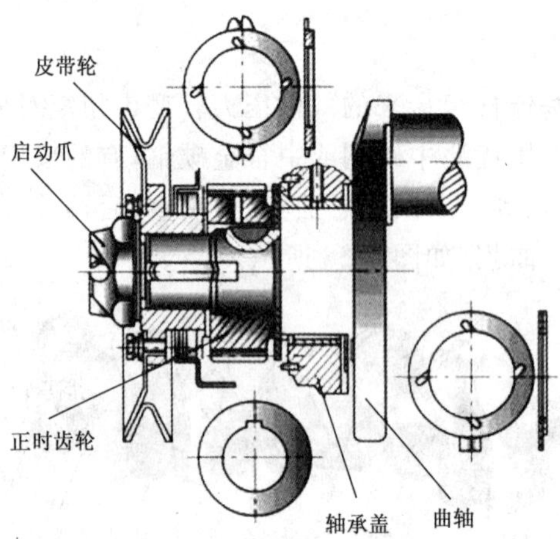

图2-30　曲轴的前端

曲轴前后端都伸出曲轴箱，为了防止润滑油沿轴颈流出，在曲轴前后都设有防漏装置。常用的防漏装置有挡油盘、填料油封、自紧油封、回油螺纹等。

曲轴的轴向定位：在某一道主轴承的两侧装止推片。止推片由低碳钢背和减磨层组成。

安装注意：止推片有减磨层的一面朝向转动件。当曲轴向前窜动时，后止推片承受轴向推力；向后窜动时，前止推片承受轴向推力。

曲轴的轴向间隙的调整：更换止推片的厚度。

2.4.2　飞轮

飞轮的功用是储存能量，在做功行程储存能量，用以完成其他三个行程，使发动机运转平稳；利用飞轮上的齿圈启动时传力；将动力传给离合器；克服短暂的超负荷。

飞轮的构造如图 2-31 所示，飞轮为一外缘有齿圈的铸铁圆盘。有的飞轮上有一缸上止点记号和点火提前角刻度线（汽油机）或供油提前角刻度线（柴油机），以便调整和检验点火正时、供油提前角和气门间隙。

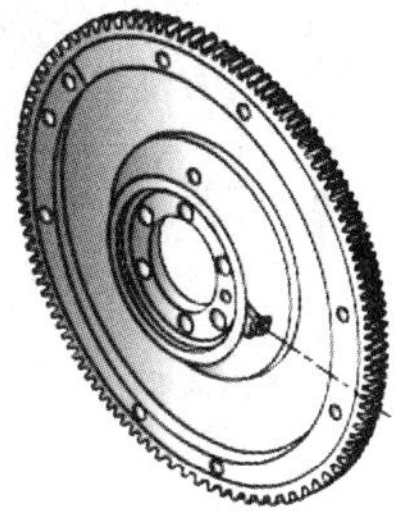

图 2-31　飞轮

拓展阅读

1. http://jpkc.zjvtit.edu.cn/eln/outstu/cosup/index.htm/浙江交通职业技术学院《发动机构造与维修》精品课程网站

2. http://edu.lzzy.net/ec2006/C137/index.asp/柳州职业技术学院《汽车发动机检修》精品课程网站

3. http://car.gdcp.cn:8084/广东交通职业技术学院《汽车发动机机械系统诊断与检修》精品课程网站

4. 孙海波. 汽车发动机检修. 北京：人民邮电出版社，2009

2.5　曲柄连杆机构的检修

汽车发动机曲柄连杆机构检修按照总成分解、零部件检修、总成装配的实际工作过程进行，建议按照曲柄连杆机构分解、机体组检修、活塞连杆组件检修、曲轴飞轮组件检修和曲柄连杆机构装配五个步骤进行。这样的五个步骤实际上也可视为在发动机维修中的五个独立的工作任务。本节主要以本田 F22B1 型发动机为例来说明具体操作步骤及注意事项。本田 F22B1 型发动机是本田雅阁轿车的经典机型，为 2.2L 四缸四冲程活塞式、16 气门＋VTEC 机构的电控汽油机，被誉为国内四大“黄金发动机”之一。

2.5.1 曲柄连杆机构的分解

2.5.1.1 正时皮带和正时平衡轴皮带的拆卸

拆卸正时皮带前，转动曲轴皮带轮，使 1 缸活塞处于上死点(TDC)位置。

(1)松开调整螺栓和安装螺母，然后拆下动力转向(P/S)泵传动带，如图 2-32 所示。

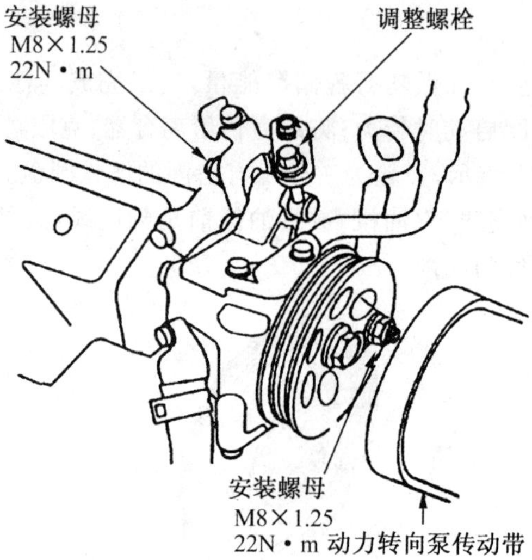

图 2-32 动力转向泵传动带

(2)松开调整螺栓，安装螺栓和锁止螺母，然后拆下交流发电机传动带，如图 2-33 所示。

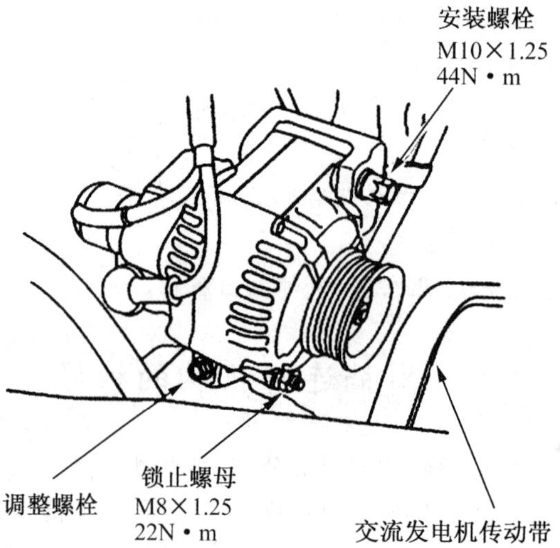

图 2-33 交流发电机传动带

(3)拆下交流发电机的线束端子和接头,如图 2-34 所示。

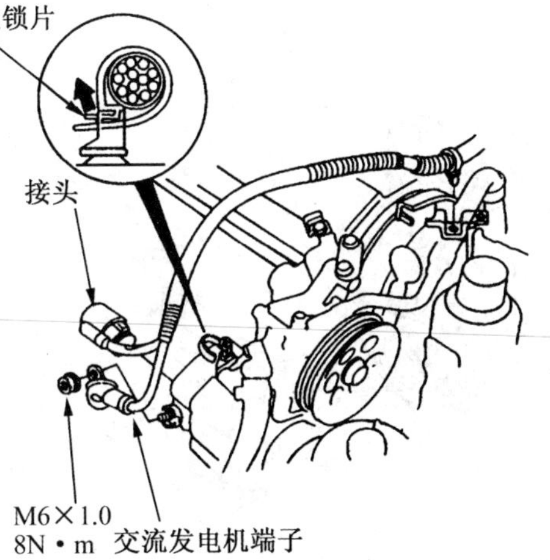

图 2-34　交流发电机线束端子及接头

(4)拆下机油尺及其导管,如图 2-35 所示。

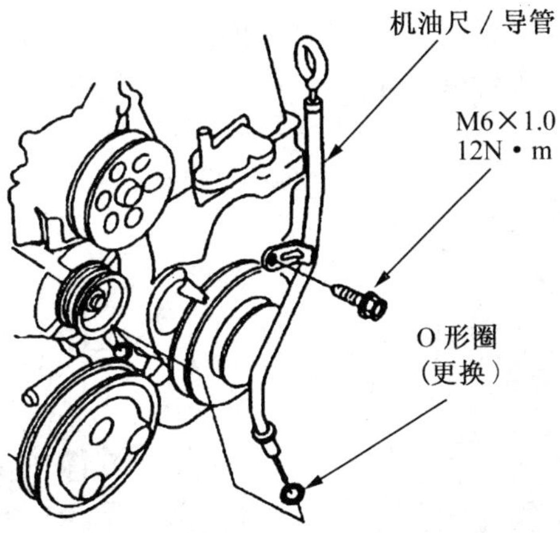

图 2-35　机油尺及导管

(5)拆下汽缸盖罩(气门室盖)。

(6)拧下皮带轮螺栓,拆下曲轴皮带轮。

(7)从调整螺母上拆下橡胶密封圈,然后拆下上、下正时室端盖,如图 2-36 所示。

注意:不要使用上、下正时室端盖来盛装拆下的零件。

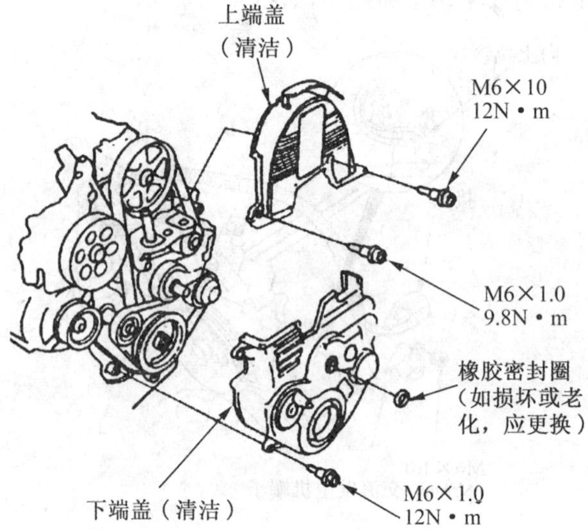

图 2-36　上、下正时室端盖

(8)松开调整螺母 2/3～1 圈，推动张紧器，以消除正时皮带和正时平衡轴皮带上的张力，然后重新拧紧调整螺母，如图 2-37 所示。拆卸正时平衡轴皮带前，应先用 1 个 M6×1.0的螺栓固定住正时皮带调整器臂。

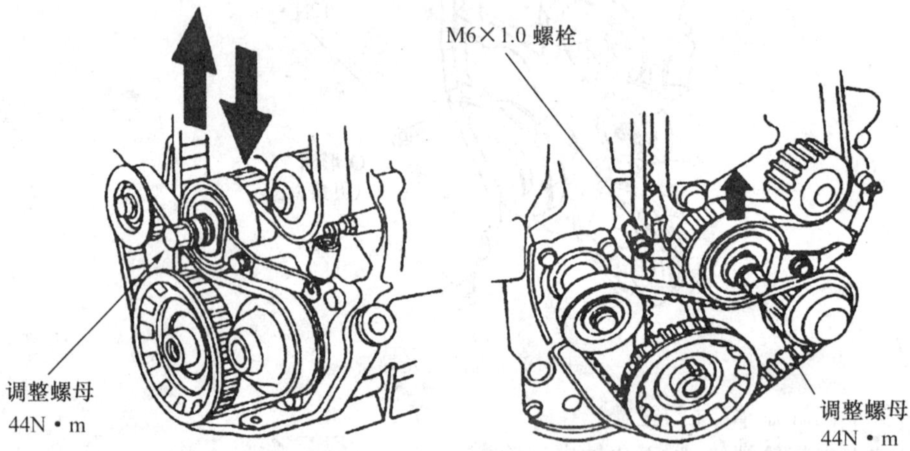

图 2-37　正时皮带和正时平衡轴皮带张紧轮

(9)拆下正时平衡轴皮带和正时皮带。

2.5.1.2　汽缸盖的拆卸

(1)拆下节气门拉索、节气门控制拉索(A/T)和定速控制拉索，如图 2-38 所示。拆卸时，不要弄弯拉索，如果拉索发生扭结，更换拉索。安装时，要重新调整上述三条拉索。

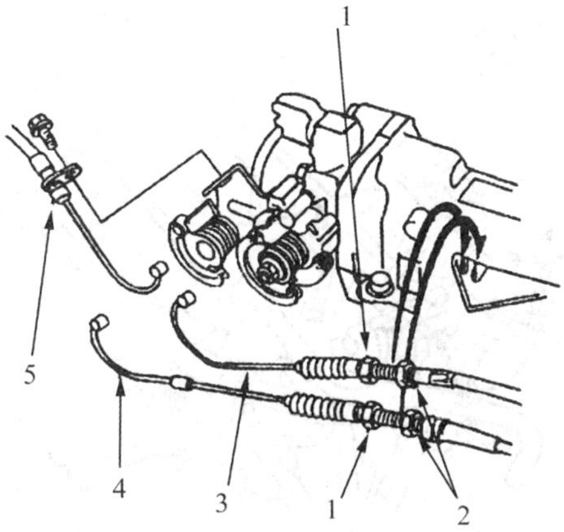

图 2-38　节气门体拉索

1—锁紧螺母　2—调节螺母　3—节气门拉索　4—定速控制拉索　5—节气门控制拉索

(2)拆下进气导管,如图 2-39 所示。

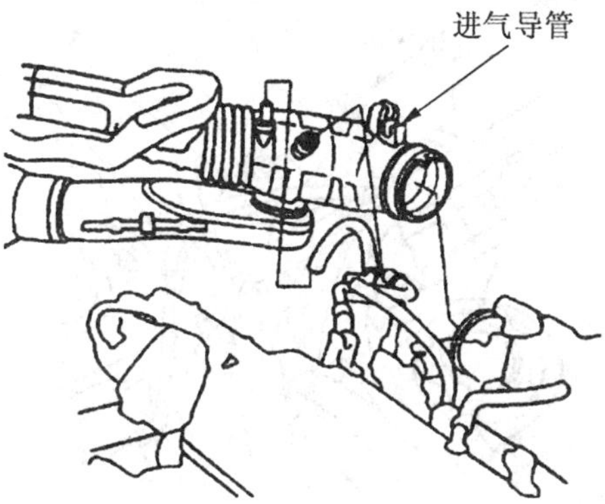

图 2-39　进气导管

(3)拆下通气软管、曲轴箱强制通风(PCV)软管和蒸发排放(EVAP)控制碳罐软管,如图 2-40 所示。

(4)释放燃油压力。

警告:工作时不要吸烟,工作场所不能有明火或火花,燃油只能排入规定的容器内。

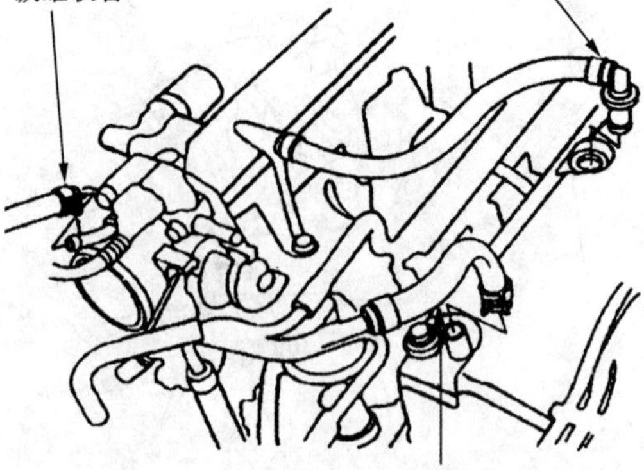

图 2-40　各种软管

(5)拆下供油软管、回油软管和真空软管，如图 2-41 所示。

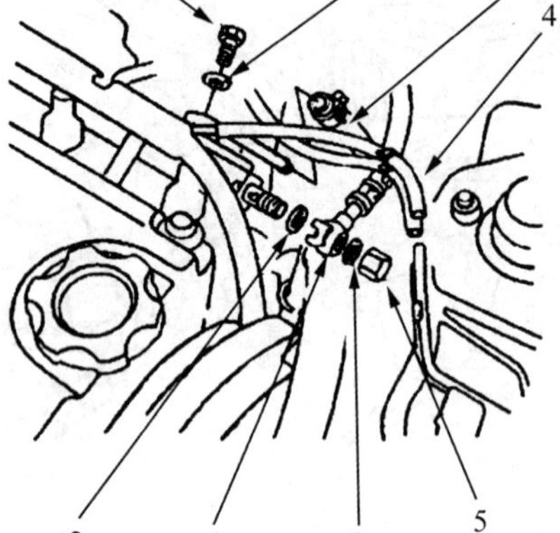

图 2-41　供油、回油和真空软管

1—检修螺栓　2—垫圈(更换)　3—回油软管　4—真空软管　5—螺母　6—供油软管

(6)拆下动力转向泵和交流发电机。

(7)拆下发动机配线托架和冷却水旁通软管，如图 2-42 所示。

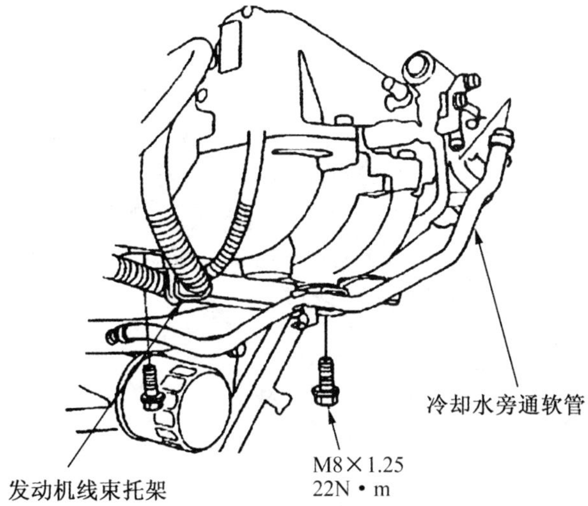

图 2-42　发动机线束托架和冷却水旁通软管

(8)从汽缸盖上拆下下述发动机配线接头和线束夹子,然后拆下进气歧管,再依次拔下 4 个喷油器的接头、进气温度传感器接头、怠速控制(IAC)阀接头、节气门位置传感器接头、歧管绝对压力(MAP)传感器接头、主氧传感器接头、发动机冷却水温(ECT)传感器接头、ECT 开关接头、ECT 仪表传感器接头、VTEC 电磁阀接头、废气再循环(EGR)阀开度传感器接头、汽缸位置(CYP)传感器接头、点火线圈接头。

(9)从汽缸盖上拆下火花塞帽和分电器,拆下汽缸盖罩(气门室盖),如图 2-43 所示。

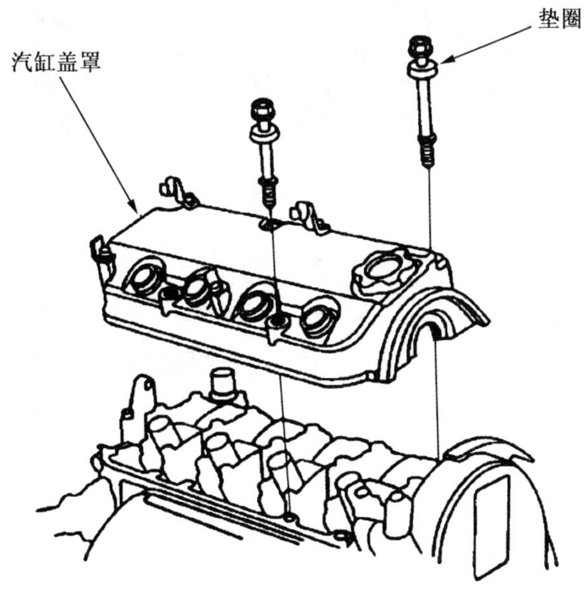

图 2-43　气门室盖罩

(10)拆下排气歧管,如图 2-44 所示。拆下进气歧管,如图 2-45 所示。

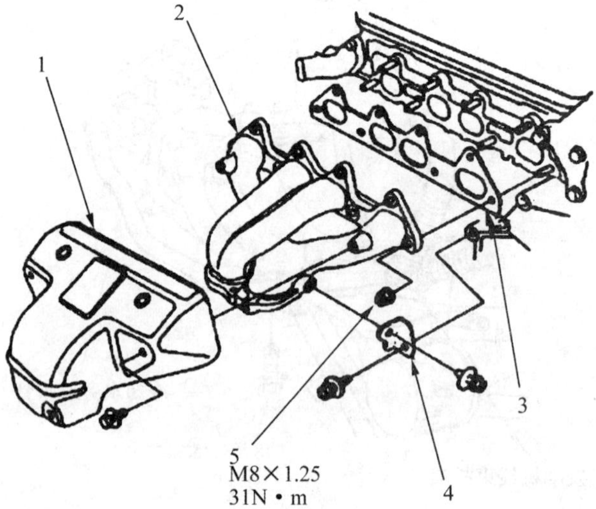

图 2-44 排气歧管

1—排气歧管外壳 2—排气歧管 3—垫片(更换) 4—托架 5—自锁螺母(更换)

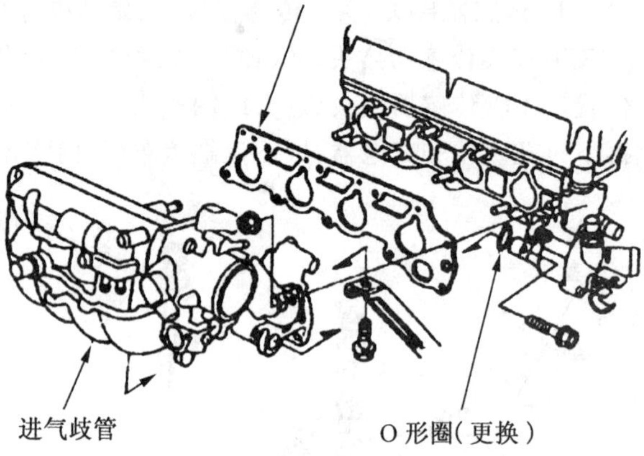

图 2-45 进气歧管

(11)拧下汽缸盖螺栓,然后拆下汽缸盖。

为避免汽缸盖发生翘曲,按如图 2-46 所示顺序将每个螺栓每次旋松 1/3 圈,直到松开所有的螺栓。

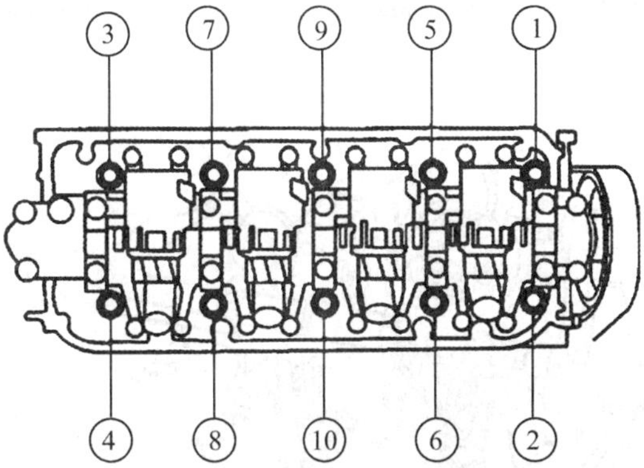

图 2-46　汽缸盖螺栓的旋松顺序

2.5.1.3　平衡轴的拆卸

(1)拆下平衡轴驱动齿轮外壳,如图 2-47 所示。

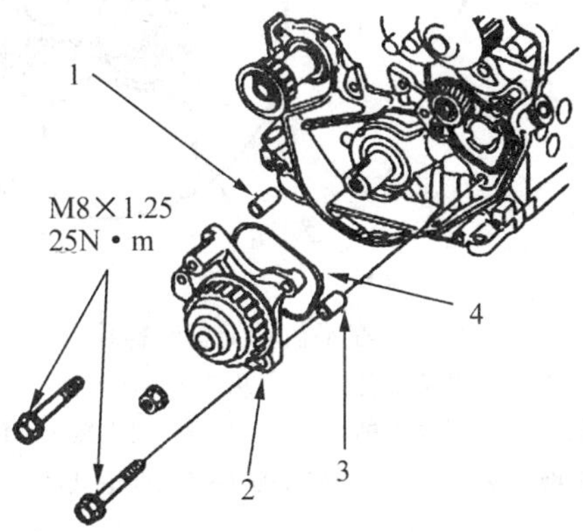

图 2-47　平衡轴驱动装置的拆卸图

1—定位销　2—平衡轴齿轮外壳　3—定位销　4—O 形圈(涂发动机油,装配时更换新的)

(2)拆下从动平衡轴皮带轮,如图 2-48 所示。

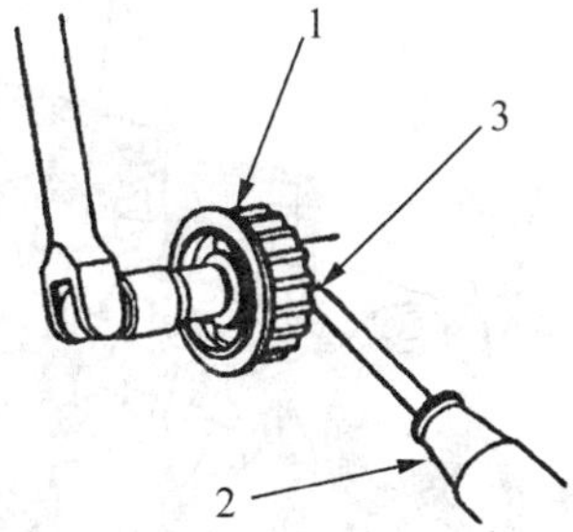

图 2-48　平衡轴从动皮带轮的拆卸

1—平衡轴从动皮带轮　2—螺丝刀　3—保养孔

(3)使平衡轴孔对正保养孔,然后插进1个M6×100的螺栓固定后平衡轴,如图2-49所示。

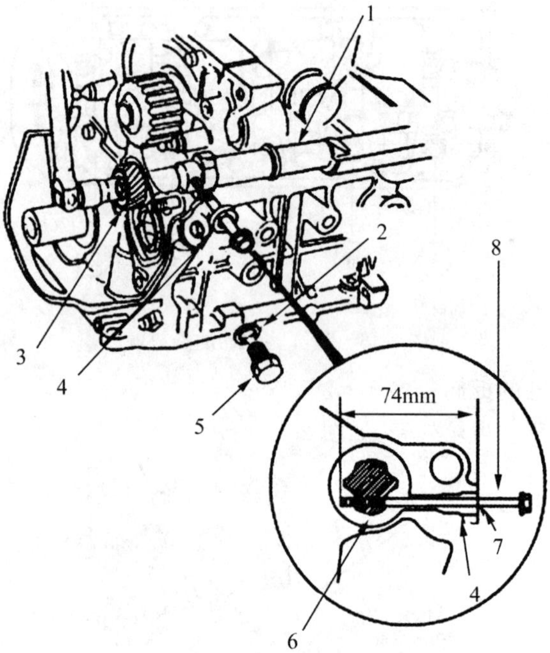

图2-49 在平衡轴上安装螺栓

1—后平衡轴 2—垫圈(更换) 3—从动平衡轴齿轮 4—保养孔

5—密封螺栓 6—后平衡轴 7—标记 8—固定螺栓(M6×100)

(4)拆下螺栓和后平衡轴从动齿轮。拆下螺栓和轴承保持架,然后拆下前平衡轴和后平衡轴。

2.5.1.4 曲轴和活塞连杆组的拆卸

(1)拆下缸体右端盖,如图2-50所示。拆下机油滤清器、油泵和隔板。

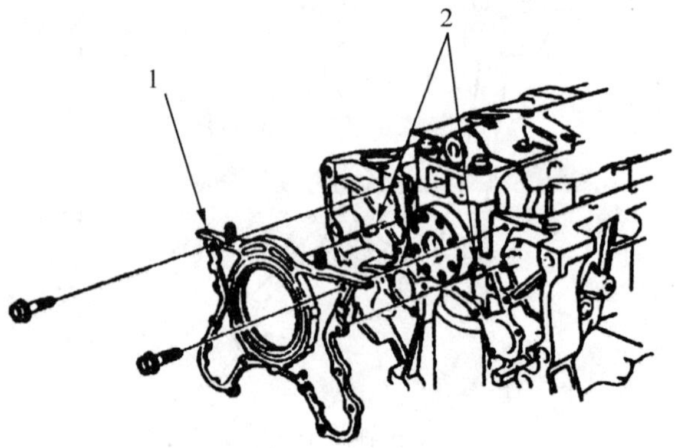

图2-50 右端盖的拆卸

1—缸体右端盖 2—定位销

(2)按图 2-51 所示的顺序拆下螺栓和主轴承盖桥式安装架,然后拆下主轴承盖。为防止主轴承盖变形,每次只能拧松螺栓 1/3 圈,并按顺序拧松所有螺栓为止。

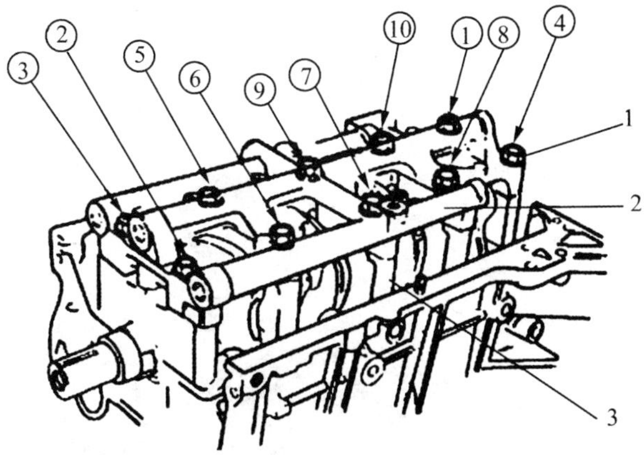

图 2-51　主轴承螺栓的松动次序

1—螺栓　2—主轴承盖桥式安装架　3—主轴承盖(5 个)

(3)转动曲轴,使 2、3 号曲柄销处于下止点位置。

(4)拆下 2、3 缸连杆轴承盖,并从连杆处往上推,取出 2、3 缸活塞连杆组,注意活塞安装方向,将连杆轴承盖、连杆螺栓、螺母按原位置装回,不同缸的连杆也不能互相调换。

(5)转动曲轴,使 1、4 缸曲柄销处下止点,依次拆下 1、4 缸连杆轴承盖,并从连杆处往上推,取出 1、4 缸活塞连杆组,并按顺序放好。

(6)把曲轴抬出发动机,小心不要碰伤轴颈。

(7)采用专用的活塞环装卸钳拆装各缸活塞环,如图 2-52 所示。

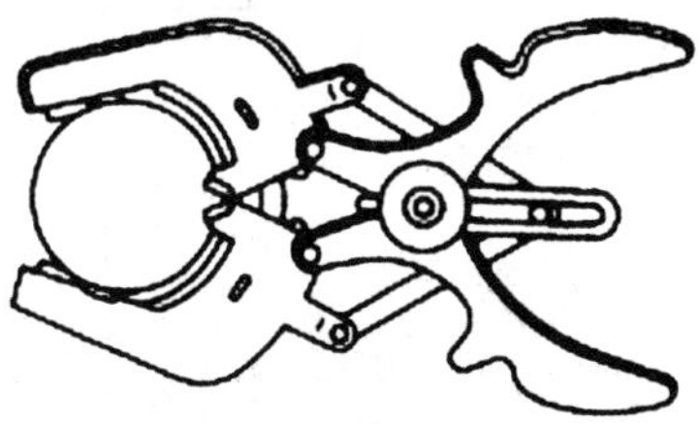

图 2-52　活塞环的拆装

(8)在油压机上进行活塞销的拆卸。如无油压机,也可以将活塞连杆组浸入 60℃ 的热水或机油中加热,然后用专用工具进行拆卸。

2.5.2 机体组的检修

2.5.2.1　汽缸体的检修

如图 2-53 和图 2-54 所示，在每一汽缸的 3 个横截面上沿 X 和 Y 方向进行测量，并计算出汽缸的磨损和圆柱度误差。

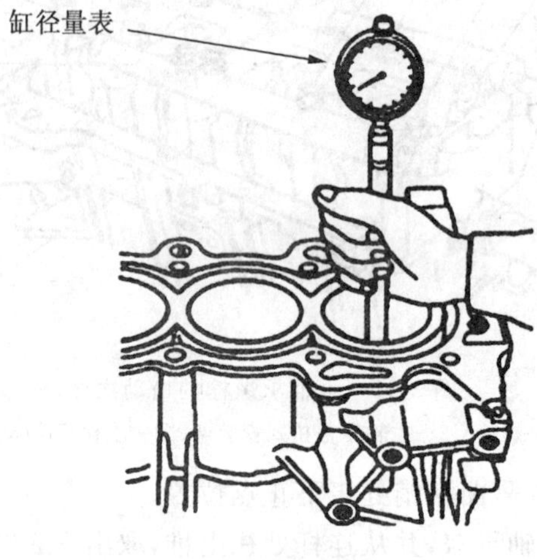

图 2-53　测量汽缸直径

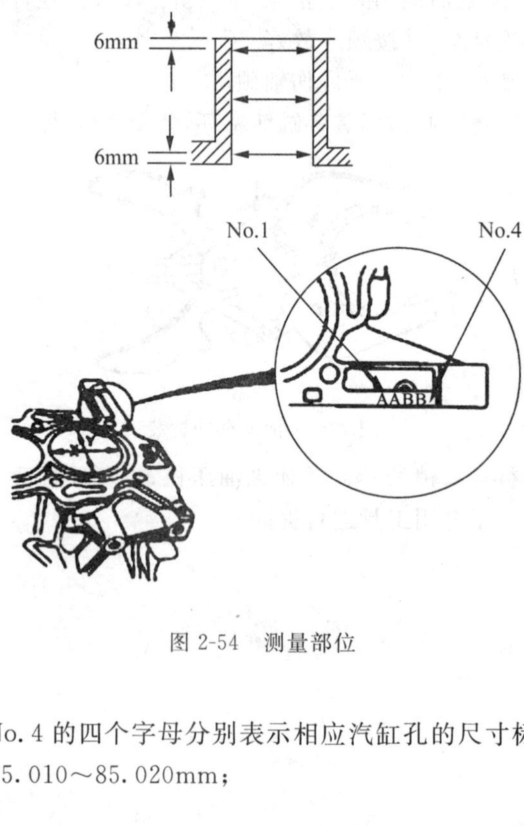

图 2-54　测量部位

(1)缸孔尺寸

2-54 中 No. 1～No. 4 的四个字母分别表示相应汽缸孔的尺寸标准。

标准：A 或 Ⅰ 为 85. 010～85. 020mm；

B 或Ⅱ为 85.000～85.010mm。

维修极限:85.07mm。

加大尺寸:0.25:85.250～85.260mm;

0.50:85.500～85.510mm。

(2)缸孔锥度

极限值(三次测量所得的最大值和最小值之差)为 0.050mm。

如果任何一个汽缸的测量值超过了加大尺寸缸孔的维修极限值,则更换缸体。如果需重扩缸体,扩孔后请参见活塞间隙检查。有划痕或刮伤的缸孔必须进行珩磨。

重扩极限为 0.500mm,即汽缸维修极限为 85.070mm。

(3)汽缸体平面翘曲度

用精密直尺按图 2-55 所示测量其四周及交叉线位置,以检查缸体上平面的翘曲。

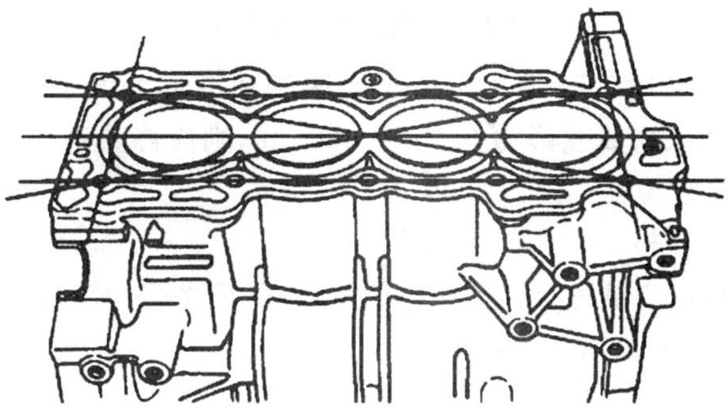

图 2-55　平面翘曲度测量方向

缸体上平面翘曲量:标准为最大 0.07mm,维修极限值为 0.10mm。

2.5.2.2　汽缸盖的检修

(1)缸盖翘曲变形检查

汽缸盖翘曲变形检查如图 2-56 和图 2-57 所示。

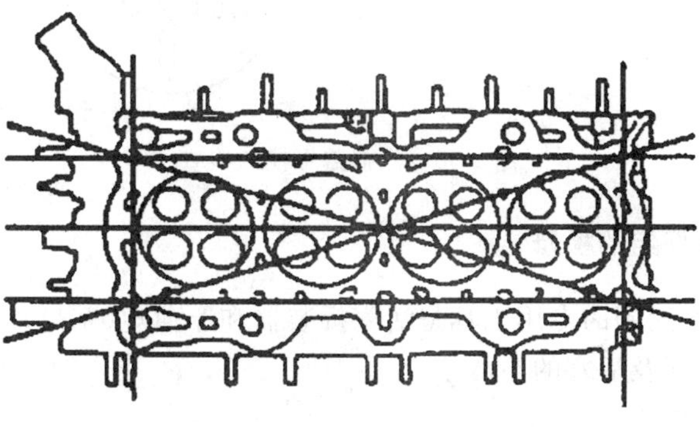

图 2-56　缸盖翘曲变形检查位置

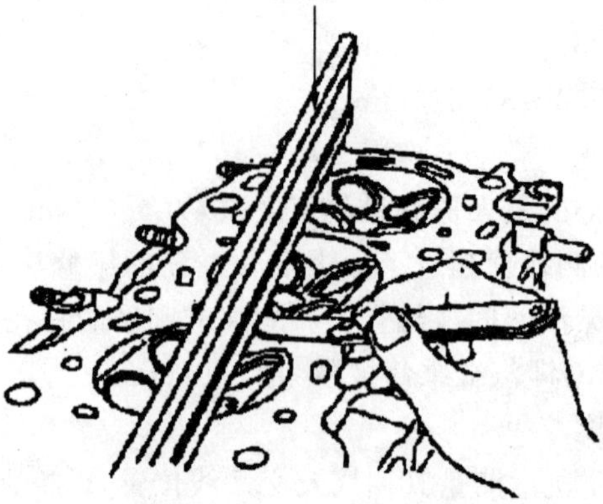

图 2-57　测量工具的放置

缸盖高度标准值为 99.95～100.05mm，如果翘曲变形不大于 0.05mm，则不需要对缸盖表面进行修整；如果翘曲变形为 0.05～0.20mm，则应修整缸盖表面；如果翘曲变形大于 0.20mm，应更换缸盖。

2.5.2.3　缸盖螺栓检查

分别在 A 点和 B 点测量每只缸盖螺栓的直径，如图 2-58 所示。装配量，更换任何直径小于 12.30mm 的缸盖螺栓。

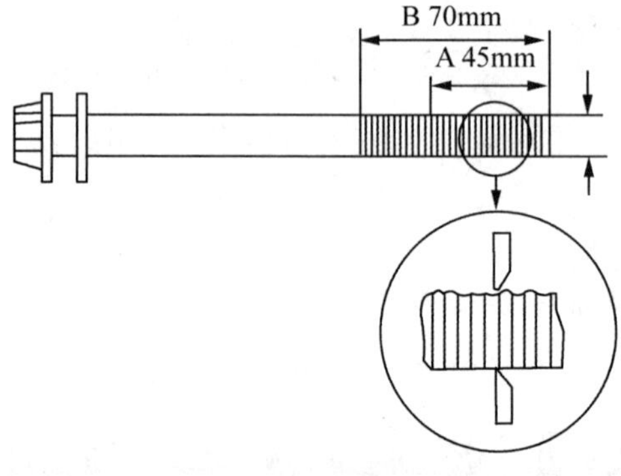

图 2-58　汽缸盖螺栓的检查

2.5.3　活塞连杆组的检修

活塞连杆组需要用到的专用工具是活塞拆装器和厚薄规（塞尺）。

2.5.3.1　活塞环及活塞的检修

（1）活塞环的检查

端隙测量：用活塞将被测活塞推入汽缸内距汽缸底部 15～20mm 处，如图 2-59 所示。用厚薄规测量活塞环的端隙，如果间隙太小，检查选用的活塞环是否正确。如果间隙太大，检查汽缸内径，如果汽缸内径超出了允许极限，则必须重新磨缸。

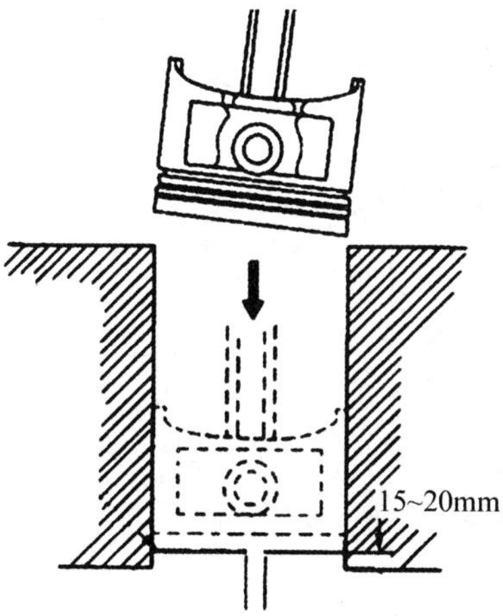

图 2-59　活塞环装入方法与测量位置

活塞环端隙标准参见表 2-1。

表 2-1　活塞环端隙

环	标准(新)(mm)	允许极限(mm)
第一环	0.20～0.35	0.60
第二环	0.40～0.55	0.70
第三环	0.20～0.70	0.80

侧隙标准参见表 2-2。

表 2-2　活塞侧隙

环	标准(新)(mm)	允许极限(mm)
第一环	0.035～0.060	0.13
第二环	0.030～0.055	0.13

安装活塞环时，第一环(顶环)和第二环的区别可从活塞边缘的倒角进行鉴别，如图 2-60 所示，要确保它们在活塞上的正确位置。制造标记，必须面朝上。在活塞环槽中转动活塞环，应保证能转动自如，以确定活塞没有变形。

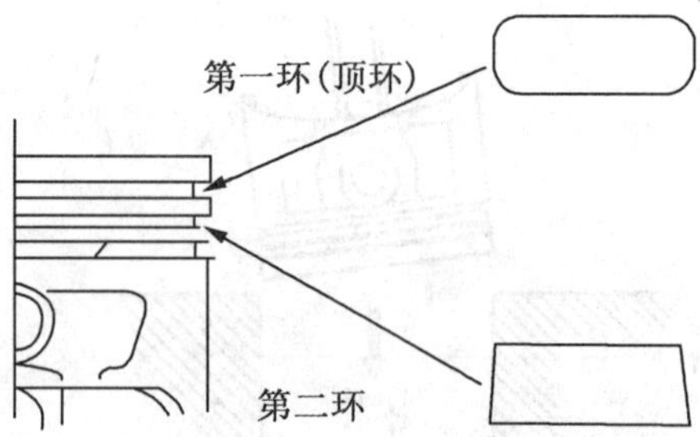

图 2-60　活塞环边缘倒角

活塞环的开口排列如图 2-61 和图 2-62 所示。

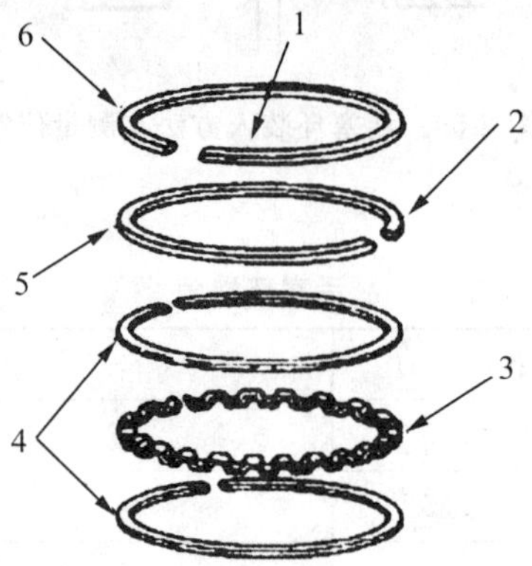

图 2-61　活塞环的布置

1、2—制造标记　3—弹簧衬片　4—油环　5、6—气环

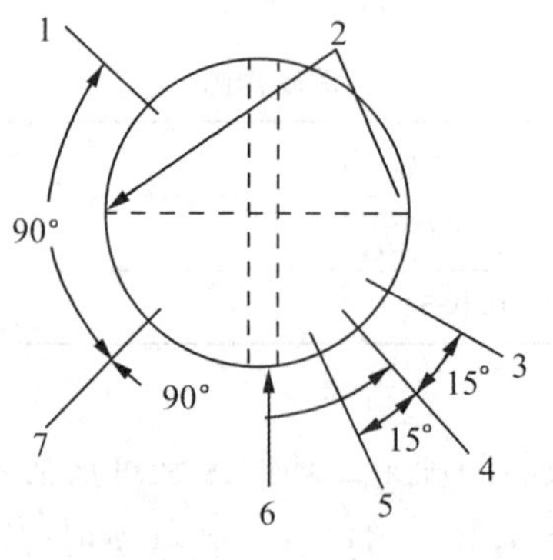

图 2-62　活塞环开口方向

1—第一环开口　2—活塞侧压方向　3—油环衬片开口　4—油环开口

5—第二环开口　6—活塞销方向　7—活塞

(2)活塞的检查

首先检查活塞有无变形或裂损。汽缸如果镗过，则要使用 1 个加大尺寸的活塞。在距活塞底 21mm 处测量活塞的直径，如图 2-63 所示。活塞直径标准如表 2-3 所示。

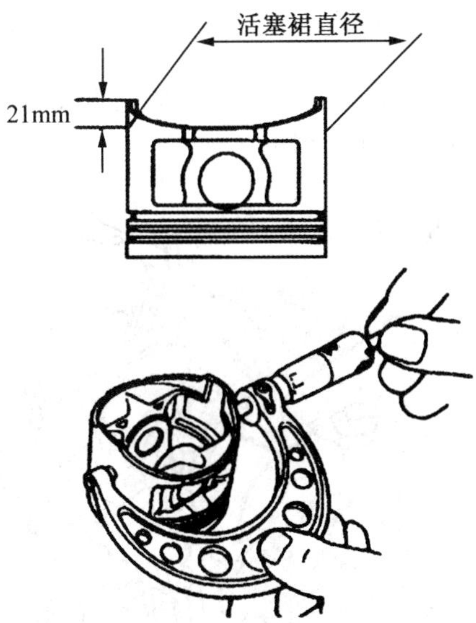

图 2-63　活塞直径的测量

表 2-3　　**活塞直径**

标准(新)(mm)	修复极限(mm)
字母号　A:84.980～84.990	84.970
B: 84.970～84.980	84.960

注意:有两种标准尺寸的活塞(字母 A 或 B)。字母压印在活塞的顶部,也压印在汽缸体上,作为缸径尺寸。

活塞与汽缸间的配合间隙,如图 2-64 所示,计算缸径和活塞直径间的差值。标准(新)是 0.020～0.040mm,允许极限为 0.05mm。如果间隙接近或超出允许极限,检查活塞和缸体有无过度磨损。

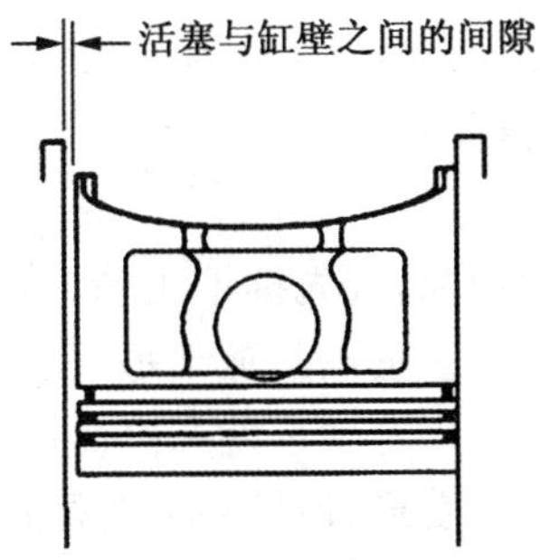

图 2-64　活塞间隙

加大尺寸的活塞直径:0.25:85.23～85.24mm;

0.50:85.48～85.49mm。

检查活塞销与活塞的配合间隙,给活塞销涂敷一些发动机机油。这时,应能用拇指将活塞销压入销孔。活塞销与活塞的间隙标准(新)为0.012～0.024mm。

2.5.3.2　连杆的检修

取下带连杆轴承衬瓦的连杆轴承盖。用干净的毛巾清洁曲轴连杆轴颈和轴承衬瓦。如图2-65所示将塑胶量规放到连杆轴颈上。

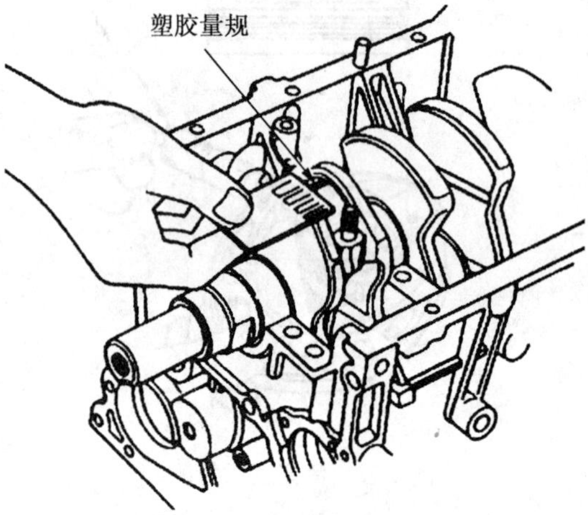

图2-65　塑胶量规的放置

重新安装轴承衬瓦和连杆轴承盖,然后用47N·m的扭矩拧紧螺母。检查期间不要旋转曲轴。拆下连杆轴承盖和轴承衬瓦,测量塑胶量规最宽部分的厚度。

连杆轴承与轴颈之间的油隙:标准(新)为0.021～0.049mm;允许极限为0.06mm。

如果用塑胶量规太宽或太窄,拆下轴承的上衬瓦,更换新的、具有相同颜色代码的轴承衬瓦,重新检查间隙。注意不要通过修整轴承衬瓦或加垫方式来调节间隙。如果塑胶量规显示间隙仍不正确,则试用较大或较小的轴承,重新检查间隙。

如果使用合适的轴承不能获得正常的间隙,则需要更换相应的曲轴,然后重新开始检查。

2.5.4　曲轴飞轮组件的检修

2.5.4.1　曲轴主轴承的检修

(1)间隙检查

为了检查主轴承与轴颈间的油隙,应先拆下主轴承盖和轴承衬瓦。用一干净的毛巾清洁每一主轴颈和轴承衬瓦。把塑胶量规条置于每一主轴颈上,放置方式与连杆轴颈相同。注意:当拧紧主轴承盖螺栓,紧压主轴承盖去检查间隙时,如果发动机仍在车上,则曲轴和飞轮的重量将增加塑胶量规的变形,使读数出现误差。为了测量正确,可用千斤顶在发动机下顶住曲轴,且每次只检查1个轴承的间隙。重新装上轴承衬瓦和轴承盖,然后拧紧螺栓,扭矩为75N·m。注意在检查期间不要旋转曲轴。

拆下主轴承盖和轴承,测量塑胶量规最宽部分的厚度,标准参见表2-4。

表 2-4　主轴承与轴颈之间的油隙

轴颈	标准油隙(mm)	维修极限(mm)
2 号	0.021～0.045	0.050
3 号	0.025～0.049	0.055
1、4 号	0.013～0.037	0.050
5 号	0.009～0.033	0.040

如果塑胶量规测量的间隙太宽或太窄，抬下曲轴，拆下轴承的上衬瓦，更换一套新的具有相同颜色号码的轴承，重新检查间隙(若发动机还在车上，则卸下发动机)。注意：不要通过修整轴承或轴承盖来调节间隙。

如果间隙仍不正确，则检查下一个较大或较小的轴承间隙。如果使用适当的较大或较小的轴承不能获得正确的间隙，则更换曲轴，重新进行检查。

(2)选配

如图 2-66 和 2-67 所示，在汽缸体端部压印有数字或条形码表示 5 个主轴颈孔的尺寸。可根据这些代码和压印在曲轴上的数字或条形码(表示主轴颈尺寸)，来选择合适的轴承。

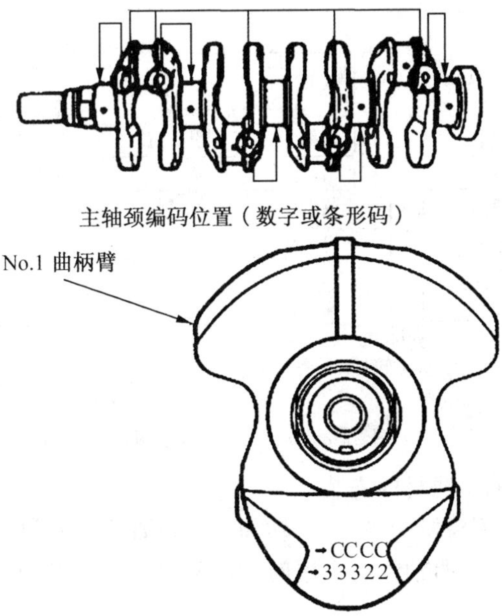

图 2-66　曲轴上的编码

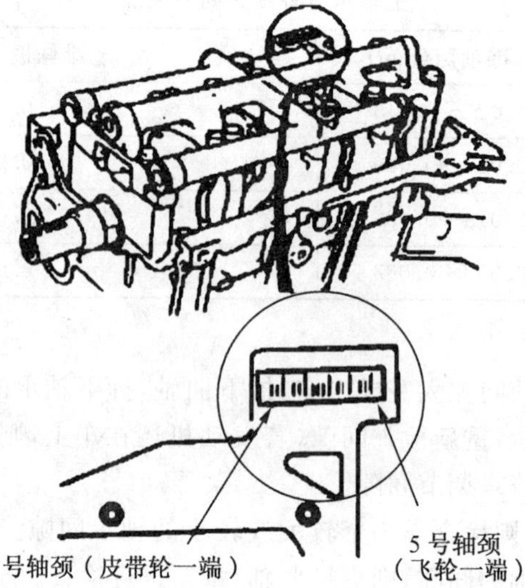

图 2-67　汽缸体上的压印

当使用不同颜色的上下衬瓦时，上下衬瓦使用哪种颜色并不重要。轴承的结构和颜色位置如图 2-68 所示。

轴承颜色涂在轴承的边缘

→ 较大曲柄孔

→ 较小的轴承（较厚）

↓ 较小主轴颈	A 或 I 或 1	B 或 II 或 2	C 或III或 3	D 或 IV 或 4
1 或 I	粉红	粉红/黄	黄	黄/绿
2 或 II	粉红/黄	黄	黄/绿	绿
3 或III	黄	黄/绿	绿	绿/棕
4 或 IV	黄/绿	绿	绿/棕	棕
5 或 V	绿	绿/棕	棕	棕/黑
6 或 VI	绿/棕	棕	棕/黑	黑

↓ 较小轴承（较厚）

图 2-68　轴承的结构与颜色

2.5.4.2　曲轴主轴承油封的安装

缸体上油封表面必须保持干燥，在曲轴和油封唇部涂一层薄薄的机油。将曲轴油封敲入右轴承盖，应垂直敲入曲轴油封。用间隙规测量油封间隙，周缘的油封间隙应相等，油封间隙应为 0.5～0.8mm。

2.5.4.3　曲轴的检修

用管道清洁器或合适的刷子清洁曲轴油道，检查键槽和螺纹。

(1)检查径向跳动量

如图 2-69 所示，测量所有主轴颈的径向跳动量，以确认曲轴无弯曲。在每一主轴颈上所测值之差不能超过维修极限。曲轴总径向跳动量标准(新)为 0.03mm，维修极限为 0.04mm。

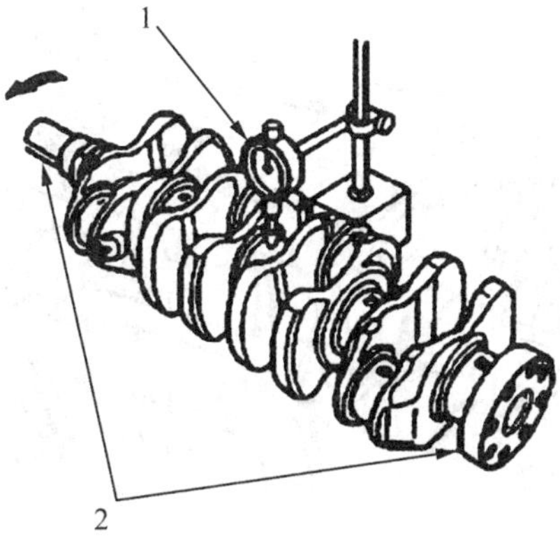

图 2-69　检查曲轴径向跳动量

1—曲轴两端　2—百分表

(2)检查圆度和圆柱度误差

如图 2-70 所示,在每一连杆和轴颈中间处取两点,用千分尺测量圆度误差。圆度就等于某一截面所测的两直径差值的一半。每一轴颈上所测值之差不能超过维修极限。轴颈的圆度误差:标准(新)为 0.005mm,维修极限为 0.006mm。

在每一连杆和主轴颈的边缘测量圆柱度误差。圆柱度指的就是几个截面测得的直径当中的最大值与最小值差的一半。每一轴颈上所测值之差不应超过修复极限。轴颈圆柱度标准(新)为 0.005mm,维修极限为 0.006mm。

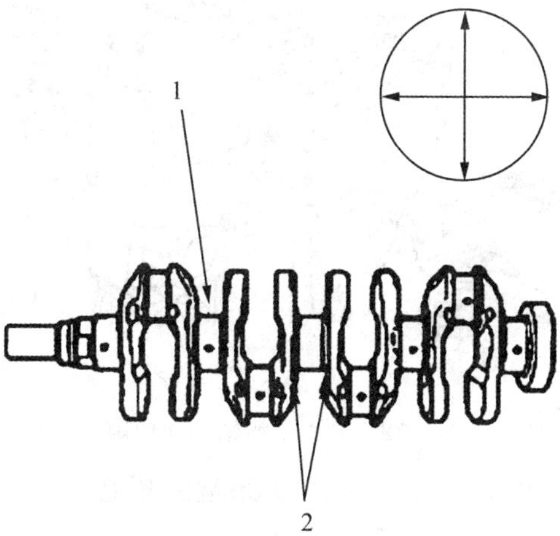

图 2-70　检查圆度和圆柱度

1—主轴颈　2—曲柄

(3)检查曲轴的轴向间隙

如图 2-71 所示,用力将曲轴推离千分表,将千分表的表头抵住曲轴端头,调零千分表,然后朝着千分表方向用力拉动曲轴,千分表上的读数不应超过允许极限。

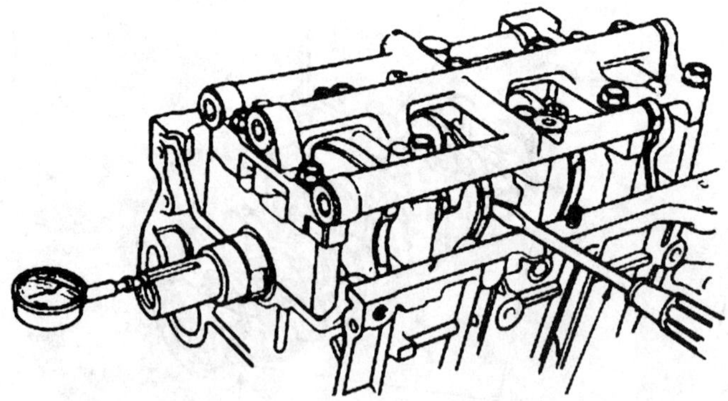

图 2-71　检查曲轴轴向间隙

曲轴轴向间隙标准(新)为 0.10～0.35mm,维修极限为 0.45mm。

如果曲轴的轴向间隙超出了允许极限,应检查止推垫片和曲轴的止推表面,视情况更换受损的元件。注意止推垫片的厚度是固定的,不可采用研磨或加垫的方式来改变其厚度;安装止推垫片时,带槽的侧应向外。

2.5.4.4　平衡轴的检修

在拆下右侧盖板和平衡轴齿轮外壳前,先检查平衡轴。用力将平衡轴推离百分表,将百分表测头顶住平衡轴前端,并将百分表调零,然后推回平衡轴,如图 2-72 所示。

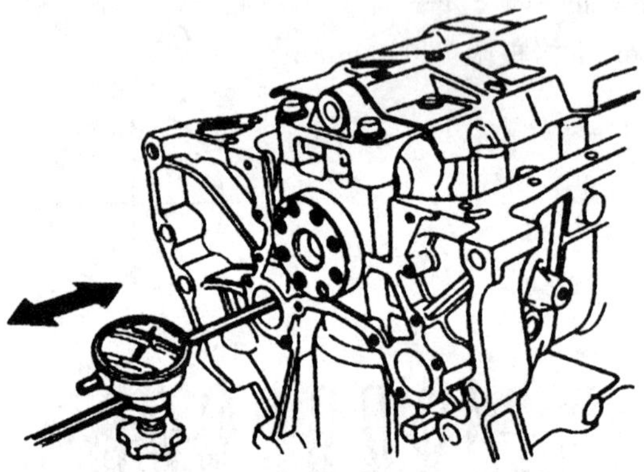

图 2-72　检查平衡轴轴向间隙

前平衡轴标准端隙为 0.10～0.40mm。如果端隙超差,检查轴承保持架和平衡轴。

后平衡轴标准端隙为 0.04～0.15mm。如果端隙超差,检查止推垫片、从动齿轮及机油泵体上的止推表面。注意轴承保持架(前)和止推垫片的厚度是固定的。要清洁平衡轴。

检查平衡轴轴颈和平衡轴轴承表面,如果检查发现轴承或平衡轴颈表面有磨损或污点,应更换轴承或平衡轴。当更换 1 号后轴承时,要换 1 个新的机油泵外壳。注意正常的表面应达到镜面程度。

测量平衡轴的圆柱度,轴颈圆柱度标准(新)为 0.005mm。

测量每一平衡轴 2 号轴颈的径向跳动量，如图 2-73 所示，确保平衡轴无弯曲。平衡轴总的径向跳动量标准(新)为 0.02mm，维修限度为 0.03mm。

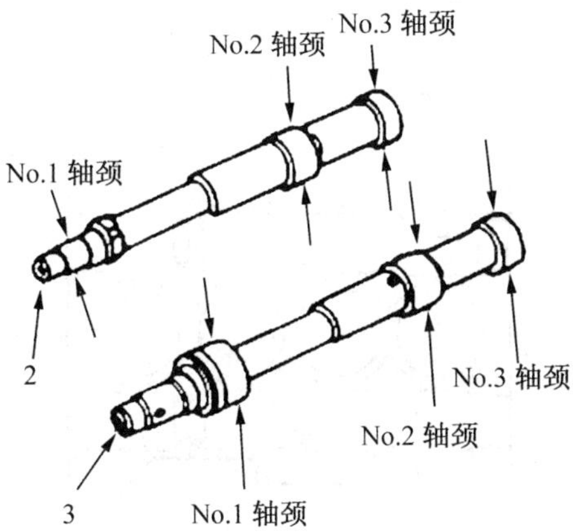

图 2-73　平衡轴的轴径

测量平衡轴轴颈的直径，如图 2-74 和表 2-5 所示。

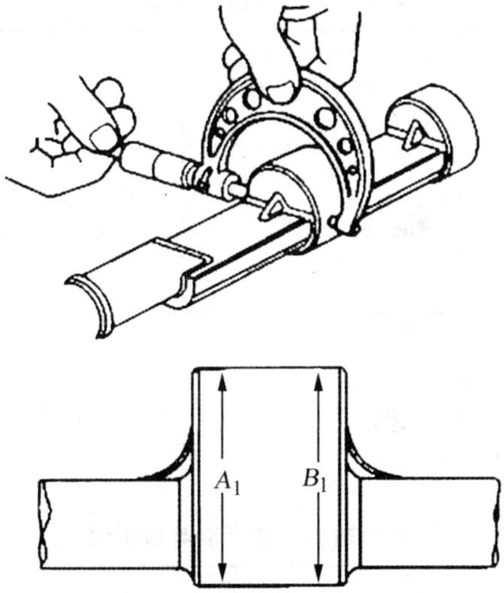

图 2-74　平衡轴轴径测量位置

表 2-5　**轴颈直径标准与极限值**

项目(轴颈号)	标准直径(新)(mm)	维修极限(mm)
1 号轴颈(前)	42.722～42.734	42.71
1 号轴颈(后)	20.938～20.950	20.92
2 号轴颈(前、后)	38.712～38.724	38.70
3 号轴颈(前、后)	34.722～34.734	34.71

拆下曲轴、活塞及其他的部件，然后用干净的毛巾清洁平衡轴轴承和机油泵壳体。检查轴承的表面，如果有磨损或污点，则更换轴承或机油泵外壳。测量平衡轴轴承的内径，如图 2-75 和表 2-6 所示。

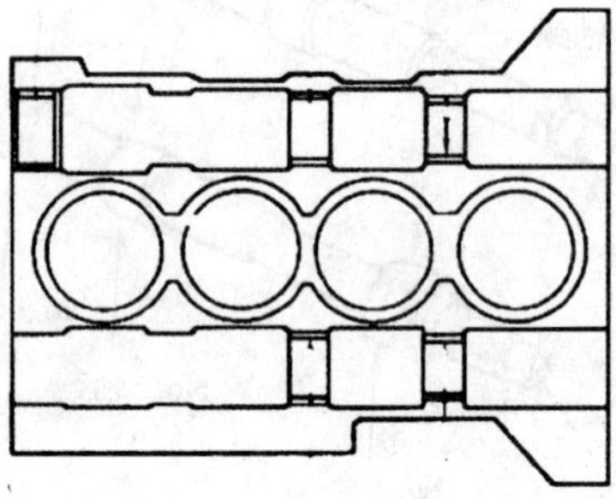

图 2-75　平衡轴的内径位置

表 2-6　　**轴承孔内径标准与极限值**

轴颈号	标准内径(新)(mm)	维修极限(mm)
1 号轴承(前)	42.800～42.820	42.83
1 号轴承(后)	21.000～21.013	21.02
2 号轴承(前、后)	38.800～38.820	38.83
3 号轴承(前、后)	34.800～34.820	34.83

计算轴与轴承之间的油隙，轴承孔的内径减去轴颈外径即为油隙。轴承与轴颈之间的油隙标准值与极限值参见表 2-7。

表 2-7　　**平衡轴轴承间隙标准与极限值**

位置	标准值(mm)	极限值(mm)
1 号(前)、3 号(前、后)	0.066～0.098	0.12
2 号(前、后)	0.076～0.108	0.13
1 号(后)	0.050～0.075	0.09

2.5.5　曲柄连杆机构的装配

2.5.5.1　活塞环安装

利用活塞环扩张器拆下旧活塞环(见图 2-76)。

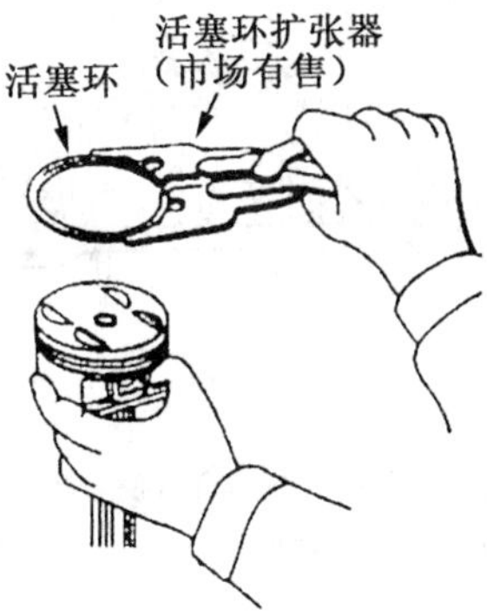

图 2-76　活塞环拆装

彻底清洁所有活塞环槽。使用方形断口的活塞环或带有与活塞槽相配刃口的环槽清洁器。气环一槽与气环二槽宽为 1.20mm。油环槽宽为 2.80mm。如有必要,可修锉刀口。不要用钢丝刷清洁环槽,也不要用清洁工具切深环槽。如果准备将活塞从连杆处分开,则先不要安装新的活塞环。按从下到上的顺序和位置安装新的活塞环。在槽中转动活塞环以确认没有卡滞。如图 2-61 和图 2-62 所示设置活塞环端口。

2.5.5.2　曲轴的安装

把新的活塞连杆组装到缸体内。记住,连杆大端上的号码不是发动机内汽缸顺序号,它们只是尺寸的公差范围。在安装之前,所有零件的滑动表面和转动表面均应涂上一薄层机油。

在汽缸体和主轴承盖上安上主轴承衬瓦。在缸体第 4 号轴颈处安上上半部的止推垫片,如图 2-77 所示。

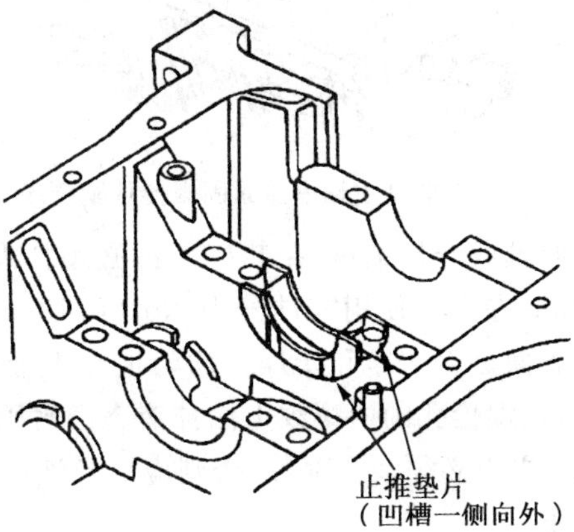

图 2-77　安装止推垫片

将曲轴放入主轴承内，并使第 2 缸和第 3 缸的连杆轴颈在下止点位置，固定住曲轴，如图 2-78 所示。

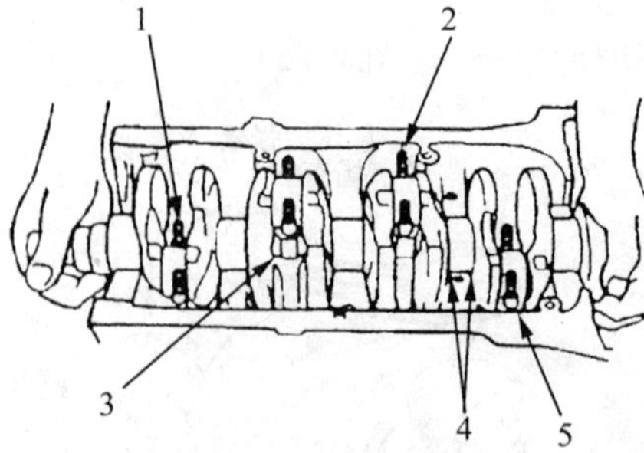

图 2-78　曲轴正确位置

1—1 缸连杆位置　2—3 缸连杆位置　3—2 缸连杆位置　4—止推片安装位置　5—4 缸连杆位置

依次装入 2、3 缸活塞连杆组，使连杆轴颈和 2、3 号连杆接合好，装上连杆轴承盖，用手拧紧螺母。顺时针旋转曲轴，依次装入 1、4 缸活塞连杆组，并使连杆轴颈与 1、4 号连杆连接，装好轴承盖，用手拧紧螺母。

用塑胶量规检查连杆轴承间隙，然后拧紧轴承盖螺母至规定扭矩，规定扭矩为 47N·m。注意连杆上的参考号码是连杆大端内径的尺寸公差，而不表示活塞的位置。装上下半部止推垫片、主轴承盖和轴承盖桥式安装架。用塑胶量规检查主轴承间隙。

按图 2-79 所示的顺序用 30N·m 的扭矩拧紧螺栓。再按相同的顺序用 75N·m 的扭矩拧紧螺栓。

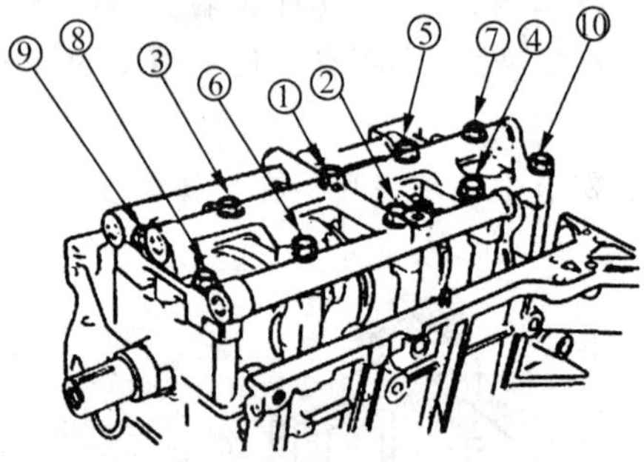

图 2-79　曲轴主轴承盖紧固螺栓拧紧顺序

注意不管何时要更换曲轴或连杆轴承，在装好后都必须使发动机运转达到正常工作温度，然后再继续运转 15min 左右。使用零件号为 No. 08718-0001 的液态密封胶。在涂液态密封胶前要检查配合表面是否洁净和干燥。均匀地涂上液态密封胶，要盖住所有配合表面。为防止机油泄漏，在螺栓孔的内螺纹上涂抹液态密封胶。

涂液态密封胶后，5min 之内必须装上部件，否则应更换液态密封胶。装配后，等至少 20min 才能加注发动机机油。

2.5.5.3　平衡轴安装

把平衡轴插入缸体，然后将轴承保持架安装到前平衡轴和缸体上，如图 2-80 所示。

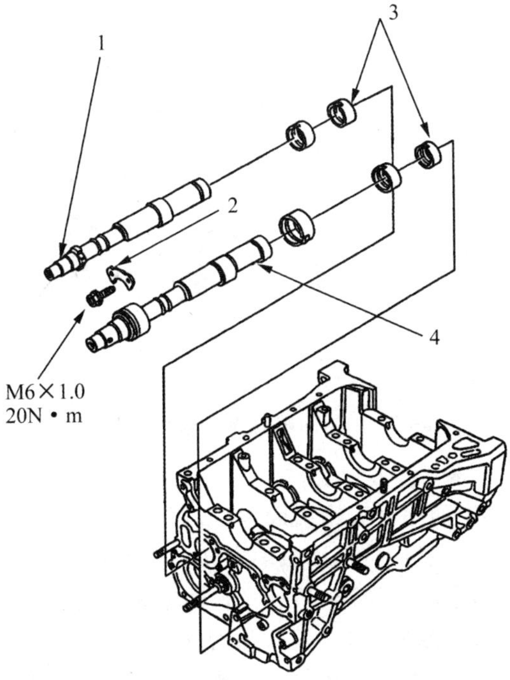

图 2-80　前后平衡轴安装

1—后平衡轴　2—前平衡轴定位锁片　3—平衡轴保持架　4—前平衡轴

2.5.5.4　曲轴主轴承油封的安装

缸体上油封表面必须保持干燥，在曲轴和油封唇部涂一层薄薄的机油。将曲轴油封敲入右轴承盖，如图 2-81 所示。注意，应垂直敲入曲轴油封。

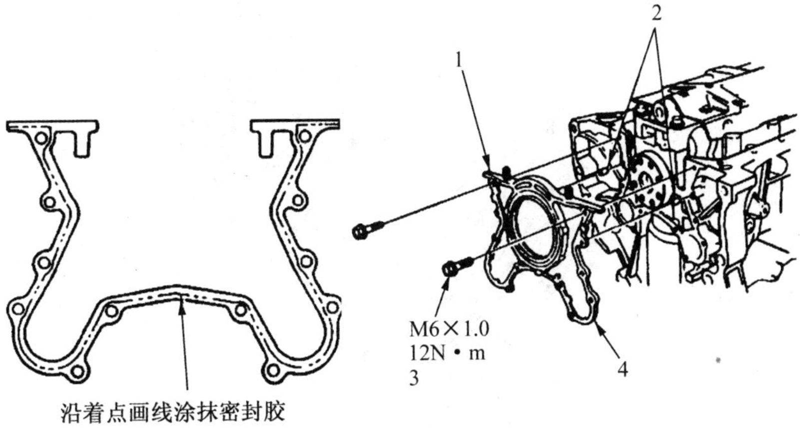

图 2-81　曲轴主轴承油封的安装

1—下表面　2—接合面　3—紧固螺栓　4—右轴承盖

用间隙规测量油封间隙，周缘的油封间隙应相等。油封间隙应为 0.5～0.8mm。在右端盖与缸体配合面涂液态密封胶，然后把右端盖固定到发动机体上，如图 2-82 所示。

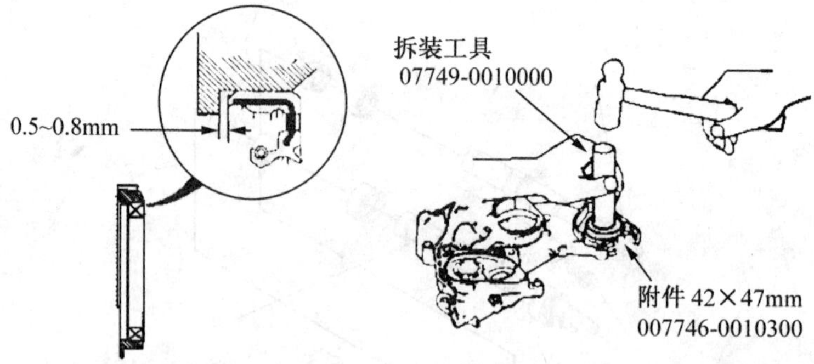

图 2-82　油封间隙的测量与油封的安装

2.5.5.5　机油泵的安装

在机油泵与缸体配合表面涂液态密封胶，然后把机油泵装到发动机体上，加润滑脂到机油泵和平衡轴的密封唇上，然后将机油泵的内转子曲轴对齐，安装机油泵。安上机油泵后，除去曲轴和平衡轴上多余的润滑脂，然后检查油填充唇，保证它不变形。

装好隔板，然后安装机油滤网(集滤器)，如图 2-83 所示。在平衡轴齿轮(见图 2-84)的止推面涂上二硫化钼。这一工作要在安装平衡轴从动齿轮和平衡轴驱动齿轮外壳之前进行。

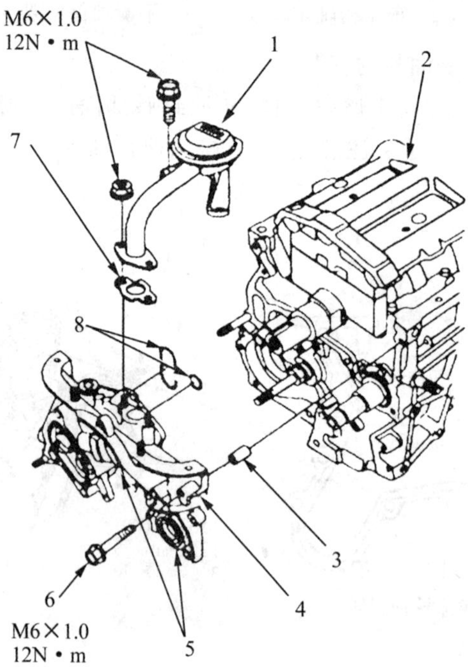

图 2-83　集滤器安装

1—集滤器　2—隔板　3—定位销　4—机油泵　5—平衡轴座孔　6—螺栓　7—垫片　8—密封圈

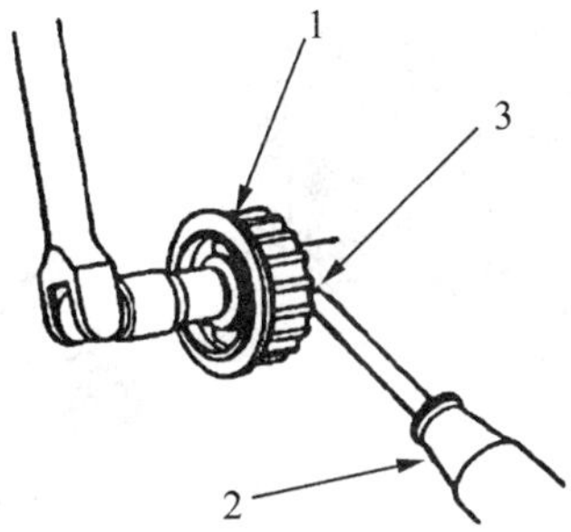

图 2-84　平衡轴从动齿轮

1—平衡轴从动齿轮　2—起子　3—平衡轴

把平衡轴齿轮外壳装到机油泵上。注意用 M6×100 的螺栓固定住平衡轴，使皮带轮边缘上的槽口和齿轮外壳上的定位标记对正，然后装上齿轮外壳，如图 2-85 和图 2-86 所示。在安装齿轮外壳后，检查定位标记是否对正。

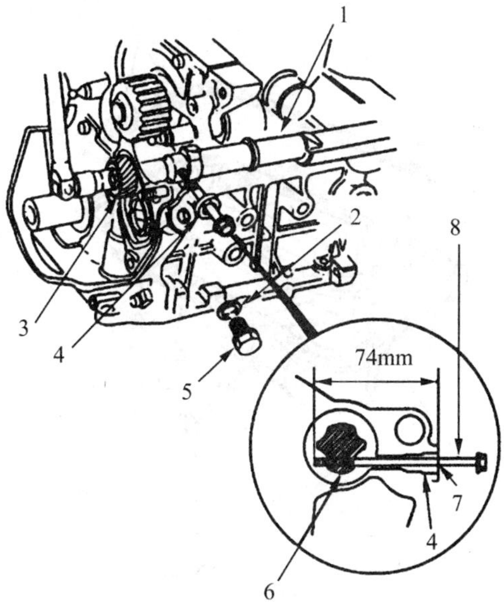

图 2-85　平衡轴定位

1—平衡轴　2—O 形圈　3—主动齿轮　4—检视孔　5—螺塞

6—定位孔　7—端面　8—检查用螺栓

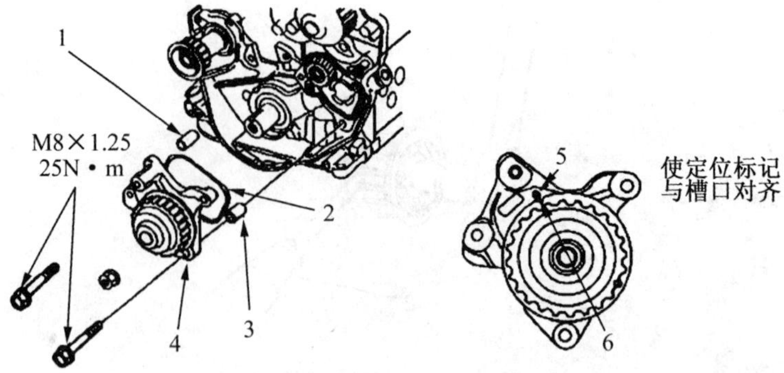

图 2-86　平衡轴齿轮外壳安装与定位

1、3—定位销　2—密封圈　4—平衡齿轮外壳　5—壳体定位点　6—平衡轴正时皮带轮定位槽口

安装油底壳，如图 2-87 所示，按图 2-88 所示的顺序拧紧螺栓和螺母，拧紧扭矩为 14N·m。

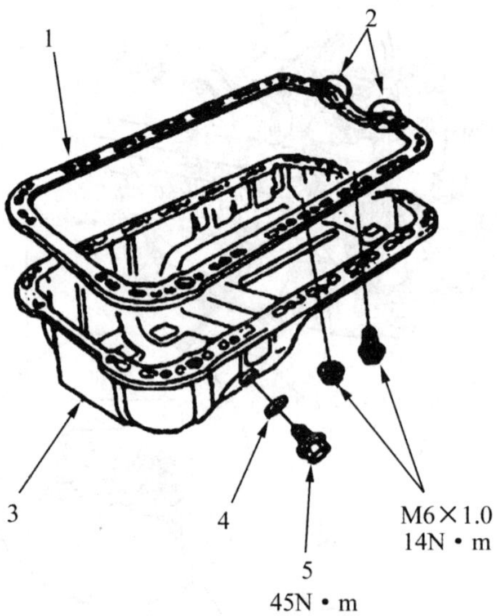

图 2-87　安装油底壳

1—油底壳密封垫　2—曲轴曲面　3—油底壳　4—密封圈　5—放油螺塞

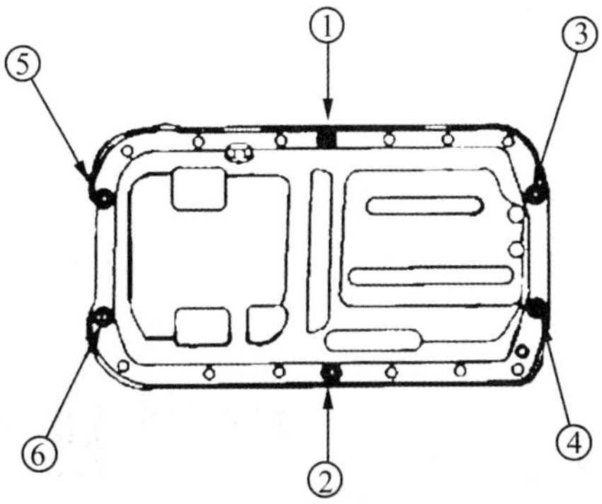

图 2-88 油底壳紧固螺栓拧紧顺序

拓展阅读

1. http://jpkc.zjvtit.edu.cn/eln/outstu/cosup/index.htm/浙江交通职业技术学院《发动机构造与维修》精品课程网站

2. http://edu.lzzy.net/ec2006/C137/index.asp/柳州职业技术学院《汽车发动机检修》精品课程网站

3. http://car.gdcp.cn:8084/广东交通职业技术学院《汽车发动机机械系统诊断与检修》精品课程网站

4. 孙海波. 汽车发动机检修. 北京:人民邮电出版社,2009

复习思考题

(1)简述发动机曲柄连杆机构的组成、功用。

(2)简述曲柄连杆机构检测项目及方法。

(3)简述用量缸表测量汽缸内径的过程。

(4)汽车涉水致发动机熄火,能否直接启动发动机？为什么？

(5)简述曲轴轴瓦和连杆轴瓦的选配方法。

(6)通过查阅相关资料,制定桑塔纳 AJR 型发动机曲柄连杆机构的拆装和检修方案。

第3章　配气机构

学习目标

1. 能够正确拆装、检测、更换配气机构主要零部件。
2. 分析配气机构常见故障产生机理及其检修步骤。
3. 掌握配气机构组成、功用和配气原理等相关知识。

考核标准

知识要求：
1. 了解配气机构组成、功用及类型。
2. 掌握配气机构配气原理与检测注意事项。
3. 理解配气相位与正时。
4. 掌握配气机构拆装注意事项。
5. 熟悉配气机构常见故障。

技能要求：
1. 能够合理利用工具进行配气机构的分解并装复。
2. 能够对配气机构主要部位进行检查和测量。
3. 通过查阅相关技术资料，能够正确做出配气机构检测报告。
4. 能够检查并调整气门式配气机构的气门间隙，检查和更换正时皮带。
5. 能够查阅相关标准和技术资料。

教学建议

教具：汽车发动机、汽车维修工具、汽车维修量具与器具、汽车维修易耗品。
建议：现场教学、理实一体化、教室实训室维修车间一体化。

3.1　配气机构概述

3.1.1　配气机构的功用

3.1.1.1　配气机构的功用

配气机构是进、排气管道的控制机构，它按照汽缸的工作顺序和工作过程的要求，准时地开闭进、排气门，向汽缸供给可燃混合气（汽油机）或新鲜空气（柴油机），并及时排出废气。另外，在进、排气门关闭时，保证汽缸密封。由于气门式配气机构进气充分、排气彻底，四冲程发动机都采用该机构。

3.1.1.2　充气效率

充气效率是指每一个进气行程所吸入的空气质量与标准状态下（1 个大气压、20℃密度为 1.187kg/m^3）占有汽缸活塞行程容积的干燥空气质量的比值。

新鲜空气或可燃混合气被吸入汽缸愈多，则发动机可能发出的功率愈大。新鲜空气或可燃混合气充满汽缸的程度，用充气效率表示。充气效率越高，表明进入汽缸的新气越多，可燃混合气燃烧时可能放出的热量也就越大，发动机的功率越大。

3.1.2　配气机构的类型

气门位于汽缸盖上称为气门顶置式配气机构，由凸轮、挺柱、推杆、摇臂、气门和气门弹簧等组成。其特点是进气阻力小，燃烧室结构紧凑，气流搅动大，能达到较高的压缩比。若气门位于汽缸体侧面，则称为气门侧置式配气机构，如图 3-1(a)所示。目前国产的汽车发动机都采用气门顶置式配气机构，如图 3-1(b)所示。气门侧置式配气机构由凸轮、挺柱、气门和气门弹簧等组成，由于省去了推杆、摇臂等零件，简化了结构。因为它的进、排气门在汽缸的一侧，压缩比受到限制，进、排气门阻力较大，发动机的动力性和高速性均较差，已逐渐被淘汰。

(a) 气门侧置　　(b) 气门顶置

图 3-1　配气机构的气门布置形式

根据凸轮轴的位置分为下置式、中置式和上置式，如图 3-2 所示。

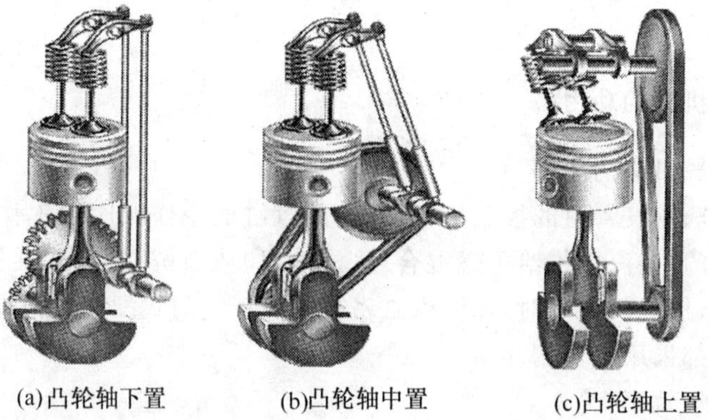

图 3-2　配气机构的凸轮轴布置形式

3.1.2.1　凸轮轴下置式配气机构

凸轮轴下置式配气机构主要有气门驱动组和气门组两大部分。气门驱动组是从正时齿轮开始至推动气门动作的所有零件，主要由正时齿轮、凸轮轴、气门挺柱、推杆、调整螺钉和锁紧螺母、摇臂、摇臂轴、摇臂轴支架等组成。气门驱动组的功用是定时驱动气门使其开闭。气门组主要由气门锁片、气门弹簧座、气门弹簧、气门、气门导管、气门座等组成，其功用主要是维持气门的关闭。

凸轮轴下置式配气机构应用最广泛，其进、排气门都倒装在汽缸盖上。凸轮轴装在曲轴箱内，而摇臂轴装在汽缸盖上，两者相距较远，推杆较长。凸轮轴距曲轴较近，两者之间采用正时齿轮传动。

当汽缸的工作循环需要将气门打开进行换气时，由曲轴通过正时齿轮驱动凸轮轴旋转，使凸轮轴上的凸轮凸起部分通过挺柱、推杆、调整螺钉，推动摇臂摆转，摇臂的另一端便向下推开气门，同时使弹簧进一步压缩。当凸轮凸起部分的顶点转过挺柱以后，气门在其弹簧张力的作用下，开度逐渐减小，直至最后关闭，进气或排气过程即告结束。压缩和做功冲程中，气门在弹簧张力作用下严密关闭，使汽缸密闭。

由于四冲程发动机每完成一个工作循环，曲轴转两圈，而各缸只进、排气一次，也即凸轮轴只需转一圈，所以曲轴与凸轮轴的传动比为 2∶1。

3.1.2.2　凸轮轴中置式配气机构

凸轮轴中置式配气机构的结构特点是凸轮轴位于汽缸体的上部，推杆较短，运动惯性小。该机构可省去推杆，而由挺柱直接驱动摇臂。当发动机转速较高时，气门传动机构的往复运动质量减小。

3.1.2.3　凸轮轴上置式配气机构

凸轮轴上置式配气机构的结构特点是凸轮轴布置在汽缸盖上。凸轮轴直接通过摇臂来驱动气门，没有挺柱和推杆，使往复运动质量大大减小，因此它适用于高速发动机。

3.2　配气机构主要零部件

配气机构主要由气门组件和气门传动组件两部分组成，如图 3-3 所示。

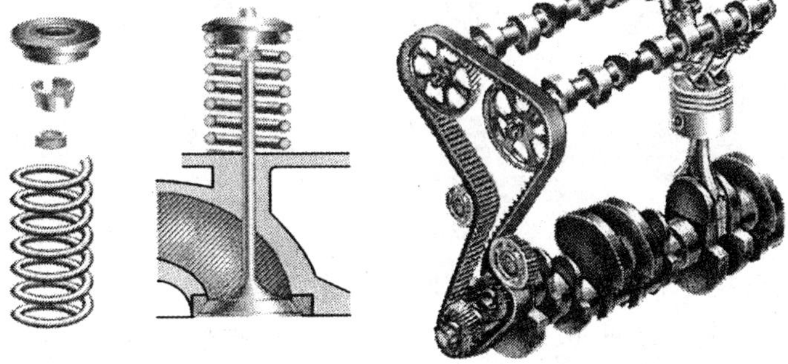

(a) 气门组件　　(b) 气门传动组件

图 3-3　配气机构的组成

3.2.1　气门组

气门组包括气门、气门座、气门导管、气门弹簧、锁片和卡簧，如图 3-4 所示。

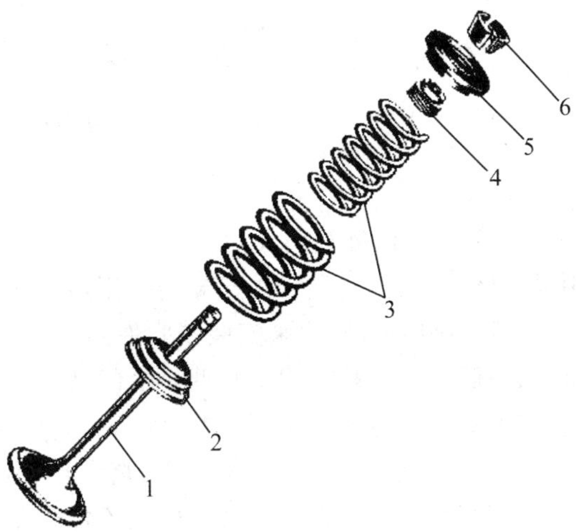

图 3-4　气门组件

1—气门　2—气门座　3—气门弹簧　4—卡簧　5—气门弹簧座　6—气门锁片

3.2.1.1　气门

功用：控制进、排气管的开闭。

工作条件：高温、高压、冲击、润滑困难。

要求：要有足够的强度、刚度、耐磨、耐高温、耐腐蚀、耐冲击。

材料：进气门采用合金钢（铬钢或镍铬等），排气门采用耐热合金钢（硅铬钢等）。

构造：气门由头部、杆身和尾部组成。气门头部是一个具有圆锥斜面的圆盘，气门锥角一般为 45°，也有的为 30°，如图 3-5 所示。气门头边缘应保持一定厚度，一般为 1～3mm，以防工作中冲击损坏和被高温烧蚀。气门密封锥面与气门座配对研磨。

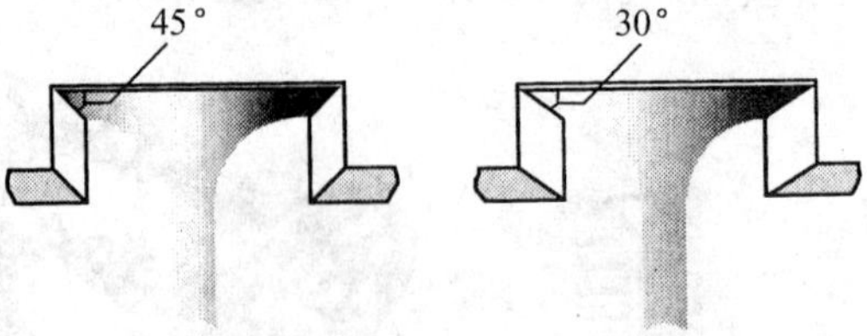

图 3-5　气门锥角

气门头顶部形状有平顶、球面顶和喇叭形顶等，如图 3-6 所示。

平顶结构简单、制造方便、吸热面积小、质量小，进、排气门均可采用。

球面顶适用于排气门，强度高，排气阻力小，废气的清除效果好，但受热面积大，质量和惯性力大，加工较复杂。

喇叭形顶适用于进气门，进气阻力小，但受热面积大。

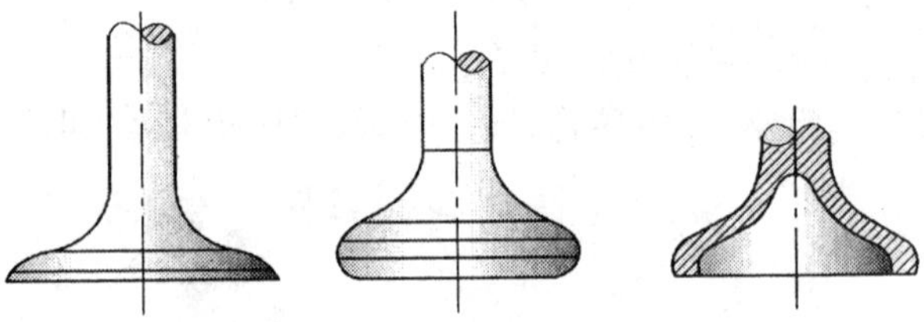

(a) 平顶　(b) 球面顶　(c) 喇叭形顶

图 3-6　气门顶部形状

一般的发动机进气门头部直径比排气门大，当两气门一样大时，排气门有记号。

气门杆身与头部制成一体，装在气门导管内起导向作用，杆身与头部采用圆滑过渡连接。气门尾部制有凹槽（锥形槽或环形槽）用来安装锁紧件。

气门数目及气道布置：一般发动机都采用每缸两个气门，即一个进气门和一个排气门的结构。为了改善换气，在可能的条件下，应尽量加大气门的直径，特别是进气门的直径。但是由于燃烧室尺寸的限制，气门直径最大一般不能超过汽缸直径的一半。当汽缸直径较大、活塞平均速度较高时，每缸一进一排的气门结构就不能保证良好的换气质量。因此，在很多新型汽车发动机上多采用每缸四个气门结构，即两个进气门和两个排气门，如图 3-7 所示。

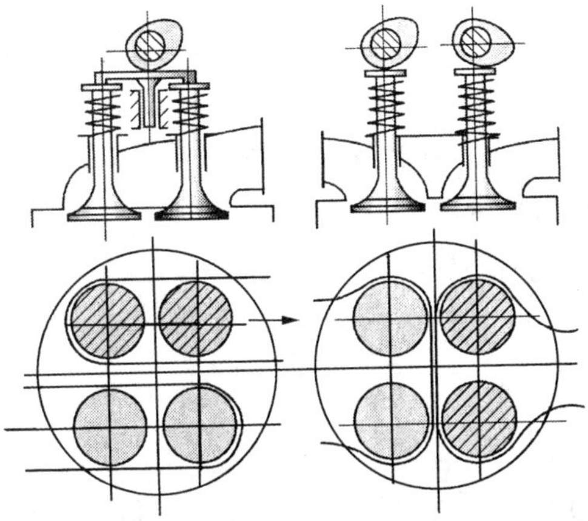

图 3-7　四气门的布置

3.2.1.2　气门导管

气门导管的作用有两个：一是起导向作用，保证气门做直线往复运动；二是起导热作用，将气门头部传给杆身的热量，通过汽缸盖传出去。为了保证导向，导管应有一定的长度。气门导管的工作温度也较高，约 500K。气门导管和气门的润滑是靠配气机构飞溅出来的机油进行的，因此易磨损。为了改善润滑性能，气门导管常用灰铸铁、球墨铸铁或铁基粉末冶金制造。导管内、外圆面加工后压入汽缸盖的气门导管孔内，然后再精铰内孔。为了防止气门导管在使用过程中松脱，有的发动机对气门导管用卡环定位。气门导管如图 3-8 所示。

3.2.1.3　气门座

气门座与气门头部密封锥面配合，用于密封汽缸，气门头部的热量亦经过气门座外传。气门座可以在缸盖或缸体上直接镗出，也可以采用镶嵌式结构。镶嵌式结构气门座都采用较好的材料（合金铸铁、奥氏体钢等）单独制作。

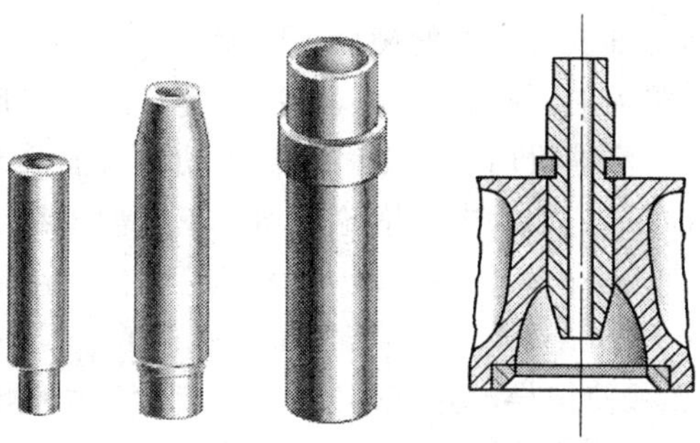

图 3-8　气门导管

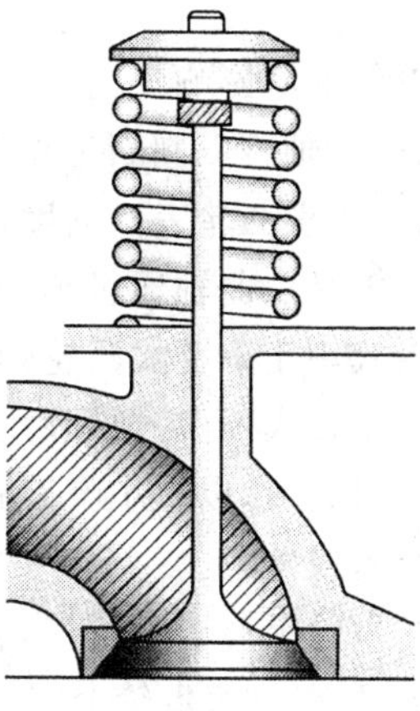

图 3-9　气门弹簧

3.2.1.4 气门弹簧

气门弹簧如图 3-9 所示，其功用是保证气门回位。在气门关闭时，保证气门与气门座之间的密封；在气门开启时，保证气门不因运动时产生的惯性力而脱离凸轮。气门弹簧多为圆柱形螺旋弹簧，它的一端支撑在汽缸盖上，另一端压靠在气门杆尾端的弹簧座上，弹簧座用锁片固定在气门杆的尾端。

3.2.1.5 气门锁片、卡簧锁片、卡簧

气门锁片、卡簧锁片和卡簧的功用是在气门弹簧力的作用下把弹簧座和气门杆锁住，使弹簧力作用到气门杆上。

3.2.2 气门传动组

气门传动组件主要包括凸轮轴、挺柱、推杆、摇臂、气门间隙调整螺钉等，其功用是传递凸轮轴与气门之间的运动。

3.2.2.1 凸轮轴

凸轮轴的功用是控制气门的开启和关闭，每一个进、排气门分别有相应的进气凸轮和排气凸轮。凸轮轴主要由凸轮、凸轮轴轴颈等组成，对于下置式凸轮轴的汽油机还具有用以驱动机油泵、分电器的螺旋齿轮和驱动汽油泵的偏心轮，如图 3-10 所示。

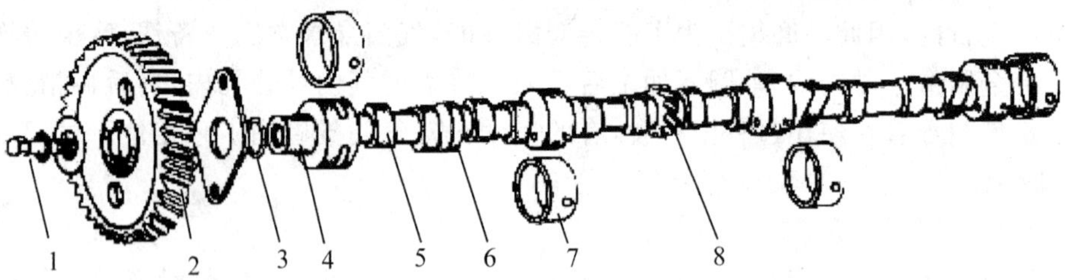

图 3-10 凸轮轴的结构

1—紧固螺栓 2—凸轮轴正时齿轮 3—O 形圈 4—曲轴
5—凸轮 6—偏心轮 7—轴套 8—螺旋齿轮

凸轮的形状影响气门的开闭时刻及高度，凸轮的排列影响气门的开闭时刻和工作顺序（根据凸轮轴可以判断工作顺序）。工作时，凸轮轴受到气门间歇性开启的周期性冲击载荷，因此要求凸轮表面耐磨性好，凸轮轴要有足够的韧性和刚度。

凸轮轴是由曲轴通过传动装置来驱动的，传动装置有齿轮式、链条式和齿形皮带式。

齿轮式用于下置式凸轮轴的驱动。汽油机用一对正时齿轮传动。柴油机上凸轮轴与曲轴中心距较大，且需要同时驱动喷油泵，需加入中间惰轮传动。正时齿轮都用斜齿轮并用不同材料制成，以减小噪声和磨损。通常小齿轮用中碳钢，大齿轮柴油机用钢而汽油机用夹布胶木或塑料。

正时齿轮上有正时记号，装配时必须使记号对齐，以保证配气正时。如图 3-11 所示，图中的 A、B 点是两齿轮上记号示意，1 与 2 为喷油正时记号，2 和 6 为配气正时记号，2 和 3 为二者共用正时记号，装配时三对记号必须都对正。

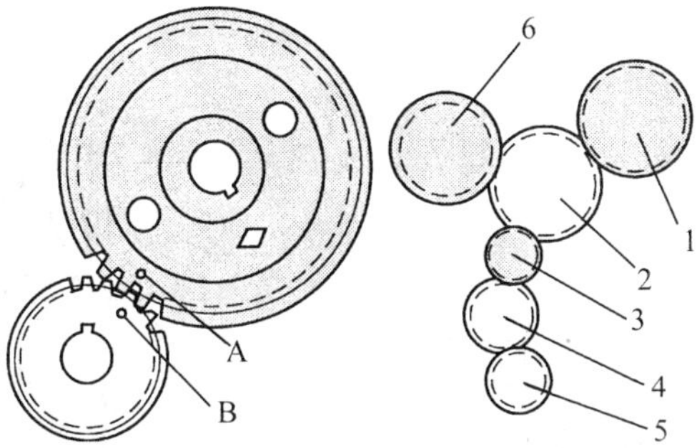

图 3-11　齿轮传动及正时记号

1—喷油泵正时齿轮　2、4—中间惰轮　3—曲轴正时齿轮　5—机油泵传动齿轮　6—凸轮轴正时齿轮

图 3-12 和图 3-13 为链条传动和齿形皮带传动示意图，其中链条传动噪声小，一般用于中置或顶置凸轮轴的发动机上。为了防止链条抖振，设有导链板和张紧装置，张紧装置有机械式和液压式两种，液压式是用发动机的机油进入液压腔，推动其内部的活塞向外移动，使张紧链轮压向链条。

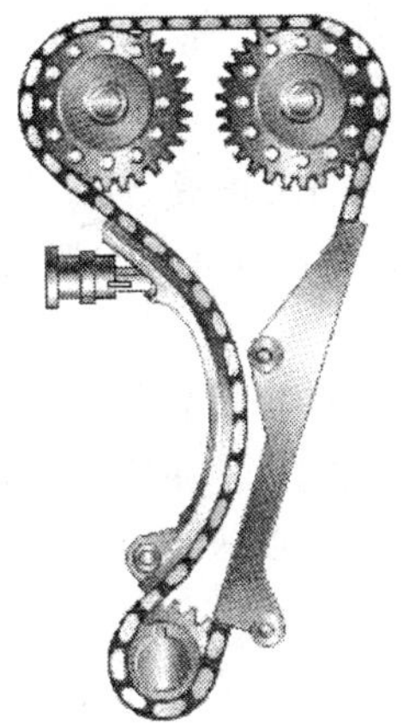

图 3-12　链条传动

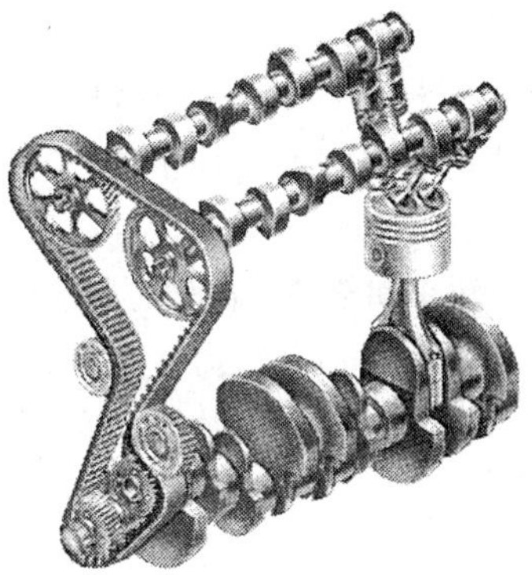

图 3-13　齿形带传动

近年来，高速发动机上广泛地采用氯丁橡胶齿形皮带传动来代替链条传动，显著减小了噪声，且质量轻、包角大、啮合量大，齿间压强小，工作可靠。这种皮带用玻璃纤维来增加强度，且在齿形的一面衬有尼龙织物衬面。

3.2.2.2　挺柱

挺柱的功用是将凸轮的推力传给推杆(或气门杆)，并承受凸轮轴旋转时所施加的侧向力。挺柱主要有如图 3-14 所示的普通挺柱(有筒形和菌形)和如图 3-15 所示的液压挺柱两种样式。

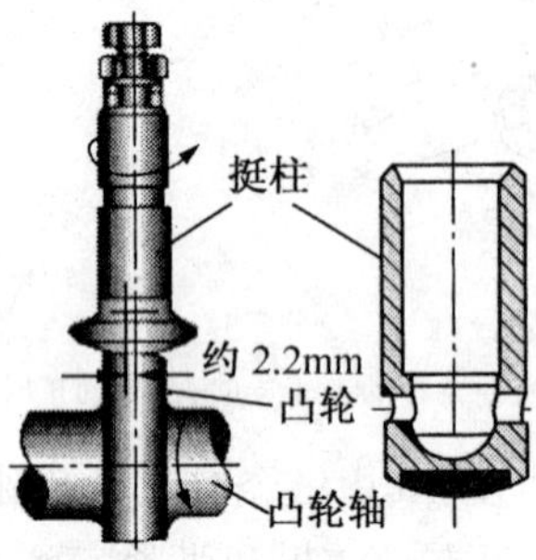

图 3-14 普通挺柱

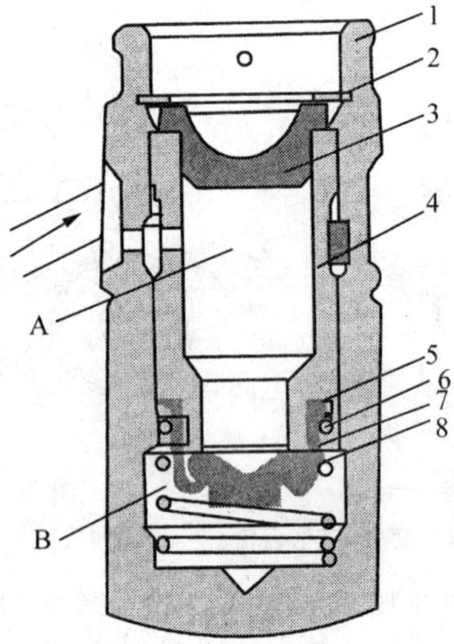

图 3-15 液压挺柱

A—柱塞腔 B—挺柱体腔

1—挺柱体 2—卡簧 3—球座 4—柱塞 5—单向阀架 6—柱塞弹簧 7—单向阀 8—碟形弹簧

液压挺柱体内装有柱塞，柱塞上端压有球座作为推杆的支撑座，同时将柱塞内腔堵住。弹簧用来将柱塞压向上方，卡簧用来对柱塞限位。柱塞下端单向阀架内装有碟形弹簧，用以关闭单向阀。

奥迪轿车和桑塔纳轿车的发动机上采用的液压挺柱如图 3-16 所示。其工作原理与上述液压挺柱基本相同，其结构特点是采用倒置的液压挺柱，直接推动气门的开启；挺柱体是由上盖和圆筒，经加工后再用激光焊接成一体的薄壁零件；单向阀采用钢球，弹簧式结构。

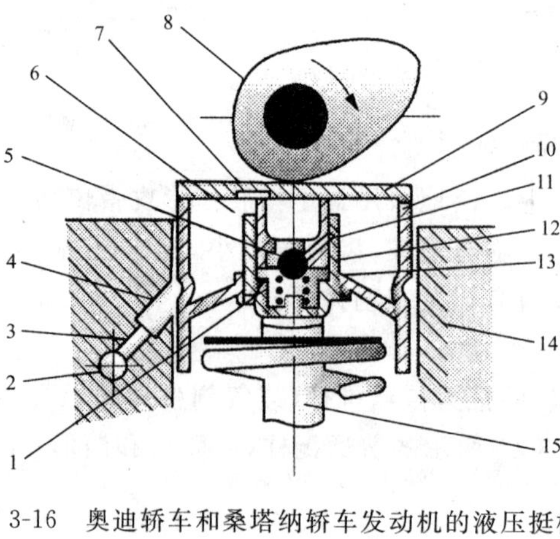

图 3-16 奥迪轿车和桑塔纳轿车发动机的液压挺柱

1—高压油腔 2—缸盖油道 3—油量孔 4—斜油孔 5—球阀 6—低压油腔 7—键形槽 8—凸轮轴 9—挺柱体 10—柱塞焊缝 11—柱塞 12—套筒 13—弹簧 14—缸盖 15—气门杆

3.2.2.3　推杆

推杆的作用是将从凸轮轴传来的推力传给摇臂。它是配气机构中最容易弯曲的零件,所以要求有很高的刚度,在动载荷大的发动机中,推杆应尽量做得短些。推杆的两端如图 3-17 所示。

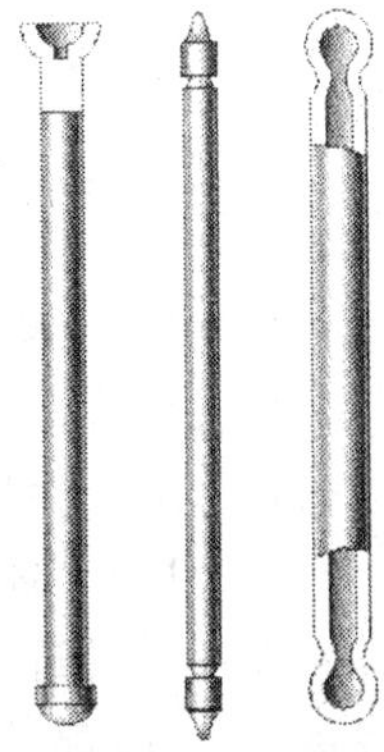

图 3-17　推杆

3.2.2.4　摇臂

摇臂的功用是将推杆或凸轮传来的力改变方向,传给气门使其开启。摇臂实际上是一个双臂杠杆(其比值为 1.2～1.8)。短臂一端装有气门间隙调整螺钉及锁紧螺母,长臂一端有用以推动气门的圆弧工作面。由于靠气门一端的臂长,所以在一定的气门升程下,可减小推杆、挺柱的运动距离和加速度,从而减小了工作中的惯性力。摇臂的材料一般为中碳钢,也有的用球墨铸铁或合金铸铁。摇臂的结构如图 3-18 所示。

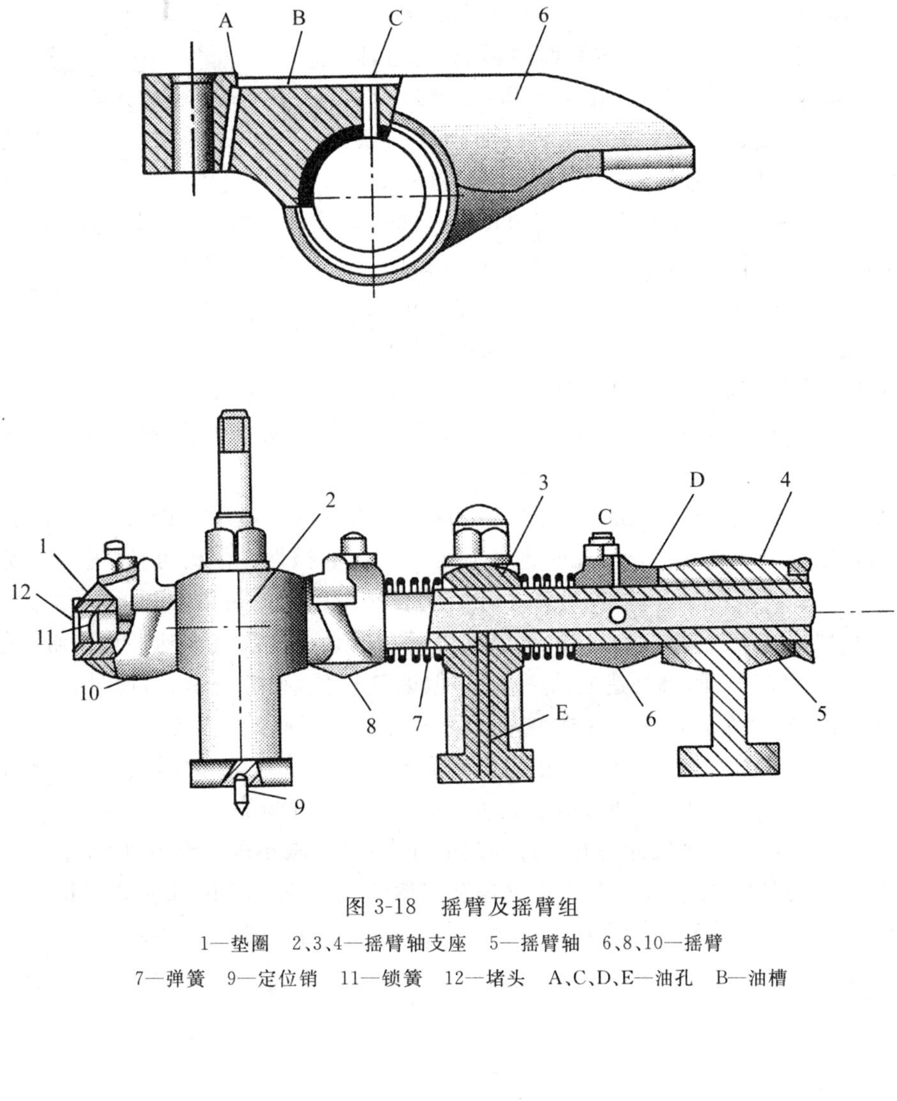

图 3-18　摇臂及摇臂组

1—垫圈　2、3、4—摇臂轴支座　5—摇臂轴　6、8、10—摇臂

7—弹簧　9—定位销　11—锁簧　12—堵头　A、C、D、E—油孔　B—油槽

3.3 配气相位和气门间隙

3.3.1 配气相位

3.3.1.1 配气相位的含义

配气相位是指用曲轴转角表示的进、排气门的开、闭时刻和开启持续时间，通常用环形图表示配气相位图，如图3-19所示。

3.3.1.2 理论配气相位的分析

理论上讲进、压、功、排四冲程各占180°，也就是说进、排气门都是在上、下止点开闭，延续时间都是曲轴转角180°。但实际表明，简单配气相位很难适应实际工作，它不能满足发动机对进、排气门的要求，主要原因是气门的开、闭有个过程，开启总是由小到大，关闭总是由大到小；另外，由于气体惯性的影响，随着活塞的运动，同样造成进气不足，排气不净；还有就是，要适应发动机速度的要求，实际发动机曲轴转速很高，活塞每一冲程历时都很短。当转速为5600r/min时，一个冲程只有60s/(5600×2)=0.0054s；当转速为1500r/min时，一个冲程也只有0.02s。这样短的进气或排气过程，使发动机进气不足、排气不净。可见，理论上的配气相位不能满足发动机进饱排净的要求。

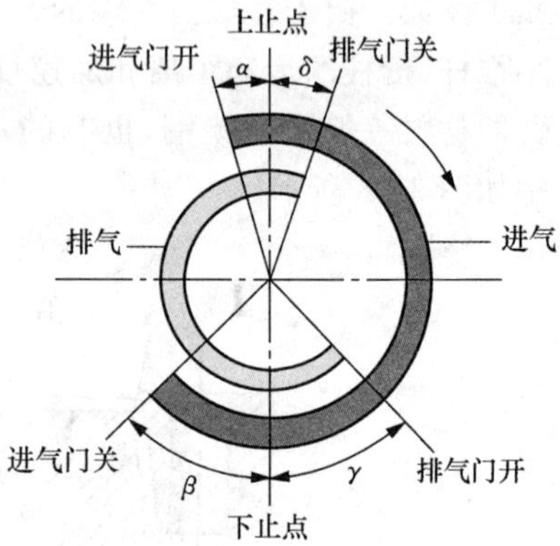

图3-19 配气相位图

α—进气提前角 β—进气迟闭角

γ—排气提前角 δ—排气迟闭角

3.3.1.3 实际配气相位的分析

为了使进气充足、排气干净，除了从结构上进行改进外(如增大进、排气管道)，还可以从配气相位上改进。

活塞到达进气下止点时，由于进气吸力的存在，汽缸内气体压力仍然低于大气压，在大气压的作用下仍能进气；另外，此时进气流还有较大的惯性。由此可见，进气门晚关可以增加进气量。进气门早开，可使进气一开始就有一个较大的通道面积，可增加进气量。在做功冲程快要结束时，排气门打开，可以利用做功的余压使废气高速冲出汽缸，排气量约占50%。排气门早开，势必造成功率损失，但因气压低，损失并不大，而早开可以减少排气所消耗的功，又有利于废气的排出，所以总功率仍是提高的。

活塞到达上止点时，汽缸内废气压力仍然高于外界大气压，加之排气气流的惯性，排气门晚关可使废气排得更净一些。由此可见，气门具有早开晚关的可能。

进气门早开增大了进气冲程开始时气门的开启高度，减小进气阻力，增加进气量。

进气门晚关延长了进气时间，在大气压和气体惯性力的作用下，增加进气量。

排气门早开借助汽缸内的高压自行排气，大大减小了排气阻力，使排气干净。

排气门晚关延长了排气时间，在废气压力和废气惯性力的作用下，使排气干净。

3.3.1.4　气门重叠

由于进气门早开、排气门晚关，势必造成在同一时间内两个气门同时开启。把两个气门同时开启时间相当的曲轴转角叫作气门重叠角。在这段时间内，进气流和排气流各自有自己的流动方向和流动惯性，而重叠时间又很短，不至于混乱，即吸入的可燃混合气不会随同废气排出，废气也不会经进气门倒流入进气管，而只能从排气门排出；进气门附近还有降压作用，有利于进气。

3.3.1.5　进、排气门的实际开闭时刻和延续时间

实际进气时刻和延续时间：在排气冲程接近终了时，活塞到达上止点前，即曲轴转到离上止点还差一个角度 α，进气门便开始开启，进气冲程直到活塞越过下止点 β 时，进气门才关闭，整个进气过程延续时间相当于曲轴转角（$180°+\alpha+\beta$，其中 α 为进气提前角，$\alpha=10°\sim30°$；β 为进气延迟角，$\beta=40°\sim80°$，所以进气过程曲轴转角为 230°～290°）。

实际排气时刻和延续时间：做功冲程接近终了时，活塞在下止点前排气门便开始开启，提前开启的角度 γ 一般为 40°～80°，活塞越过下止点后 δ 角排气门关闭，δ 一般为 10°～30°，整个排气过程相当于曲轴转角（$180°+\gamma+\delta$，其中 γ 为排气提前角，$\gamma=40°\sim80°$；δ 为进气延迟角，$\delta=10°\sim30°$，所以排气过程曲轴转角为 230°～290°）。

气门重叠角：$\alpha+\delta=20°\sim60°$。

从上面的分析可以看出实际配气相位和理论配气相位相差很大，实际配气相位中气门要早开晚关，主要是为了满足进气充足、排气干净的要求。但实际中，究竟气门什么时候开、什么时候关，主要要根据各种车型，经过实验的方法确定，由凸轮轴的形状、位置及配气机构来保证。

3.3.2　气门间隙

3.3.2.1　气门间隙的定义

气门间隙是指发动机冷态、气门完全关闭时，气门杆尾端与气门传动杆之间的间隙。

3.3.2.2　气门间隙的作用

气门间隙的作用是给热膨胀留有余地，保证气门密封。不同机型，气门间隙的大小不同。根据实验确定，一般冷态时，排气门间隙大于进气门间隙，进气门间隙为 0.25～0.3mm，排气门间隙为 0.3～0.35mm。间隙过大或过小都会影响气门的密封效果。

间隙过大：进、排气门开启滞后，缩短了进、排气时间，降低了气门的开启高度，改变了正常的配气相位，使发动机因进气不足、排气不净而功率下降，还使配气机构零件的撞击增加，磨损加快。

间隙过小：发动机工作后，零件受热膨胀，将气门推开，使气门关闭不严，造成漏气，功率下降，并使气门的密封表面严重积炭或烧坏，甚至气门撞击活塞。

采用液压挺柱的配气机构不需要留气门间隙。

3.3.2.3　气门间隙的调整

在生产实践中，普遍地采用两遍法调整气门间隙，即第一缸压缩终了上止点时，调整其中一半气门，再摇转曲轴一周（指四冲程发动机）便可调整其余一半气门。

气门在完全关闭的情况下，才能调整气门间隙，即挺柱（或摇臂）必须落在凸轮的基圆

上才可调整。由于气门开始开启和开始关闭时，挺柱(或摇臂)是在凸轮的缓冲段内某点上，而且配气相位往往产生一定的偏差，所以不仅气门开启过程不能调，而且将要开启和刚关闭不久的一段时间内也不能调。根据该原则，则气门在6种状态下不能调：正在进气，进气门不能调；正在排气，排气门不能调；将要进气，进气门不能调；将要排气，排气门不能调；刚进气完，进气门不能调；刚排气完，排气门不能调。

拓展阅读

配气相位失准会使着火声音异常、冒烟和功率下降等。在使用过程中除装配失误外，因配气机构一些零件的磨损也会改变配气相位。因此，必须定期检查配气相位。

配气相位的检查方法有两种：一是动态检查法。就是汽油机着火运转时测定配气相位，这种检查需要一定设备；二是静态检查法。就是汽油机熄火后，用百分表和角度盘来检查配气相位。角度盘可以固定，也可随曲轴旋转；可固定在汽油机前端，也可固定在后端。盘固定指针随曲轴旋转，盘旋转指针固定。百分表装在磁力表架上，把表架放在汽缸盖上平面上，百分表头抵压在进气门弹簧座上，如图3-20所示。

首先把气门间隙、凸轮轴轴向间隙调整到标准值，然后再找出一缸排气上止点，把指针与刻度盘零位相对，百分表头与进气门弹簧座相抵。

逆汽油机旋转方向摇转汽油机，当百分表指针停止移动时，立刻停摇汽油机，此时指针在刻度盘指示的刻度值就是进气门打开的提前角。顺着汽油机旋转方向继续摇转汽油机，在下止点后也是在百分表指针刚停止移动时，立刻停转汽油机，此时指针在刻度盘上指示的刻度值减去180°就是进气门关闭的滞后角。

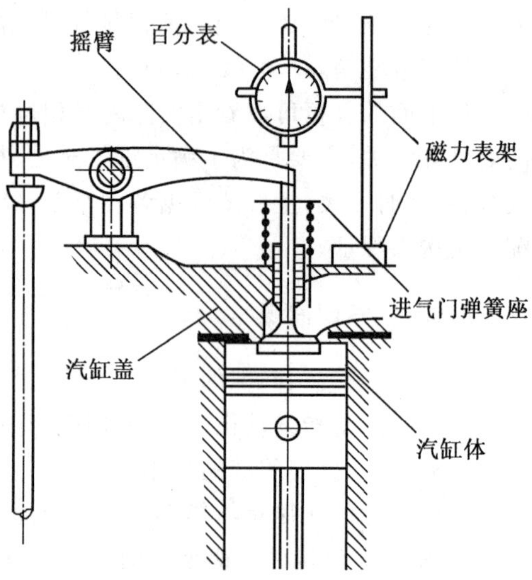

图3-20　百分表的安装

所测数值与汽油机规定值相比，如偏差过大应进行分析，找出原因并加以维修。例如，进气门开启角提前或滞后，关闭角相应提前或滞后，产生这种现象的主要原因是定时齿轮装配记号失准，齿轮磨损严重使齿侧间隙过大、滚键等；进气开启角滞后，关闭角相应提前，产生这种现象的主要原因是凸轮轴磨损严重，凸轮高度不够，应重新磨修凸轮或更新。

检查某一气门的开闭时刻时，应在该气门处于完全关闭状态下，将百分表触头抵在气门弹簧座上，并使触头受到一定程度的压缩。缓慢转动曲轴，当百分表表针开始微动时，指针所指刻度盘上的读数与该缸相应止点位置时的读数差，即为气门提前打开的角度。继续转动曲轴，当百分表触头与弹簧座脱离接触后，再一次相抵时，观察百分表，当指针由摆动到完全停止摆动时，指针所指刻度盘上的读数与该缸另一止点位置时的读数之差，即为气门滞后关闭的角度。例如，CA6102发动机进气门早开15°，迟闭45°；排气门早开45°，迟闭15°。为准确起见，可重复检查2～3次，取平均值。

3.4 配气机构的检修

配气机构的检修根据其组成与结构，具体可分为缸盖和气门传动组件的拆装与检测、气门组件拆装和零部件检测、正时皮带与平衡轴皮带的检查与更换、气门间隙的检查与调整等。以本田 F22B1 型发动机为例来介绍配气机构检修的具体操作步骤及注意事项。

3.4.1 缸盖和气门传动组件的拆装与检测

3.4.1.1 拆装

(1)拆下排气歧管罩，然后拆下排气歧管，如图 3-21 所示。

(2)拆下进气歧管，如图 3-22 所示。

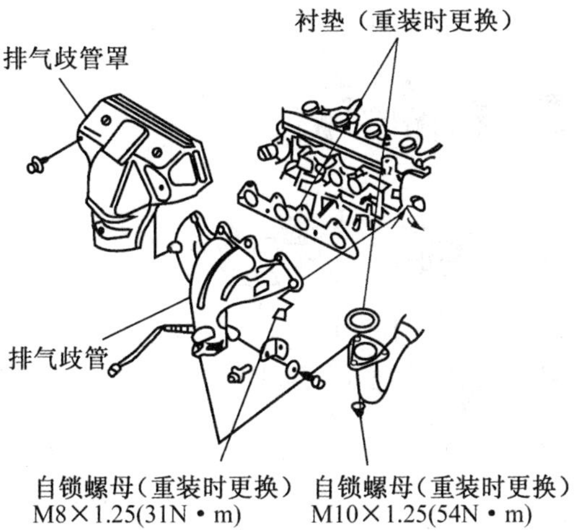

图 3-21 拆下排气歧管

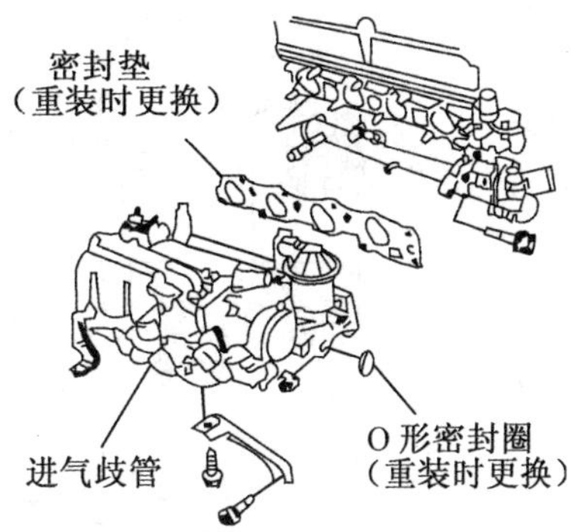

图 3-22 拆下进气歧管

(3)旋松调节螺钉，然后卸下螺栓以及摇臂总成。以十字交叉形式，每次拧松凸轮轴托架螺栓 2 圈(见图 3-23)，以防损坏气门或摇臂总成。在拆卸摇臂总成时，切勿卸下凸轮轴托螺栓。这些螺栓的作用是将弹簧和摇臂以及轮轴托架固定在凸轮轴上，一旦卸下将全部散开。

(4)分解摇臂总成。

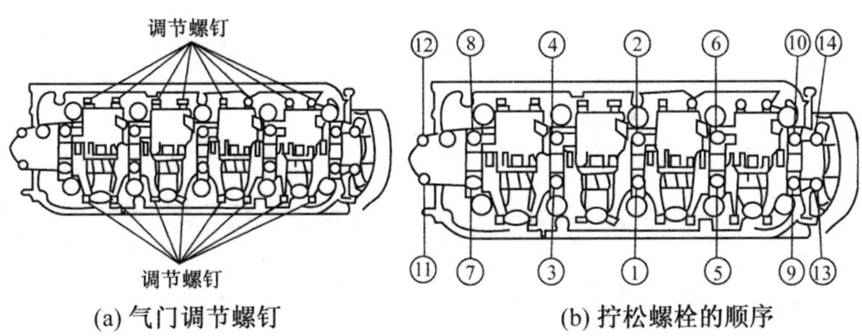

图 3-23 调整螺钉位置与摇臂紧固螺栓拧松顺序

将每个拆下的零件都做上记号，以确保重新安装时能将其安装到原来的位置。若使用旧摇臂轴应该对应放回原位。组装之前，应将各零件在溶剂中清洗干净、晾干，并在接触表面涂上洁净的润滑油。图 3-24 所示为 F22B1 型发动机进排气摇臂分解图。

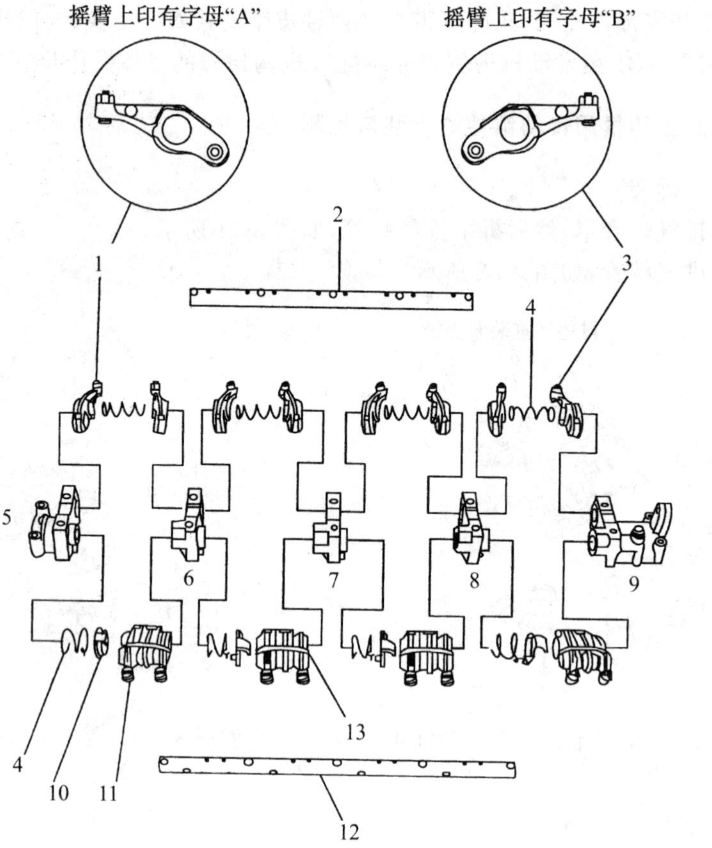

图 3-24　F22B1 型发动机进排气摇臂分解图

1—排气摇臂　2—排气摇臂轴　3—排气摇臂　4—弹簧　5—1 号凸轮轴托架
6—2 号凸轮轴托架　7—3 号凸轮轴托架　8—4 号凸轮轴托架　9—5 号凸轮轴托架
10—正时板　11—进气摇臂总成　12—进气摇臂轴　13—橡胶箍带

3.4.1.2　检测

(1)进排气摇臂与摇臂轴的检查

①摇臂轴磨损检查如图 3-25 所示。

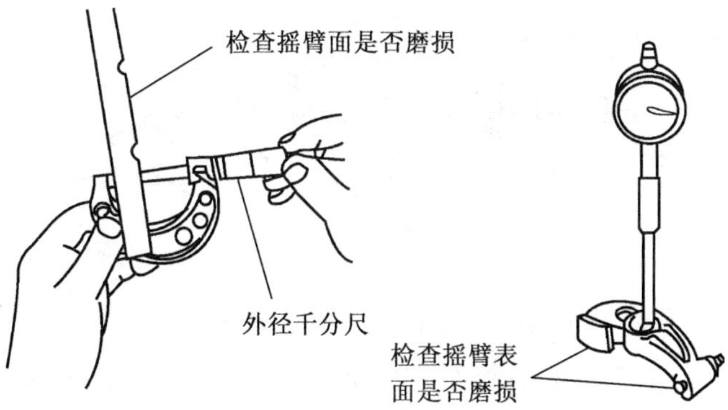

图 3-25　检查摇臂及摇臂与摇臂轴间隙

②摇臂与摇臂轴之间间隙检查如图 3-25 所示。检测对象是任意一摇臂与其对应的摇臂轴。重复测量所有摇臂与摇臂轴之间间隙,并将测量结果填入表 3-1 中,可以目测。如任何一进气摇臂磨损,则 3 个摇臂需要一起更换。

表 3-1　　摇臂与摇臂轴间隙检测记录表

进气门	第一次(mm)	第二次(mm)	第三次(mm)	平均值(mm)	配合间隙(mm)	维修范围(mm)
摇臂轴直径						0.026～0.080
摇臂内径						
排气门	第一次(mm)	第二次(mm)	第三次(mm)	平均值(mm)	配合间隙(mm)	维修范围(mm)
摇臂轴直径						0.018～0.080
摇臂内径						
结论:						

(2)凸轮轴检查

①将凸轮轴、凸轮轴托架置于缸盖上,然后按规定的扭矩拧紧螺栓。8mm 螺栓的规定扭矩为 22N·m,6mm 螺栓的为 12N·m。

②将凸轮轴向分电器推进,使凸轮轴安装到位。

③将百分表表头对正凸轮轴的分电器驱动端,再将百分表调零,然后前、后推动凸轮轴测量轴向间隙,如图 3-26 所示。其标准值为 0.05～0.15mm,维修极限值为 0.50mm。

④从缸盖上拆下凸轮轴托架和螺栓。检查凸轮轴表面是否有明显的拉痕、凹坑、凸坑或严重磨损,有则更换。

⑤清理凸轮轴表面，放回原处。将塑规放到凸轮轴表面，按规定扭矩拧紧后再拆卸。

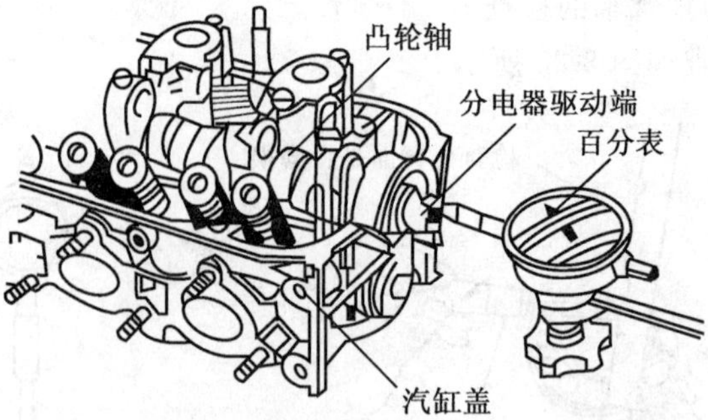

图 3-26　测量凸轮轴轴向间隙时百分表安装位置

⑥测量凸轮轴与拖架之间的油膜间隙，如图 3-27 所示。油膜间隙的标准值为 0.050～0.089mm，维修极限值为 0.150mm。如果油膜间隙超过维护极限则要更换缸盖。

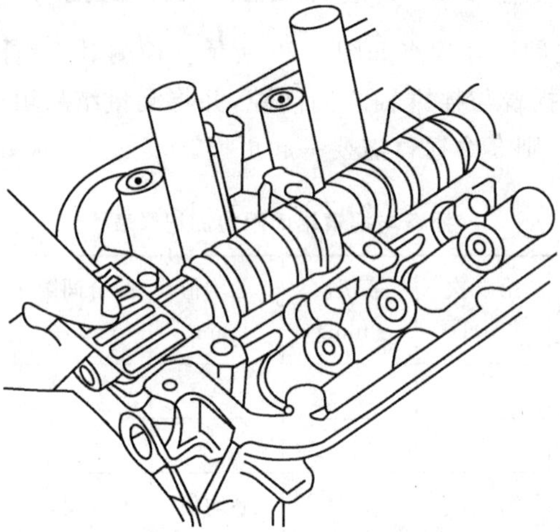

图 3-27　用塑胶量规测量凸轮轴与托架之间的油膜间隙

如果油膜间隙合格，再检查凸轮轴总振摆，如图 3-28 所示。凸轮轴总振摆的标准值应小于 0.03mm，维修极限值为 0.04mm。

⑦测量凸轮轴凸起部位高度，如图 3-29 所示。

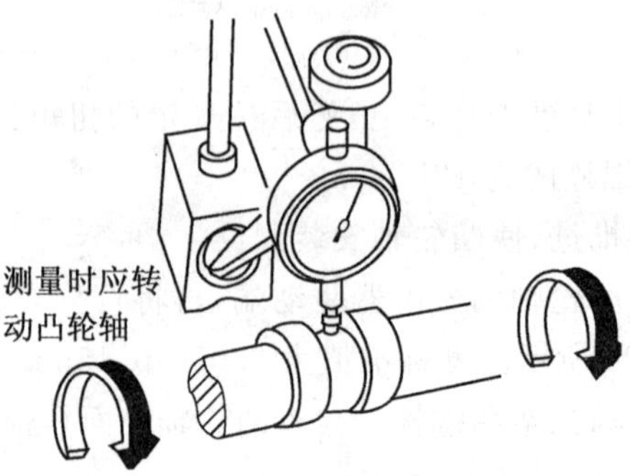

图 3-28　凸轮轴总振摆测量

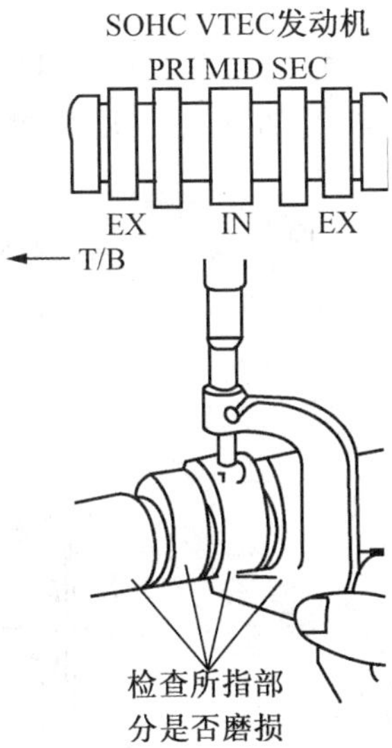

图 3-29　凸轮轴升程测量与检查

凸轮轴凸起部分高度（升程）标准值为：进气 PRI—37.775mm；进气 MID—39.725mm；进气 SEC—34.481mm；排气—38.366mm。

磨损不得超过 0.050mm，否则应更换。

3.4.2　气门组件拆装和零部件检测

3.4.2.1　气门和气门弹簧的标记

对气门和气门弹簧做标记，以方便将每个部件重新装回原来位置。常用合金冲头依次在每个气门上冲点，进气门冲在气门中间，排气门冲在边缘，如图 3-30 所示。注意用力要适当，以防损坏气门。

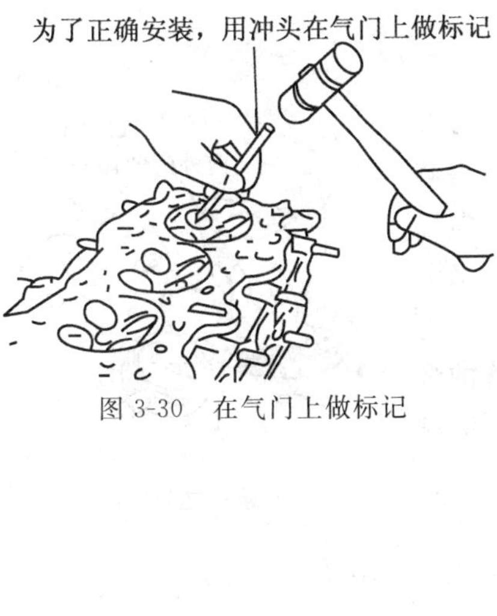

图 3-30　在气门上做标记

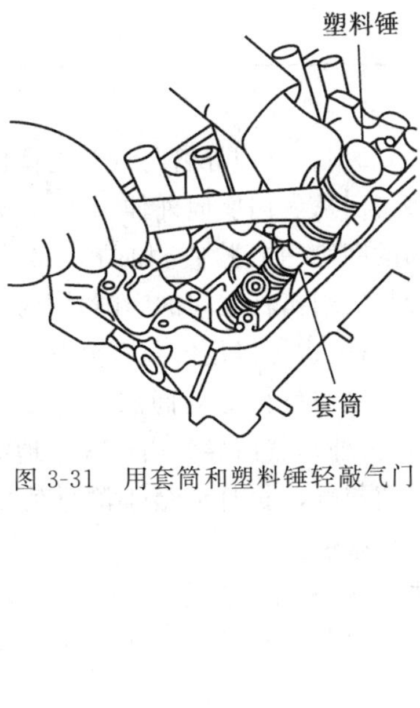

图 3-31　用套筒和塑料锤轻敲气门

3.4.2.2　气门锁片的拆卸

使用合适的套筒和塑料锤轻敲气门座圈，以便松开气门锁片，如图 3-31 所示。

用气门弹簧压缩工具压紧弹簧，并卸下气门锁片，如图 3-32 所示。

3.4.2.3　气门尺寸的检测

气门尺寸的检测如图 3-33 所示，取任意一气门检测后将结果填入表 3-2 中。

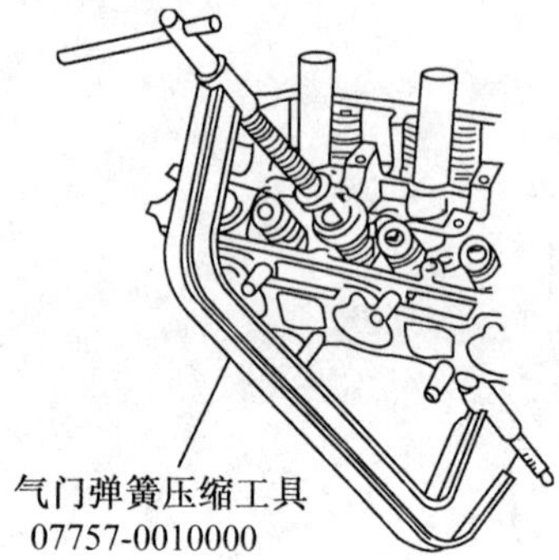

图 3-32　气门弹簧压缩工具使用

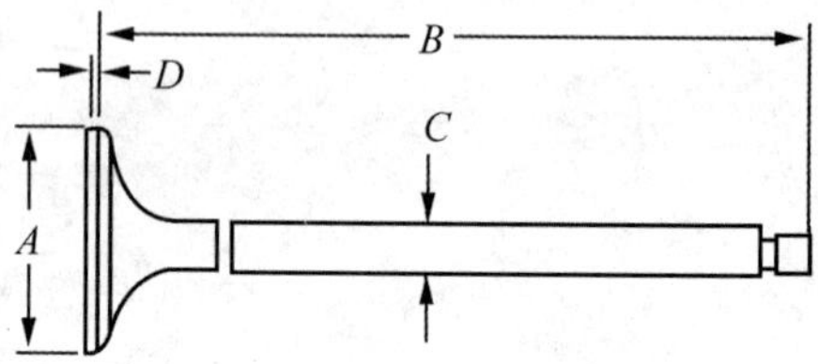

图 3-33　气门检测部位

表 3-2　气门检测记录表

检测部位 / 标准与实测	A 处	B 处	C 处	C 处极限	D 处	D 处极限
进气门标准(mm)	33.85～34.15	114.85～115.15	5.485～5.495	5.455	0.850～1.150	0.650
排气门标准(mm)	28.95～29.015	112.85～113.15	5.450～5.460	5.420	1.050～1.350	0.95
进气门检测(mm)						
排气门检测(mm)						
结论：						

3.4.2.4　气门导管与气门之间间隙的检查

将气门从气门座向外伸出 10mm，对气门导管与气门之间的间隙进行检查，如图 3-34 所示。用百分表测量导管与气门挺杆之间的间隙，同时沿正常推力方向摇动气门挺杆；也可以用内径百分表和千分尺的组合来测量气门导管与气门之间间隙。沿着气门挺杆选 3 个地方测量，另外在气门导管内选 3 个地方测量。导管的最大测量值与气门挺杆的最小测量值之间的偏差不应超过维修极限值。

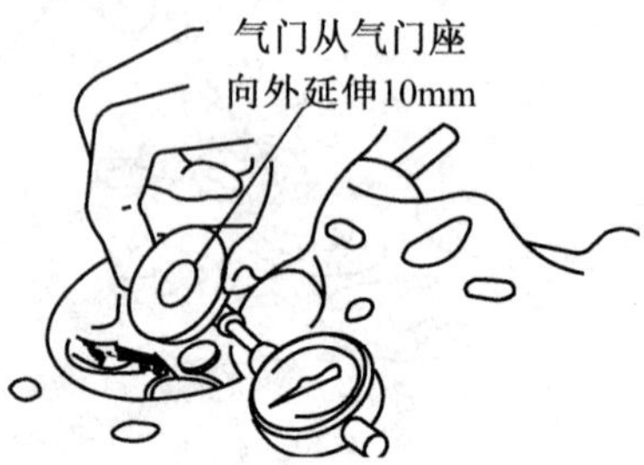

图 3-34　检查气门与气门导管之间间隙

进气门标准值为 0.04～0.09mm，极限值为 0.16mm；排气门标准值为 0.11～0.16mm，极限值为 0.24mm。

取任意一气门与其对应的气门导管进行检测，测量 3 次以上，取其平均值为测量结果，如果测量结果超过维修极限值，则换用新的气门，并重新进行检查。如果测量结果在维修极限值之内，则换用新气门重新组装。如果测量结果仍然超过维修极限值，则有必要更换气门和气门导管。

3.4.2.5　气门导管的更换

在更换气门导管之前应该将缸盖加热到 150℃。必要时可使用汽锤敲打某些导管，以将其拆下，如图 3-35 所示。从缸盖底部拉出气门导管，将新气门导管冲至规定的深度。

如图 3-36 所示，气门导管安装后，进气门导管的高度为 21.20～22.20mm，排气门导管的高度为 20.63～21.63mm。

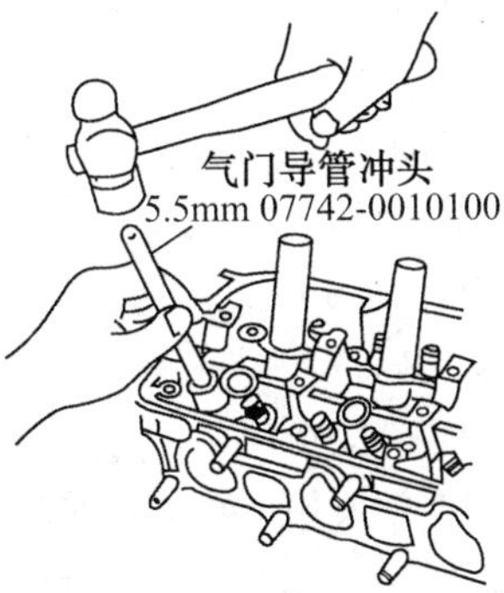

图 3-35　拆下气门导管

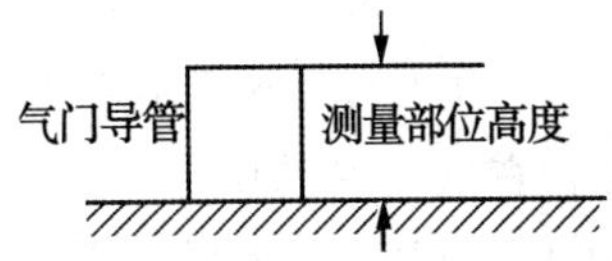

图 3-36　气门导管安装高度

对新的气门导管要进行铰孔，来调整它与气门之间的间隙。将铰刀和气门导管涂上清洁的切削润滑油，沿顺时针方向旋转铰刀，绕气门导管孔一周。如图 3-37 所示，继续沿顺时针方向旋转铰刀几周，然后将铰刀从孔内取出。用去污剂和水彻底清洗导管，以去除切削残留物。检查导管与气门间的间隙，确认气门在进气和排气气门导管内不用加压就可以滑动。

3.4.2.6　气门座的检修

首先擦干净气门座，如果气门座上有积炭应先磨掉。在新的气门上涂上一层红色复合剂，如图 3-38 所示。放入气门导管中旋转移动，观察在气门座上的红痕迹是否连成均匀的线带，如果出现断续则应对气门座进行修复。小心地铣出 45°座面，削去多余的材料，以确保气门座光滑、同心。

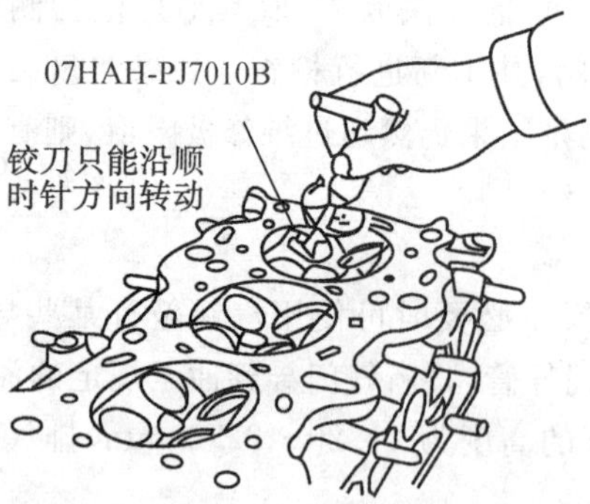

图 3-37 气门铰刀的使用

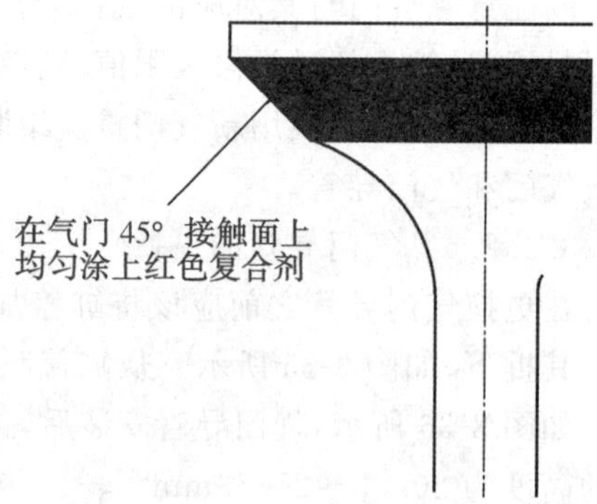

图 3-38 在新气门上涂复合剂

使用 30°的铰刀斜削出气门座上角,使用 60°的铰刀斜削出气门座下角。检查气门座宽度并随时作调整。再使用 45°铰刀再轻轻铰一次,去除带刺的毛刺。

气门座宽度的标准值为 1.25～1.55mm,维修极限为 2.00mm。

重修气门座表面之后,检查气门贴合面是否平滑;在气门面擦抹上红复合剂,将气门插入缸盖原来的位置,然后吊起再放下数次,使其紧贴气门。检查使用的红复合剂的实际贴合面是否在气门座的中央。如果太高(贴近气门杆),则必须用 60°铰刀进行第二次修整,将其削低,然后用 45°铰刀修整,以恢复气门座宽度。如果太低(靠近气门边缘),则必须用 30°铰刀进行第二次修整,将其削高,然后用 45°铰刀修整,以恢复气门座宽度,直到红复合剂的实际贴合面在气门座的中央,如图 3-39 所示。

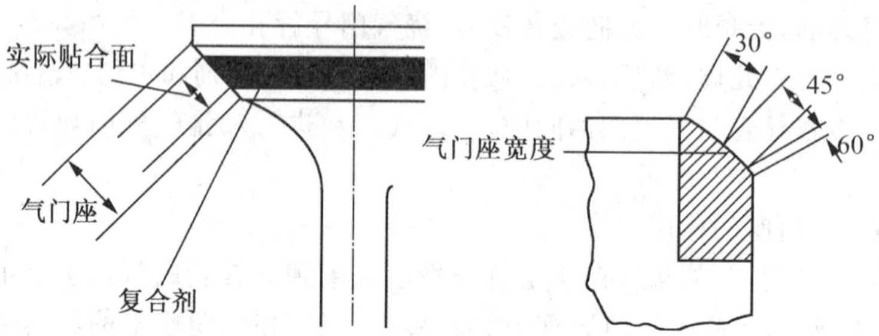

图 3-39 气门与气门座实际贴合面要求

用气门研磨气动枪研磨新的铰削面,直到气门上出现均匀的印痕。在磨削的过程中要及时地清掉落入气门导管内的研磨沙。洗干净气门和气门座,旋入火花塞,在缸盖燃烧室内注入少量汽油,在 3min 内观察是否从进排气门处渗漏出。接触面不得出现断线现象,否则还要修复,如图 3-40 所示。

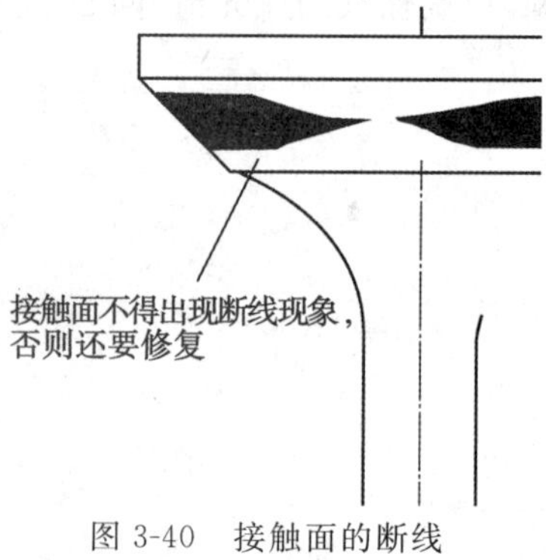

图 3-40 接触面的断线

3.4.2.7　气门弹簧的检查

(1)检查气门弹簧是否有断裂。

(2)检查气门弹簧的定位和垂直度。将气门弹簧底部放在水平面上,用塞尺或游标卡尺测量弹簧顶部偏离直角尺的距离。进气门弹簧自由长度为 51.03mm,排气门弹簧自由长度为 53.48mm,使用极限值为 1mm。

3.4.2.8　气门、气门弹簧和气门密封件的安装

(1)在气门挺杆上涂上清洁的润滑油后将气门安装在气门导管中。

(2)在缸盖上安装气门弹簧座。

(3)使用气门导管密封件安装装置,安装气门密封件,如图 3-41 所示。

(4)安装气门弹簧和气门弹簧座,然后安装气门弹簧压缩工具,压紧弹簧并安装气门弹簧锁片。

(5)用塑料锤轻敲每个气门挺杆 2～3 次,以此确保气门以及气门锁片适当入座。只能沿轴线方向敲打气门挺杆,以使气门挺杆不被弯曲,如图 3-42 所示。

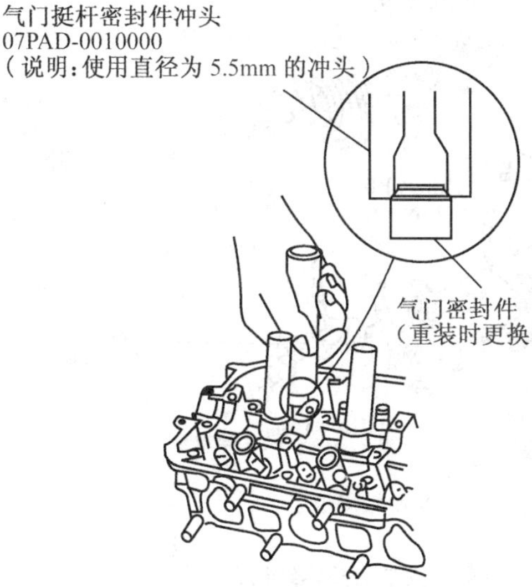

图 3-41　安装气门密封件

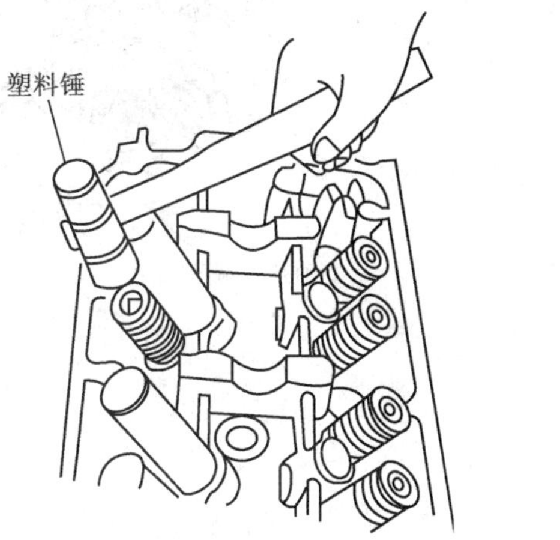

图 3-42　塑料锤轻敲每个气门挺杆

3.4.3　正时皮带与平衡轴皮带的检查与更换

如图 3-43 所示为本田 F22B1 型发动机正时皮带与平衡轴皮带的整体结构图,在检修操作之前可参考图示识别各个零部件。

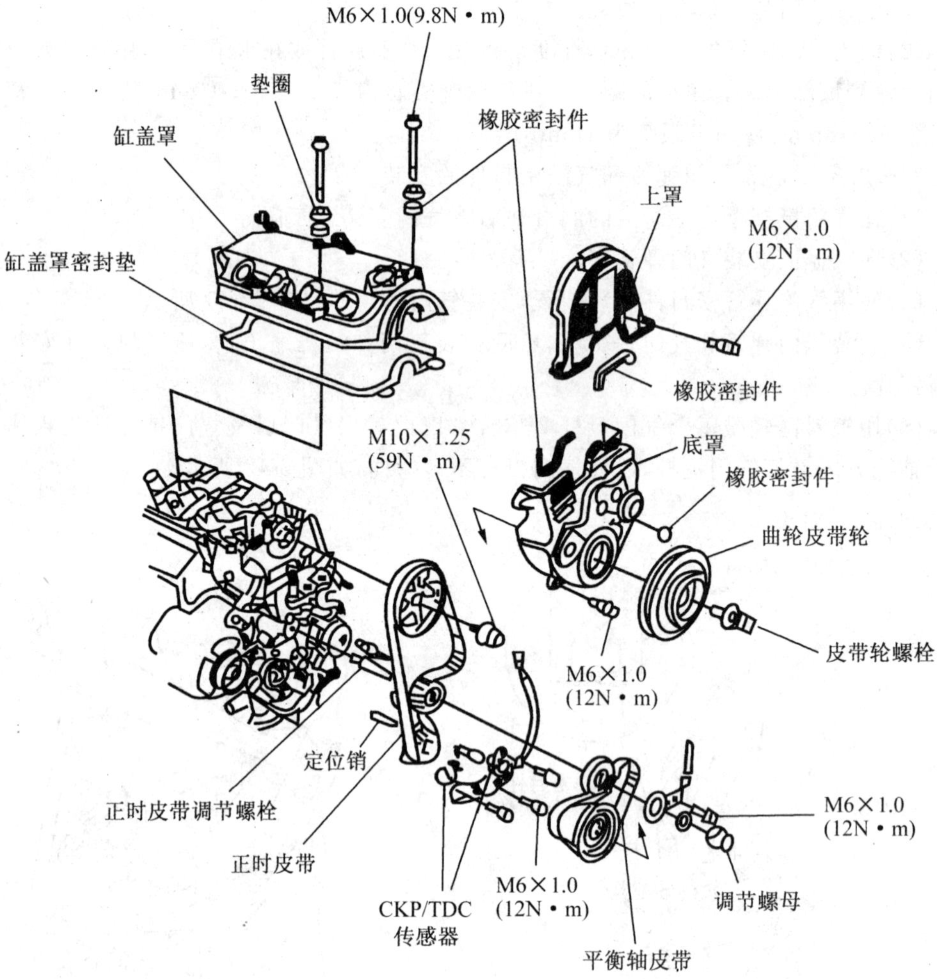

图 3-43　F22B1 型发动机正时皮带与平衡轴皮带的整体结构图

3.4.3.1　正时皮带的检查

(1)确认已知道收音机防盗密码,并记录无线电台预置的频率。

(2)断开蓄电池负极导线,然后断开正极导线。

(3)断开交流发电机端子及插头,然后从缸盖罩上拆下发动机线束。

(4)拆下缸盖罩。

(5)卸下上罩。

(6)检查正时皮带是否有磨损,或被润滑油或冷却液浸渍,如图 3-44 所示。如果浸有润滑油或冷却液,则应更换皮带。彻底清除沾在皮带上的润滑油或冷却液。

图 3-44　检查发动机正时皮带

(7)检查完毕后，重新将曲轴皮带轮螺栓拧紧，扭矩为 245N · m。

(8)输入收音机防盗密码，然后输入用户无线电台预置钮的频率。

3.4.3.2　平衡轴皮带的检查

(1)确认已知道收音机防盗密码，并记录无线电台预置钮的频率。

(2)断开蓄电池负极导线，然后断开正极导线。

(3)断开交流发电机端子及插头，然后从缸盖罩下断开发动机线束；拆下缸盖罩、卸下上罩；卸下曲轴皮带轮、卸下底罩，如图 3-45 所示。

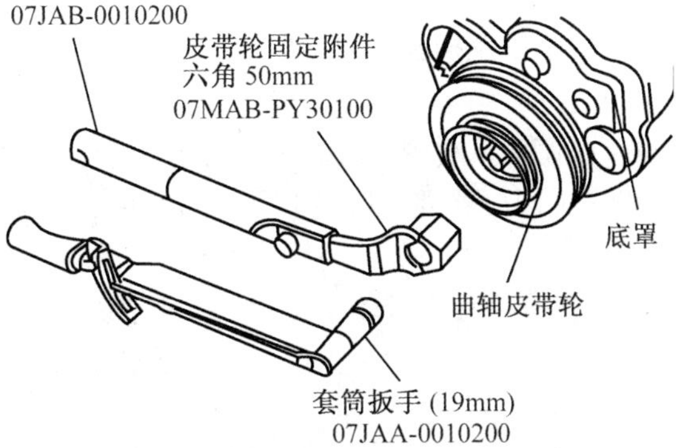

图 3-45　曲轴皮带轮拆卸

(4)用如图 3-46 所示的方式，检查平衡轴皮带是否有裂纹，是否被润滑油或冷却液浸渍。如果浸有润滑油或冷却液，则需更换皮带。彻底清除沾在皮带上的润滑油或冷却液。

图 3-46 检查平衡轴皮带

(5)检查完毕,重新将曲轴皮带轮螺栓拧紧,扭矩为 245N·m。

(6)输入收音机防盗密码,然后输入用户无线电台预置钮的频率。

3.4.3.3 正时皮带与平衡轴皮带张紧力调节

皮带张紧力只能在发动机处于冷机时才可以调整。张紧装置是由弹簧加载的,在调节之后,张紧装置自动地使皮带的张紧力达到适当的水平。只能沿逆时针的方向转动曲轴,这个方向是以皮带轮一侧为准的。沿顺时针方向旋转曲轴可能会导致皮带张紧力调节不正确。在调节皮带张紧力之前要检查平衡轴皮带。不要拧松调节螺母超过一圈以上。

(1)确认已知道收音机防盗密码,并记录无线电台预置钮的频率。

(2)断开蓄电池负极端子,然后断开正极端子。

(3)断开交流发电机的端子以及插头,然后从缸盖罩上拆下发动机线束。

(4)拆下缸盖罩。

(5)旋转曲轴 5～6 圈,以便调节皮带,如图 3-47 所示,使 1 号活塞位于上止点。

(6)旋松调节螺母 2/3～1 圈。将曲轴沿逆时针方向,转过凸轮轴皮带轮上 3 个齿。旋紧调节螺母。

(7)在调节完成之后,重新将曲轴皮带轮螺栓以 245N·m 的扭矩拧紧。

(8)输入收音机防盗密码,然后输入用户无线电台预置钮的频率。

3.4.3.4 正时皮带与平衡轴皮带的更换

(1)确认已知道收音机防盗密码,并记录无线电台预置钮的频率。

(2)断开蓄电池负极端子。

(3)卸下防溅板。

(4)拆下止动器和地线,随后拆下上支架。在拆下上支架之前,应用举升器支撑发动机,确认在油底壳和举升器之间已安放了软垫。

(5)拧松紧固螺母,然后卸下动力转向(P/S)泵皮带,如图 3-48 所示。

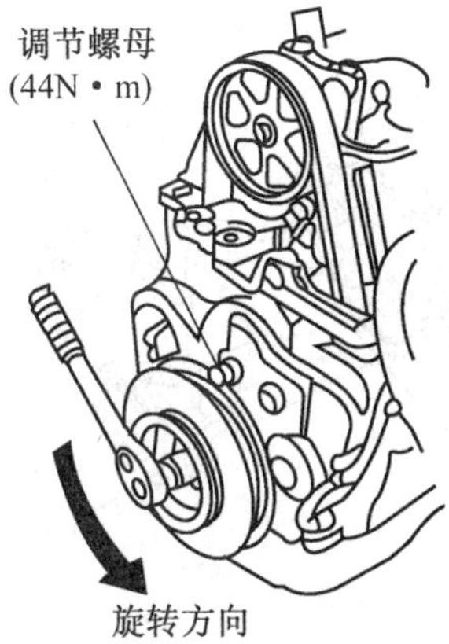

图 3-47　旋转曲轴方向

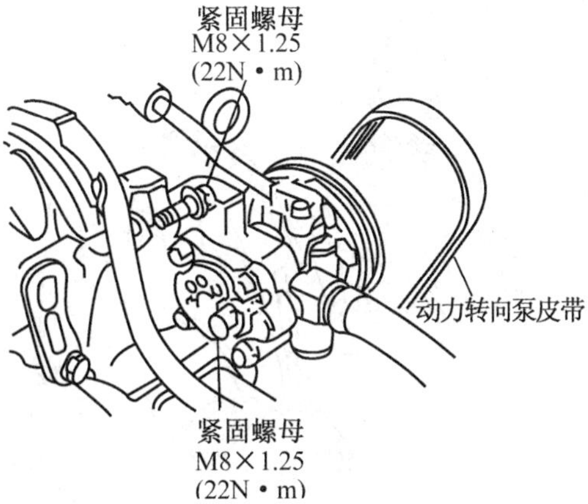

图 3-48　拆卸动力转向泵皮带

(6)拆下交流发电机线束端子和插头,如图 3-49 所示。

(7)拆下交流发电机。

(8)拆下交流发电机支架。

(9)卸下油尺和油管,如图 3-50 所示。

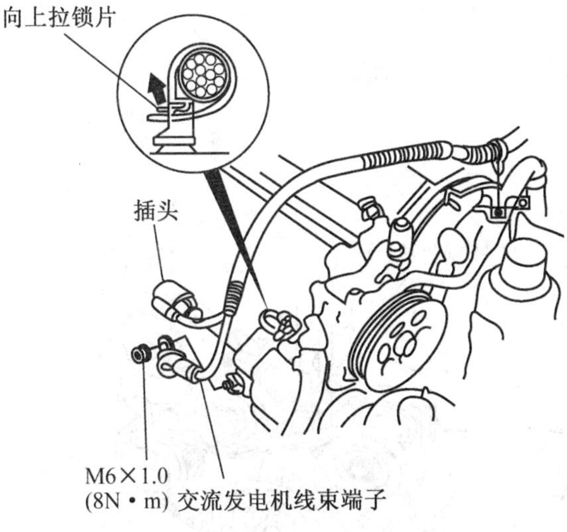

图 3-49　拆卸交流发电机线束端子及插头

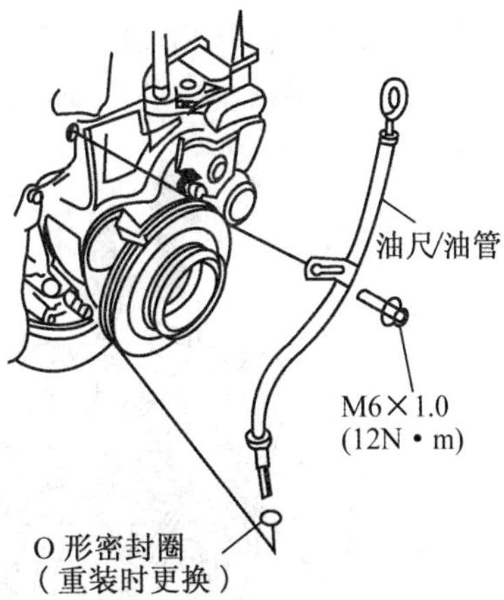

图 3-50　拆卸机油尺

(10)拆下缸盖罩。

(11)卸下皮带轮螺栓以及曲轴皮带轮。

(12)拆下正时室上罩,如图 3-51 所示。不要利用正时室上罩盛放卸下的各种部件。

(13)从调节螺母处取下橡胶密封件,然后拆卸正时室下罩,如图 3-52 所示。不要利用正时室下罩盛放卸下的零部件。

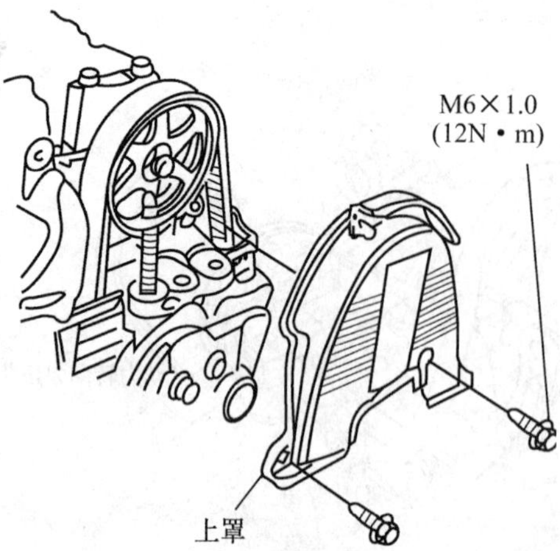

图 3-51 拆卸正时室上罩

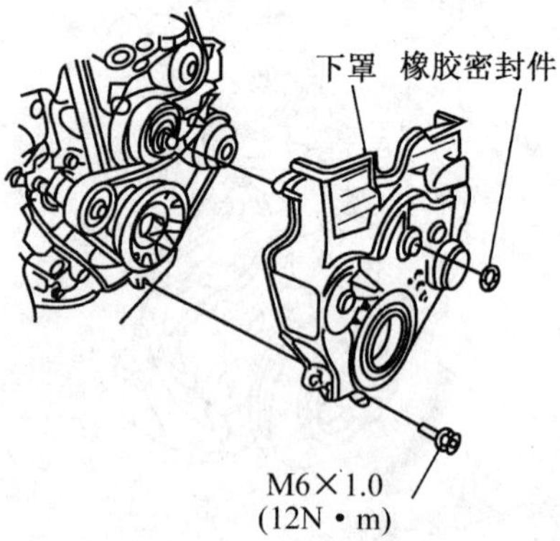

图 3-52 拆卸正时室下罩

(14)将调节螺母拧松 1/2～1 圈。推动张紧器，使正时皮带和平衡轴皮带不再张紧，然后重新拧紧调节螺母，如图 3-53 所示。

当只拆卸平衡轴皮带时，可以安装一个 M6×1.0 螺栓，固定正时皮带调节臂。拧松调节螺母 2/3～1 圈，推动张紧器使平衡皮带释放张紧力，然后再拧紧调节螺母。

(15)卸下平衡轴皮带和正时皮带。

(16)按照与拆卸相反的顺序安装正时皮带和平衡轴皮带。

(17)扳下平衡皮带的主动皮带轮。

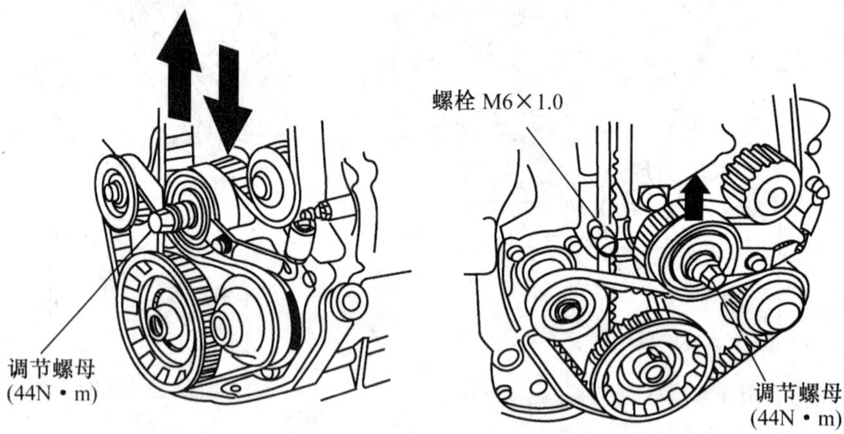

图 3-53 松动皮带张紧装置

(18)调整正时皮带的主动皮带轮，使 1 号活塞位于上止点(TDC)，并将正时皮带主动皮带轮齿牙上的凹痕与油泵上的“UP”标记对准，如图 3-54 所示。

(19)调整凸轮轴皮带轮，使 1 号活塞位于上止点。将凸轮轴皮带轮上的上止点标记与汽缸盖的上表面对准。

(20)按照如图 3-55 所示的顺序安装正时皮带。正时皮带主动轮①→调节皮带轮②

→水泵皮带轮③→凸轮轴皮带轮④。

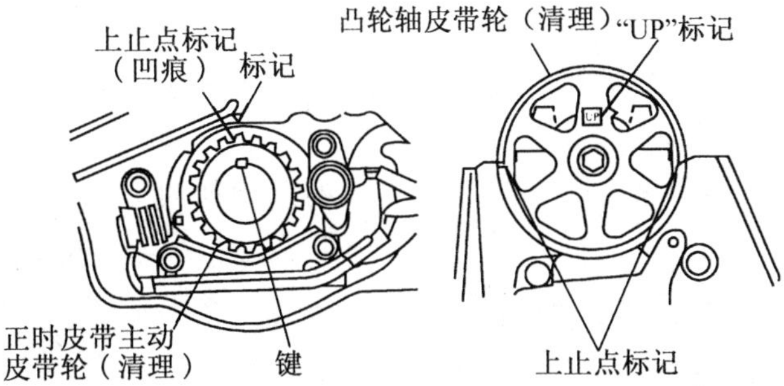

图 3-54　正时皮带轮上的标记

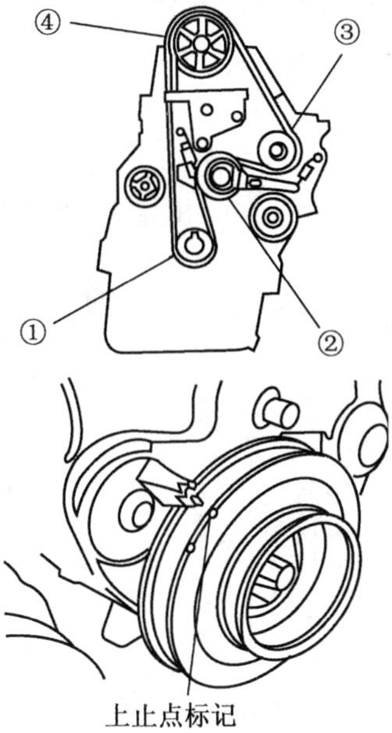

图 3-55　正时皮带安装顺序

(21)先拧松调整螺母，再拧紧，以张紧正时皮带。

(22)安装平衡轴皮带、主动皮带轮和下罩。

(23)安装曲轴皮带轮，然后拧紧皮带轮螺栓。

(24)沿逆时针方向转动曲轴皮带轮 5～6 圈，以使正时皮带位于皮带轮上。

(25)调节正时皮带张紧力。

(26)确认曲轴皮带轮和凸轮轴皮带轮位于上止点。

(27)如果凸轮轴或曲轴皮带轮不在上止点位，则卸下正时皮带，并按照步骤(28)调节其位置，然后重新安装正时皮带。

(28)卸下曲轴皮带轮和下罩。

(29)调整曲轴皮带轮，使 1 号活塞位于上止点。

(30)通过安装一支 M6×1.0 螺栓,将正时皮带调节臂锁定到位。

(31)将调节螺母拧松 2/3～1 圈,然后验证平衡轴皮带调节是否已运动自如。

(32)推动张紧轮,使平衡轴皮带不再张紧,然后重新拧紧调节螺母。

(33)使用专用工具找正后平衡轴皮带轮,将专用工具插入维修孔以固定后平衡轴,如图 3-56 所示。

(34)如图 3-57 所示,将前平衡轴皮带轮上的凹槽与油泵体上的标记对齐。

(35)安装平衡轴皮带,拧松调节螺母 2/3～1 圈以张紧平衡轴皮带。

(36)从后平衡轴上取下专用工具,然后安装 12mm 密封螺栓。

(37)安装曲轴皮带轮,然后拧紧皮带轮螺栓。

(38)沿逆时针方向转动曲轴皮带轮约 1 圈,然后拧紧调节螺母。

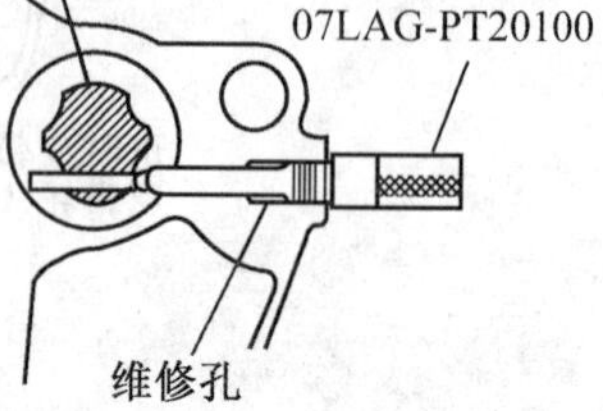

图 3-56　使用专用工具定位后平衡轴

(39)从正时皮带调节臂拧下 M6×1 螺栓。

(40)检查下罩的橡胶密封带是否有裂纹和其他的损坏。

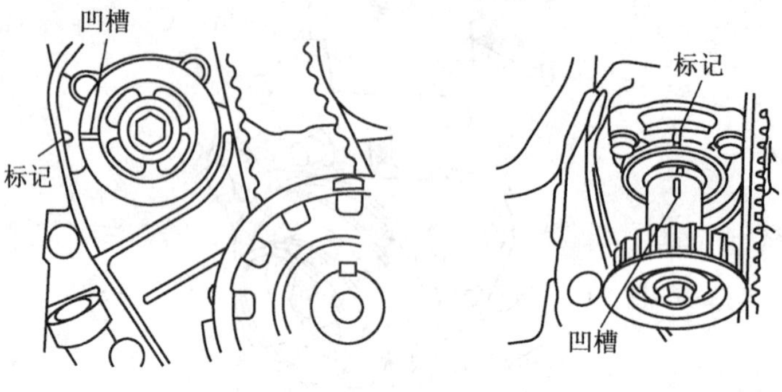

图 3-57　前平衡轴对正

(41)卸下曲轴皮带轮,然后安装下罩。

(42)在调整螺母上安装橡胶密封件。注意:不要拧松调整螺母。

(43)安装曲轴皮带轮,然后拧紧皮带轮螺栓。

(44)安装完毕后,调节每条皮带的张紧力,即调整交流发电机皮带、空调(A/C)压缩机皮带和动力转向泵皮带的张紧力。

(45)输入收音机防盗密码,然后输入用户无线电台预置钮的频率。

3.4.4　气门间隙检调和汽缸压力检测

3.4.4.1　气门间隙的检查与调整

气门间隙的调整仅在缸盖温度低于 38℃时才可进行。调节完毕后,重新将曲轴皮带轮螺栓以 245N·m 的扭矩拧紧。下面以本田 F22B1 型发动机为例(点火顺序为 1-3-4-2)进行气门间隙的检查与调整。

(1)拆下缸盖罩。将1号活塞设置在上止点。凸轮轴皮带轮上的标志"UP"应该在顶部,皮带轮上的上止点凹槽应与缸盖平面对齐,如图3-54所示。

(2)汽缸编号如图3-58所示,首先调节1号汽缸气门,进气门间隙为(0.26±0.02)mm,排气门间隙为(0.30±0.02)mm。

(3)如图3-59所示,拧松锁紧螺母,转动调节螺钉,直到间隙规前后滑动时仅有极小的阻力。拧紧锁紧螺母,并再次检查间隙,如有必要,重复调节操作。

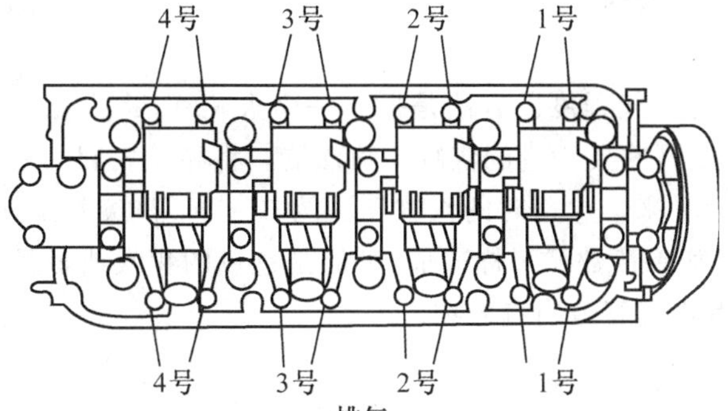

图3-58　汽缸排列和调节螺钉位置

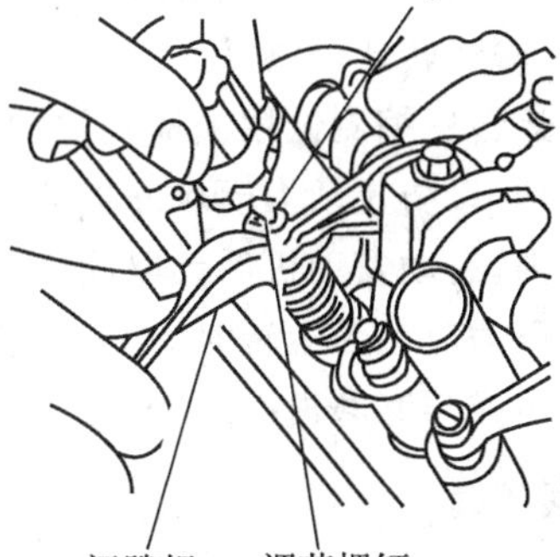

图3-59　气门间隙检调方法

(4)按逆时针的方向(凸轮轴皮带转动90°)将曲轴转动180°,"UP"标记应在排气侧。调节3号汽缸气门如图3-60(a)所示。再沿逆时针方向将曲轴旋转180°,使4号活塞位于上止点,上止点凹槽再次可见,调节4号汽缸气门如图3-60(b)所示。继续沿逆时针方向将曲轴旋转180°,使2号活塞为上止点,标记"UP"应在进气侧,调节2号汽缸气门如图3-60(c)所示。所有的气门间隙全部调整完毕后,拧紧所有的锁紧螺母。

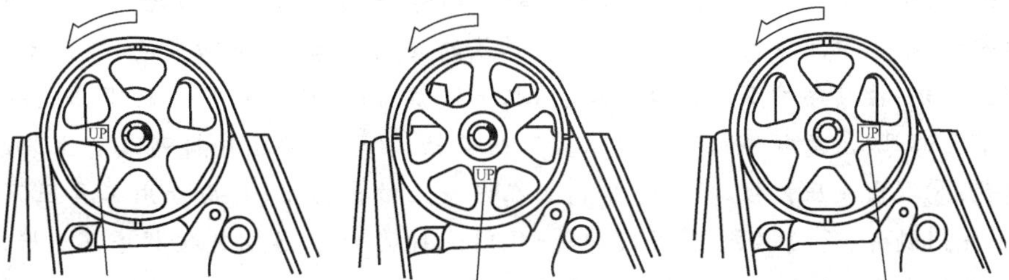

(a) 3号活塞位于上止点　(b) 4号活塞位于上止点　(c) 2号活塞位于上止点

图3-60　各缸活塞位于上止点的凸轮轴正时皮带轮及标记位置

3.4.4.2　汽缸压力的检测

(1)干式压缩测试

将节气门连杆固定在全开位置,将压缩测试表小心地拧入火花塞孔内,不要用扳手去拧。如果发动处于工作温度,注意不要碰到排气管。启动发动机,直到压缩计达到最高读数。应在发动机3或4转之内到最大值,记下最高读数。以同样数目的转数在所有的汽缸上重复该步骤,确保在每次测试后松开压缩计。比较所有汽缸的读数,通常读数(标准值为9kN)的误差为20%～25%,这个误差是允许的。

(2)湿式压缩测试

采用湿式压缩测试可以判断汽缸压力读数低是由气门、活塞环、缸垫的压缩泄露导致的还是由其他诸如活塞上的裂纹或孔的泄露导致。湿式压缩测试步骤为:通过火花塞孔向各缸喷入少量的润滑油,按照干式测试方法测量每缸的汽缸压力并记录。比较湿式和干式之间读数差,如果读数差很大,说明是压力通过活塞环泄露出去的;如果读数没有什么差别,则说明压力是通过气门或缸垫泄露的。

(3)运转压缩测试

运转压缩测试用来检查发动机的进排气程度。方法是拆下一个火花塞,将火花塞导线接地,以防止动力模块的损坏,还要断开将要检查的汽缸的喷油器。将测试表旋入火花塞孔内,启动发动机后读取读数并记录下来。怠速时的汽缸压力为3～7kN。突然加速,压缩压力应该为运转时的80%左右。如果读数低于标准值,可能是过量的积炭或者是凸轮凸角或摇臂磨损而阻塞了进气,或者进气管道内有异物。

拓展阅读

桑塔纳轿车发动机配气机构的拆卸与装配。

桑塔纳JV发动机、桑塔纳2000型AFE发动机以及一汽奥迪100JW发动机的配气机构结构基本相同,均采用同步齿形带驱动的单根顶置凸轮轴、单列顶置气门、液压筒形挺柱、直顶式配气机构。

拆卸:桑塔纳JV发动机配气机构的拆卸应在专用的拆装架(VW540)上进行。拆卸时,应使用专用工具,先拆除发动机各附件,然后按照由外到内的顺序进行分解。

其体步骤为:①拆下曲轴皮带轮;②拆除齿形带上、下防护罩;③松开齿形带张紧轮,取下齿形带,拆下张紧轮;④拧下曲轴齿带轮紧固螺栓,拆下曲轴齿带轮;⑤拧下中间轴齿轮紧固螺栓,拆下中间轴齿轮;⑥拧下气门罩盖的紧固螺母,取下加强条、气门罩盖、挡油罩及密封衬垫;按顺序拧下缸盖紧固螺栓,取下汽缸盖;⑦从汽缸盖上拆下凸轮轴各道轴承盖的紧固螺母(注意顺序),取下轴承盖及凸轮轴,轴承盖按顺序排列或打上装配标记,不得错乱;⑧取出液压挺柱,按顺序排列或在内壁上做出标记;⑨用专用工具压下气门弹簧,取出气门锁片、气门弹簧座、气门弹簧、气门油封及气门,各组件按顺序摆放好,不得错乱。图3-61为其配气机构正时侧的具体分解图。

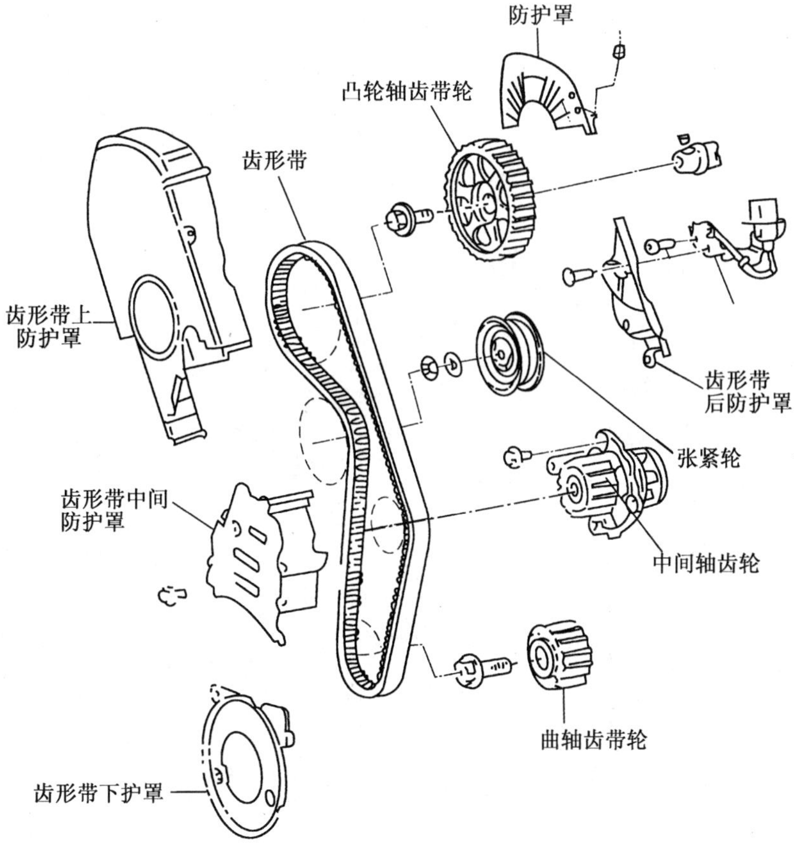

图 3-61　配气机构正时侧分解图

装配：配气机构的装配按拆卸时的相反顺序操作，并应注意以下几点：装配前必须对零部件进行清洗、检验；气门组件、液压挺柱、凸轮轴轴承盖等部件必须按原位装入，不得装错；各紧固件必须按规定顺序和扭紧力矩拧紧；安装齿形带时，必须使凸轮轴齿形带轮上的标记与气门罩盖平面平齐。

配气机构的检修根据其组成与结构，具体可分为缸盖和气门传动组件的拆装与检测、气门组件拆装和零部件检测、正时皮带与平衡轴皮带的检查与更换、气门间隙的检查与调整等作业。

复习思考题

(1)简述发动机配气机构的组成、功用。

(2)气门顶置式配气机构有哪几种?

(3)气门为什么要早开晚关?

(4)什么是配气相位? 画出配气相位图，并标出气门重叠角。

(5)简述本田 F22B1 型发动机配气机构主要零件各功用和结构特点。

(6)通过查阅相关资料，制定桑塔纳 AJR 型发动机配气机构的拆装和检修方案。

(7)分别说明逐缸调整法与两遍法检调气门间隙的要点。

(8)CA488 型发动机凸轮轴的传动方式为齿带传动,在其使用过程中必须作定期的维护与调整,否则会出现正时齿带(简称齿带)跳齿现象,以致产生发动机难以启动、加速不良、功率不足、燃油消耗增加等故障。试分析跳齿可能原因,并讨论预防方法。

第 4 章　汽油机供给系统

学习目标

1. 汽油机供给系统的组成与功用。
2. 可燃混合气对汽油机性能的影响。
3. 汽油主要供给装置的功用与结构。
4. 汽油机供给系统的检查。

考核标准

知识要求：

1. 掌握各种工况下汽油机对可燃混合气浓度的要求。
2. 理解可燃混合气成分对汽油机性能的影响。
3. 熟悉汽油机空气供给线路和汽油供给线路。
4. 掌握汽油机供给系统检查内容。

技能要求：

1. 能够分析各种工况下对可燃混合气浓度的要求。
2. 能够检查汽油机供给系统及其主要零部件。
3. 能够正确拆装汽油机供给系统主要零部件。

教学建议

教具：汽油机、汽油泵、汽油滤清器、燃油压力表、万用表、常用维修工具。

建议：现场教学、边讲边做。

4.1 汽油供给系统的组成与燃料

4.1.1 汽油供给系统的组成

汽油供给系统的组成如图 4-1 和图 4-2 所示。

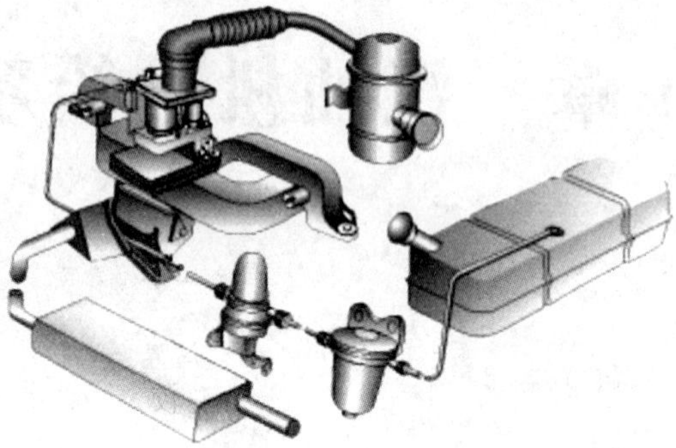

图 4-1 汽油机供给系统

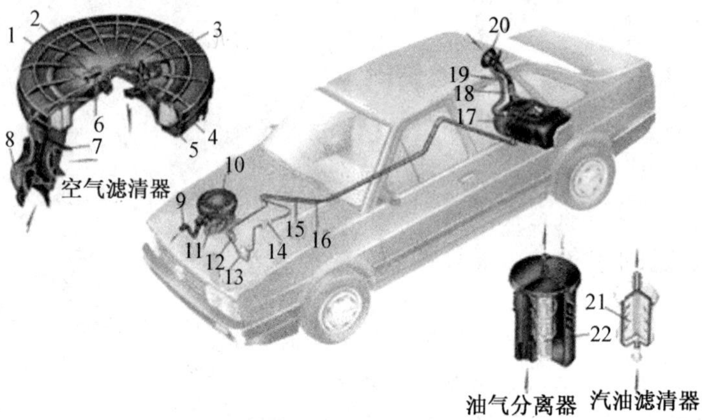

图 4-2 汽油机供给系统整体布置图

1—温控开关真空接口 2—温控开关 3—温控开关曲轴箱和凸轮室通阀 4—气阀空气滤清器壳体 5—空气滤清器滤芯 6—真空软管 7—阀门 8—阀门位置真空控制器 9—进气软管 10—空气滤清器 11—喷油装置 12—油气分离器 13—汽油泵 14—汽油滤清器 15—回油管 16—供油管 17—油箱 18—快速排气管 19—细通气管 20—加油口 21—汽油滤清器滤芯 22—油气分离器滤芯

汽油机所用的燃料是汽油，在进入汽缸之前，汽油和空气已形成可燃混合气。可燃混合气进入汽缸内被压缩，在接近压缩终了时点火燃烧而膨胀做功。可见汽油机进入汽缸的是可燃混合气，压缩的也是可燃混合气，燃烧做功后将废气排出。

因此汽油供给系统的任务是根据发动机的不同情况的要求，配制出一定数量和浓度的可燃混合气，供入汽缸，最后还要把燃烧后的废气排出汽缸。所以它包括四个部分：

(1)燃油供给装置：汽油油箱、汽油泵、汽油滤清器、油管等；

(2)空气供给装置：空气滤清器、进气总管、进气支管；

(3)可燃混合气形成装置：喷油器、进气道；

(4)废气排出装置：排气总管、排气支管、排气消声器、三元催化转换器。

4.1.2　汽油机燃料

汽油机使用的燃料是汽油，汽油是从石油中提炼出来的碳氢化合物。

汽油的使用性能指标主要有蒸发性、抗爆性。按辛烷值不同分为几个牌号。以 RQ 打头，后跟汽油的辛烷值。汽油的辛烷值通常有两种测定方法，即研究法(RON)和马达法(MON)，其换算关系为 RON＝MON＋10。例如，代号 RQ-90，“R”是燃的汉语拼音字头，“Q”是汽的汉语拼音字头，代表燃汽油，90 是辛烷值(表示研究法辛烷值为 90)，辛烷值越高，抗爆性越好。因此，压缩比大的汽油机应选用较高牌号的汽油。

由于环保的要求，我国在 2000 年 7 月 1 日推广使用无铅汽油，含铅量小于 2.5mg/L 的为无铅汽油。

4.2　可燃混合气对汽油机性能的影响

4.2.1　可燃混合气

可燃混合气是指空气与燃料的混合物，其成分对发动机动力性、经济性及排放性均有较大影响。可燃混合气的成分通常用空燃比来表示。

空燃比：进入发动机的空气质量与燃油质量之比；一般用 A/F 表示。

理论空燃比：1kg 汽油完全燃烧所需的空气量为 14.7kg，此时的空燃比就是理论空燃比；通常把实际空气量与理论空气量的比值称为过量空气系数 λ，$\lambda=1$ 时，即为理论混合气；$\lambda>1$ 时，称为稀混合气，$\lambda<1$ 时，则称为浓混合气。空燃比与发动机输出功率、油耗率、有害排放物质量分数的关系如图 4-3 所示。

功率空燃比：A/F＝12.5；经济空燃比：A/F＝16。

由于燃烧后排出的排气成分除 CO_2 和 H_2O 外，还有空气中没有参与燃烧的 N_2、剩余的 O_2、没有燃烧的 HC、燃烧不完全的 CO 及高温富氧条件下燃烧生成的 NO_x。此外，从图 4-3 中还可看出三种有害成分的质量分数随空燃比的变化趋势。

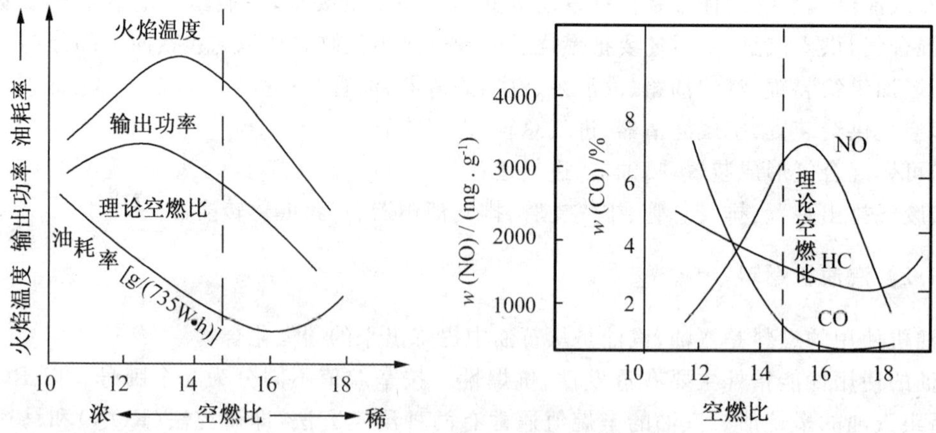

图 4-3　空燃比与发动机输出功率、油耗率、有害排放物质量分数的关系曲线

4.2.2　可燃混合气对发动机性能的影响

可燃混合气的浓度对发动机的性能影响很大，直接影响动力性和经济性。通过试验证明，发动机的功率(P_e)和耗油率(g_e)都是随着过量空气系数 λ 变化而变化的，如图 4-4 所示。理论上，对于 λ=1 的标准混合气而言，所含空气中的氧正好足以使汽油完全燃烧，但实际上，由于时间和空间条件的限制，汽油细粒和蒸汽不可能及时地与空气绝对均匀地混合，因此，即使 λ=1，汽油也不可能完全燃烧，混合气 λ>1 才有可能完全燃烧。

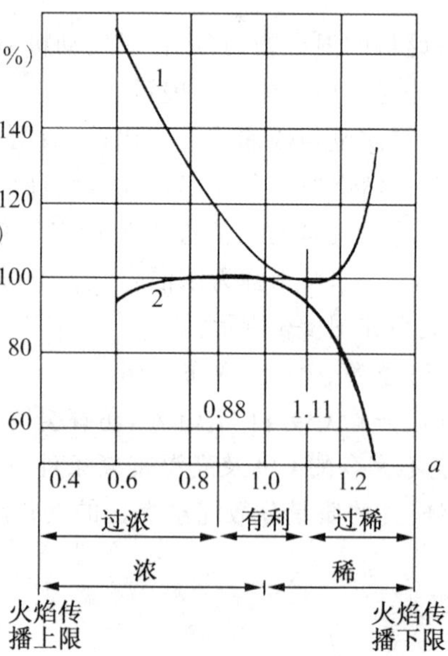

图 4-4　可燃混合气成分对发动机性能的影响

因为 λ>1 时，混合气中，有适量较多的空气，正好满足完全燃烧的条件，此混合气称

为经济混合气，对于不同的汽油机经济混合气成分不同，一般在 $\lambda=1.05\sim1.15$ 范围内。当 λ 大于或小于 1.05～1.15 时，耗油率（g_e）增加，经济性变坏。

当 $\lambda=0.88$ 时，发动机功率（P_e）最大，因为这种混合气中汽油含量较多，汽油分子密集，因此，燃烧速度最高，热量损失最小，因而使得缸内平均压力最高，功率最大，此混合气称为功率混合气。对不同的汽油机来说，功率混合气一般为 $\lambda=0.85\sim0.95$。

$\lambda>1.11$ 的混合气称为过稀混合气，$\lambda<0.88$ 的混合气称为过浓混合气，混合气无论过稀过浓都会使发动机功率（P_e）降低，耗油率增加。

混合气过稀时，由于燃烧速度太低，损失热量很多，往往造成发动机温度过高，严重过稀时，燃烧可延续到进气过程的开始，进气门已经开启时还在进行，火焰将传到进气管，以至化油器喉管内，引起化油器"回火"并产生拍击声。当混合气稀到 $\lambda=1.4$ 以上时，混合气虽然能着火，但火焰无法传播，导致发动机熄火，所以 $\lambda=1.4$ 称为火焰传播下限。

混合气过浓时，由于燃烧很不完全，产生大量的 CO，造成汽缸盖、活塞顶和火花塞积炭，排气管冒黑烟，甚至废气中的一氧化碳可能在排气管中被高温废气引燃，发生排气管"放炮"。混合气浓到 $\lambda=0.4$ 以下，可燃混合气虽然能着火，但火焰无法传播，发动机熄火，所以 $\lambda=0.4$ 称为火焰传播上限。

从以上分析可知，发动机正常工作时，所用的可燃混合气 λ 值应该在获得最大功率和获得最低燃油消耗率之间，在节气门全开时，λ 值的最佳范围为 0.85～1.15，一般在节气门全开条件下，$\lambda=0.85\sim0.95$ 时，发动机可得到较大的功率，当 $\lambda=1.05\sim1.15$ 时，发动机可得到较好的燃料经济性，所以当 λ 在 0.85～1.15 范围内，动力性和经济性都比较好，即发动机功率（P_e）较大，耗油率（g_e）较小。

实际上，对于一定的发动机，相应于一定工况，燃油供给系统只能供应一定 λ 值的可燃混合气，该 λ 值究竟要满足动力性，还是经济性，还是二者适当兼顾，这就要根据汽车及发动机的各种工况进行具体分析。

4.2.3　汽油机各种工况对可燃混合气成分的要求

作为车用汽油机，在实际运行过程中，其工况（负荷和转速）是复杂的，在工作范围内是不断变化的，例如，超车、刹车、高速行驶、汽车在红灯信号下、起步或怠速运转、汽车满载爬坡等，变化范围很大，在工况变化时发动机对可燃混合气空燃比的要求也是不同的。

4.2.3.1　稳定工况

稳定工况是指发动机已经完全预热，进入正常运转，且在一定时间内转速与负荷没有突然变化的情况。

怠速工况：怠速工况是指发动机对外无功率输出且以最低转速稳定运转的情况。此时混合气燃烧后所做的功，只用以克服发动机的内部阻力，使发动机保持最低转速稳定运转。汽油机怠速运转一般为 300～700r/min，转速很低，空气流速也低，使得汽油雾化不良，与空气的混合也很不均匀。另外，节气门关闭或接近全关，吸入汽缸内的可燃混合气量很少，同时又受到汽缸内残余废气的冲淡作用，使混合气的燃烧速度下降，因而发动机动力不足。因此要求提供较浓的混合气，$\lambda=0.6\sim0.8$。

小负荷工况：节气门开度较小，进入汽缸内的可燃混合气量较少，而上一循环残留在汽缸中的废气在汽缸内气体中气占的比例相对较多，不利于燃烧，因此必须供给较浓的可燃混合气，λ=0.7～0.9。

中等负荷工况：发动机大部分工作时间处于中等负荷工况，所以经济性要求为主。中等负荷时，节气门开度中等，故应供给接近于相应耗油率最小的 λ 值的混合气，主要是 $\lambda>1$ 的稀混合气，这样，功率损失不多，节油效果却很显著。混合气成分 λ=0.9～1.1。

大负荷或全负荷工况：汽车需要克服很大阻力(如上陡坡或在艰难路上行驶)时，驾驶员往往需要将加速踏板踩到底，节气门开度已超过 75%，发动机高速运转，发动机在大负荷或全负荷下工作，显然要求发动机能发出尽可能大的功率，即尽量发挥其动力性，而经济性要求居次要地位，故要求发出最大功率 P_{emax}，λ=0.85～0.95。

4.2.3.2 过渡工况

冷启动：大多数时候，发动机在启动时，处于冷车状态，混合气得不到足够的预热，汽油蒸发困难。同时，由于发动机曲轴被带动的转速低，因而被吸入进气系统内的空气流速较低，与汽油混合效果不好，混合气中的油粒会因为与冷金属接触而凝结在进气管壁上，不能随气流进入汽缸。因而使汽缸内的混合气过稀，无法引燃，因此，要求供给极浓的混合气进行补偿，从而使进入汽缸的混合气有足够的汽油蒸汽，以保证发动机得以启动，要求供给极浓的混合气，λ=0.2～0.6。

加速工况：发动机的加速是指负荷突然迅速增加的过程。当驾驶员猛踩踏板时，节气门开度突然加大，以期发动机功率迅速增大，这就要求混合气量要突增，并保证浓度不下降。另外，在节气门急开时，进气管内压力骤然升高，同时由于冷空气来不及预热，使进气管内温度降低。不利于汽油的蒸发，致使汽油的蒸发量减少，造成混合气过稀。结果就会导致发动机不能实现立即加速，甚至有时还会发生熄火现象。为了改善这种情况，就应该采取强制方法。强制多供油，额外增加供油量，及时使混合气加浓到足够的程度。

通过上述分析可以看出，发动机的运转情况是复杂的，各种运转情况对可燃混合气的成分要求不同：启动、怠速、大负荷或全负荷、加速运转时，要求供给浓混合气 $\lambda<1$；中小负荷运转时，随着节气门开度由小变大，要求供给由浓逐渐变稀的混合气 λ=0.9～1.1。

拓展阅读

1. http://221.212.251.227/2009006/kcsy.aspx/黑龙江农业工程职业技术学院《汽车发动机电控系统检修》精品课程网站

2. http://car.gdcp.cn:8084/广东交通职业技术学院《汽车发动机机械系统诊断与检修》精品课程网站

4.3　汽油供给装置

4.3.1　功用与组成

功用：储存、滤清、输送汽油。

组成：汽油箱、油管、汽油滤清器及电动燃油泵。

4.3.2　汽油箱

汽车一般有一个油箱，军用车有两个油箱。油箱储备里程为 200～600km。汽油箱一般用薄钢板冲压焊接而成，上部有加油管、油面指示表的传感器、出油开关。下部有放油塞，箱内有隔板以加强油箱的强度，并减轻行车时汽油的振荡。油箱是密封的，一般在油箱盖上装有空气蒸汽阀。保持油箱内油压正常，加油时，应先放沉淀后加油。

4.3.3　汽油滤清器

功用：除去汽油中的杂质和水分。由于电动燃油泵、喷油器等是精密零件，要求供给清洁的汽油，否则，会引起这些零部件出现故障。汽油滤清器采用的滤清方式有沉淀式和过滤式。

沉淀式：利用静置容器，使汽油经长时间沉淀，杂质和水分下沉到底部，而上部得到较干净的汽油。

过滤式：利用过滤器，使柴油通过滤网，而杂质被滤网隔离。

滤芯：纸质滤芯、金属片缝隙式、多孔陶瓷滤芯。

纸质滤芯，滤清效果好，成本低，制造和使用方便，故采用最多。

4.3.4　电动燃油泵

4.3.4.1　电动燃油泵的功用与布置

电动燃油泵的功用是将汽油从油箱吸出，经管路和汽油滤清器，为燃油供给系统提供具有一定压力的燃油。

电动燃油泵按安装位置不同分为内置式与外置式两种。内置式安装在油箱中，具有噪声小、不易产生气阻、不易泄漏、管路安装简单等优点。外置式串接在油箱外部的输油管路中，易布置，安装自由大，但单噪声大，易产生气阻。

电动燃油泵按照结构不同可以分为涡轮式、滚柱式、转子式和侧槽式四种。目前汽车发动机上应用较多的是涡轮式和滚柱式。

4.3.4.2　电动燃油泵的结构及工作原理

下面以应用较多的涡轮式和滚柱式电动燃油泵来介绍其结构和工作原理。

(1)涡轮式电动燃油泵。它主要由燃油泵电动机、涡轮泵、出油单向阀、卸压阀组成，如图 4-5 所示。

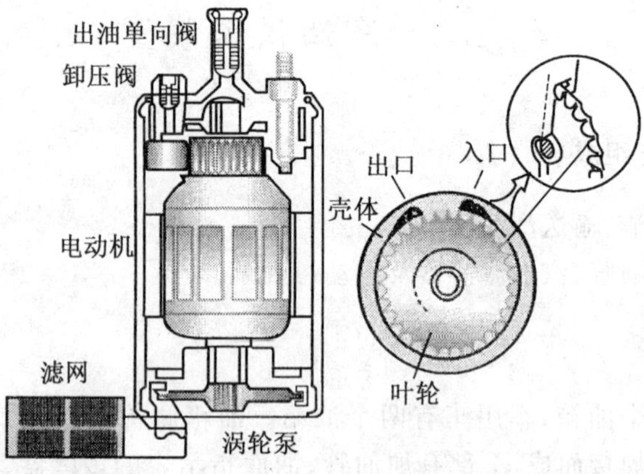

图 4-5　涡轮式电动燃油泵

燃油泵电动机通电时，电动机驱动涡轮泵叶片旋转，由于离心力的作用，使叶轮周围小槽内的叶片贴紧泵壳，将燃油从进油室带往出油室。由于进油室的燃油不断增多，形成一定的真空度，将燃油从进油口吸入；而出油室燃油不断增多，燃油压力升高，当达到一定值时，顶开出油阀出油口输出。出油阀在油泵不工作时阻止燃油流回油箱，保持油路中有一定的压力，便于下次启动。

涡轮式电动燃油泵具有泵油量大、泵油压力较高、供油压力稳定、运转噪声小、使用寿命长等优点；此外，它不需要消声器，可以小型化，因此被广泛应用于轿车上，如捷达、本田雅阁。

(2)滚柱式电动燃油泵。它主要由燃油泵电动机、滚柱式燃油泵、出油阀、卸压阀等组成，如图 4-6 所示。

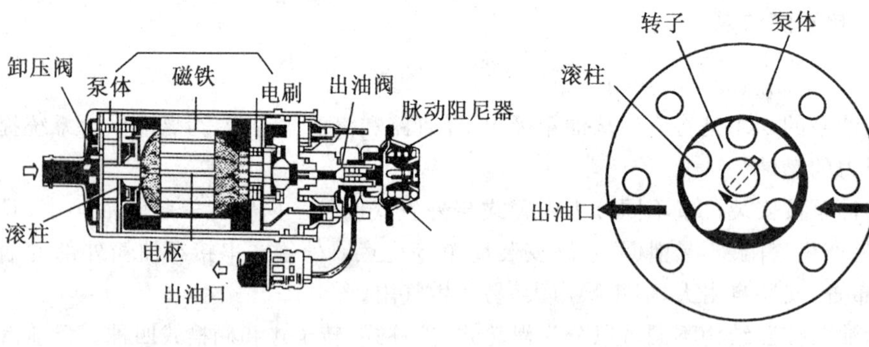

图 4-6　滚柱式电动燃油泵

当转子旋转时，位于转子槽内的滚柱在离心力的作用下，紧压在泵体内表面上，对周围起密封作用，相邻两个滚柱之间形成工作腔。在燃油泵运转过程中，工作腔转过出油口后，其容积不断增大，形成一定的真空度，当转到与进油口连通时，将燃油吸入；而吸满燃油的工作腔转过进油口后，其容积不断减小，燃油压力不断提高，受压燃油流过电动机，从出油口输出。

拓展阅读

1. http://221.212.251.227/2009006/kcsy.aspx/黑龙江农业工程职业技术学院《汽车发动机电控系统检修》精品课程网站

2. http://car.gdcp.cn:8084/广东交通职业技术学院《汽车发动机机械系统诊断与检修》精品课程网站

4.4　空气滤清器及进、排气装置

4.4.1　空气滤清器

由于汽车行驶时，速度快，引起道路两旁，特别是土路上的尘土飞扬，使周围空气中含有灰尘，而灰尘中又含有大量的砂粒，如果被吸入汽缸里的话，就会黏附在汽缸、活塞和气门座等零件的密封表面，加速它们的磨损，使发动机寿命大大下降。因此，在车用发动机上，必须装上空气滤清器。

4.4.1.1　功用与要求

空气滤清器的功用就是把空气中的尘土分离出来，保证供给汽缸足够量的清洁空气。对空气滤清器的基本要求是滤清能力强，进气阻力小，维护、保养周期长，价格低廉。

4.4.1.2　形式和工作原理

目前，采用的空气滤清器的形式很多，但归纳起来可分为下面几类：按滤清方式可以分为惯性式和过滤式；按是否用机油分为干式和湿式。把它们组合起来就有干惯性式、干过滤式、湿惯性式、湿过滤式、综合两种以上的综合式。

惯性式：它是根据离心力或惯性力与质量成正比的原理，利用尘土比空气重的特点，引导气流做高速旋转运动，重的尘土就会自动地从空气中甩出去，或者引导气流突然改变流动方向，重的尘土就会来不及改变方向而从空气中分离出去。优点：进气阻力小，保养简单。缺点：滤清能力不强，即滤清效果差。

过滤式：它是根据吸附原理，引导气流通过滤芯（如金属网、丝、棉质物质和纸质等），将尘土隔离和黏附在滤芯上，从而使空气得到滤清。优点：滤清能力强，滤清效果好。缺点：进气阻力大，滤芯易堵塞。

综合式：综合上述两种滤清方式，使空气通过惯性式，除去粗粒灰尘，然后再通过过滤式除去细粒灰尘。因此，滤清能力强，可将空气中的灰尘清除掉，而阻力增加不大，从而得到了广泛的应用。

4.4.2　进气管与排气管

功用：进气管道的功用是将可燃混合气引入汽缸。对多缸机还要保证各缸进气量均匀一致。排气管道的功用是将燃烧后的废气引入大气。

要求：(1)进气阻力小，充气量要大；

(2)排气阻力小,排气噪音小。

进气阻力是影响充气量的主要因素,只有减小进气阻力,才能提高充气量,但进气阻力又和进气管道截面积的大小、弯曲程度以及管道内表面的形状有很大关系。

材料:进、排气管一般用铸铁制成。进气管也有用铝合金铸造的。二者可铸成一体,也可分别铸出。两者都固定在汽缸盖上,接合面处装有石棉衬垫,以防漏气。进气总管以凸缘连通化油器,排气总管连通排气消声器。而进、排气支管则分别与进、排气门的通道连通。

4.4.3 催化转换器

汽车排出的废气,含有有害成分,如:无色无味有毒气体 CO;对呼吸系统有刺激作用,对农作物有害的 HC;对人体有害,引起肺炎、肺气肿的 NO_x。汽车发动机排气装置上加装催化转换器,其结构示意图如图 4-7 所示,就是要降低这三种成分的含量。催化器内装有催化剂,促进空气与这些有害成分起化学反应,使 CO 氧化为 CO_2,CH 氧化为 CO_2 和 H_2O,NO_x 还原为 N_2。

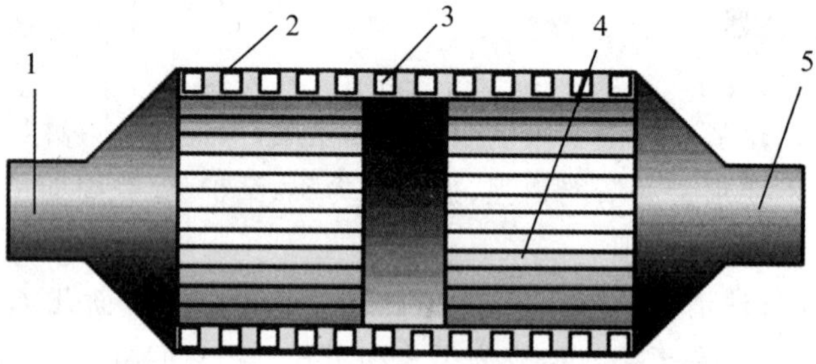

图 4-7　催化转换器结构示意图

1—入口　2—外壳　3—石棉隔热垫　4—陶瓷蜂窝载体　5—出口

拓展阅读

1. http://221.212.251.227/2009006/kcsy.aspx/黑龙江农业工程职业技术学院《汽车发动机电控系统检修》精品课程网站

2. http://car.gdcp.cn:8084/广东交通职业技术学院《汽车发动机机械系统诊断与检修》精品课程网站

4.5 汽油机供给系统的检修

4.5.1 空气供给系统的检查

(1)检查空气滤清器滤芯是否脏污,必要时用压缩空气吹净或更换。

(2)注意检查各连接部位,连接应可靠,密封垫应完好。

(3)检查节气门内腔的积垢和积胶情况,必要时用清洗剂进行清洗。绝对不能用砂纸和刀片清理积垢和积胶,以免损伤节气门体内腔,使得节气门关闭不严或改变怠速空气道尺寸,影响发动机正常工作。

4.5.2 燃油供给系统燃油压力的检查

4.5.2.1 燃油供给系统的压力释放

目的:防止在拆卸时,系统内的压力油喷出,造成人身伤害和火灾。

方法:启动发动机,维持怠速运转,在发动机运转时,拔下油泵继电器或电动燃油泵电线接线,使发动机熄火,再使发动机启动 2～3 次,就可完全释放燃油系统压力;然后关闭点火开关,装上油泵继电器或电动燃油泵电源接线。

4.5.2.2 燃油供给系统的压力预置

目的:避免首次启动发动机时,因系统内无压力而导致启动时间过长。

方法一:通过反复打开和关闭点火开关数次来完成。

方法二:检查燃油供给系统元件和油管接头是否安装好,用专用导线将诊断座上的燃油泵测试端子跨接到 12V 电源上,将点火开关转至 ON 位置,使电动燃油泵工作约 10s,关闭点火开关,拆下诊断座上的专用导线。

4.5.2.3 燃油供给系统的压力测试

检查油箱中的燃油,释放燃油系统压力。检查蓄电池,拆下负极电缆。将专用压力表接在脉动阻尼器位置(韩国大宇或通用)或进油管接头处(丰田)。接上负极电缆,启动发动机使其维持怠速运转。拆下燃油压力调节器上真空软管,用手堵住进气管一侧,检查油压表指示的压力,多点喷射系统应为 0.25～0.35MPa,单点喷射系统为 0.07～0.10MPa。若压力过低,说明燃油压力调节器有故障,更换燃油压力调节器后,如果压力仍过低,应检查进油管路或燃油滤清器是否有堵塞或泄漏,如正常,则应更换燃油泵;若压力过高,应检查回油管是否堵塞,若回油管正常,说明燃油压力调节器有故障。

接上燃油压力调节器的真空软管,燃油压力表的指示应有所下降(约为 0.05MPa),若无下降,则应检查真空管是否有堵塞和漏气,若正常,说明燃油压力调节器有故障。

将发动机熄火,等待 10min 后观察压力表的压力,多点喷射系统应不低于 0.20MPa,单点喷射系统应不低于 0.05MPa。

检查完毕后,应释放系统压力,拆下油压表,装复燃油供给系统。

4.5.3 电动燃油泵的检查

当发动机无法启动、发动机启动后又熄火、发动机加速不良等现象出现时,应对电动燃油泵进行检查。

4.5.3.1 电动燃油泵的就车检查

用专用导线将诊断座上的燃油泵测试端子跨接到 12V 电源上。将点火开关置于 ON 位置,但不要启动发动机。旋开油箱盖能听到燃油泵工作的声音,或用手捏进油软管应感觉有压力;若听不到燃油泵的工作声音或进油管无压力,应检修或更换燃油泵。若有电动燃油泵不工作故障,且上述检查正常,应检查燃油泵电路导线、继电器、易熔线和熔丝有无断路。

4.5.3.2 电动燃油泵的拆装与检测

拆装电动燃油泵时注意应释放燃油系统压力，并关闭用电设备。拆下电动燃油泵后，测量电动燃油泵两端子之间电阻，阻值应为2～3Ω。用蓄电池直接给电动燃油泵通电(注意通电时间不能太长)，应能听到油泵电动机高速旋转的声音。

4.5.3.3 电动燃油泵系统漏油检查

用导线将检查连接器的FP和+B端子连接起来，将点火开关置于ON位置，不启动发动机；用钳子夹紧回油管，高压管内的油压会上升到大约392kPa。在这种状态下，检查电动燃油系统各个部位，应不漏油。

4.5.4 汽油滤清器的更换

汽油滤清器一般采用纸质滤芯，该滤芯每行驶20000～40000km或1～2年就应更换，安装时应注意燃油流动方向的箭头，不能装反。

拓展阅读

1. http://221.212.251.227/2009006/kcsy.aspx/黑龙江农业工程职业技术学院《汽车发动机电控系统检修》精品课程网站

2. http://car.gdcp.cn:8084/广东交通职业技术学院《汽车发动机机械系统诊断与检修》精品课程网站

复习思考题

(1)用方框图表示并注明汽油机燃料供给系统的各组成的名称、燃料供给、空气供给及废气排出的路线。

(2)试说明汽油供给系统检查内容及主要方法。

第 5 章　柴油机供给系统

学习目标

1. 掌握柴油机供给系统的组成及功用。
2. 熟悉柴油机供给系统各部件的结构特点并理解其工作过程及原理。
3. 能进行柴油机供给系统的拆装、更换及检测。

考核标准

知识要求：
1. 柴油机供给系统的组成和功用。
2. 柴油的特性。
3. 柴油机供给系统的结构特点及一般检修方法。

技能要求：
1. 能进行柴油机供给系统的拆装和更换。
2. 能进行柴油机供给系统的检修。
3. 能进行柴油机供给系统的一般故障诊断。

教学建议

教具：YC6105QC 型和 YC6110Q 型柴油机、柴油机解剖教具、汽车维修测量工具 。

建议：采用理实一体教学，建议在实验室授课，同时辅以多媒体教学。

5.1　柴油机燃料供给系统的作用与组成

柴油机使用的燃料是柴油，柴油黏度大，蒸发性差，燃点低，不可能通过化油器在汽缸外部与空气形成均匀的混合气，故采用高压喷射，在压缩行程接近终了时把柴油喷入汽缸，并与缸内的高温、高压的空气形成混合气自行发火燃烧。

5.1.1 柴油机燃料供给系统的组成

柴油机燃料供给系统由燃油供给、空气供给、混合气形成及废气排出装置组成。图5-1是一种常见的汽车柴油机供给系统组成图。

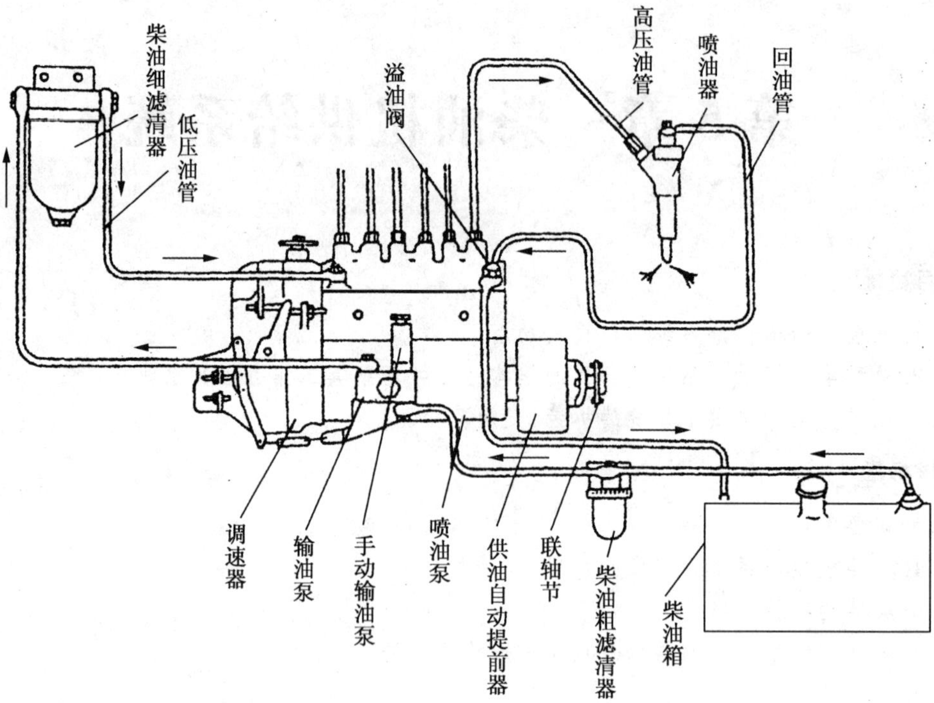

图 5-1 柴油机供给系统的组成图

燃油供给装置由柴油箱、输油泵、低压油管、柴油滤清器、喷油泵、高压油管、喷油器和回油管组成。

空气供给装置由空气滤清器、进气管和汽缸盖内的进气道组成。

混合气形成装置由燃烧室组成。

废气排出装置由汽缸盖内的排气道、排气管及排气消声器组成。

5.1.2 柴油机供给系统的作用

柴油机供给系统的作用是储存、滤清柴油，并按柴油机不同的工况要求，以规定的工作顺序，定时、定量、定压并以一定的喷油质量将柴油喷入燃烧室，使其与空气迅速混合并自燃，最后将燃烧后的废气排入大气。

5.1.3 柴油机供给系统的工作原理

柴油机在工作过程中，依靠输油泵的作用不断地将油箱中的柴油吸出，并经柴油滤清器滤去杂质后，输入喷油泵的低压油腔，喷油泵将燃油压力提高，按柴油机不同工况的要求，定时、定量、定压输出柴油，经高压油管至喷油器，当燃油压力达到规定值时，喷油孔开启，燃油呈雾状喷入燃烧室与空气形成混合气。由于输油泵的供油量比喷油泵供油量大得多，过量的柴油便经回油管回到输油泵。

从柴油箱到喷油泵入口处这段油路中的油压是由输油泵建立的，一般为 0.15～0.3MPa，故这段油路称为低压油路。从喷油泵到喷油器这段油路中的油压是由喷油泵建立的，一般在 10MPa 以上，故称此段油路为高压油路。

为了在柴油机启动时排除整个油路中的空气，使柴油充满喷油泵，在输油泵上装有手动油泵。喷油泵的前端与供油自动提前器连接，后端与调速器组成一体，它们分别起喷油定时和喷油量的自动调节作用。

5.2　柴油机混合气的形成和燃烧室

5.2.1　可燃混合气的形成与燃烧

柴油机可燃混合气的形成与燃烧条件比汽油机差得多。在汽油机中，可燃混合气形成过程在化油器中即已开始，并在进气管和汽缸中继续进行直到压缩行程终了时为止。因此可以认为在火花塞跳火时，已形成了品质较好的可燃混合气。柴油机在进气行程中进入汽缸的是纯空气，在压缩行程接近终了时，将柴油喷入汽缸，混合气随即在燃烧室内形成，在高温、高压条件下，柴油自行着火燃烧，故混合气形成时间极短，而且存在喷油、蒸发、混合和燃烧重叠进行的过程。在柴油机压缩和做功过程中，汽缸内气体压力 p 随曲

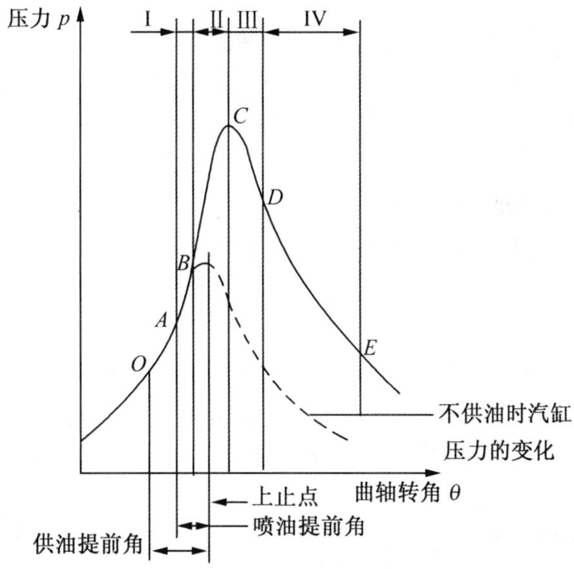

图 5-2　汽缸压力与曲轴转角的关系

Ⅰ—备燃期　Ⅱ—速燃期　Ⅲ—缓燃期　Ⅳ—后燃期

轴转角变化的关系如图5-2所示。当曲轴转到上止点前O点的位置时，喷油泵开始供油。当曲轴转到稍后一些的A点位置时，开始喷油。O点到上止点之间所对应的曲轴转角称为供油提前角(图中虚线为不供油时汽缸压力的变化曲线)。

根据汽缸中压力和温度的变化特点，可将混合气的形成与燃烧过程按曲轴转角划分为四个阶段：

(1)备燃期：是指从喷油始点A到燃烧始点B之间所对应的曲轴转角。在此期间，喷入汽缸的雾状柴油从汽缸内的高温空气中吸收热量，逐渐蒸发、扩散，与空气混合，并进行燃烧前的化学准备。若备燃期时间过长，缸内积存的油量增多，一旦燃烧，会造成内压力急剧升高，致使发动机噪声增大，工作粗暴，机件磨损加剧。因此，备燃期的长短是影响柴油发动机工作粗暴程度的重要因素之一。

(2)速燃期：是指燃烧始点B与汽缸内产生最大压力点C之间所对应的曲轴转角。从B点起，火焰自火源处向四周迅速传播，燃烧速度迅速增加，急剧放热，缸内温度和压力迅速上升，至C点时压力达到最高值。在此期间，早已喷入但尚未来得及蒸发的柴油，以及在燃烧开始后陆续喷入的柴油便能在已燃气体的高温作用下，迅速蒸发、混合和燃烧。

(3)缓燃期：是指从最高压力点C起到最高温度点D为止的曲轴转角。在此阶段，燃气温度继续升高，但由于氧气减少，废气增加，燃烧条件变差，故燃烧越来越慢。喷油过程一般在缓燃期内结束。

(4)后燃期：是从D点起，燃烧在逐渐恶化的条件下于膨胀行程中缓慢进行直到停止(E点)。在此期间，压力和温度均降低。

由于柴油的蒸发性和流动性较汽油差，且柴油机混合气形成时间极短，使得柴油难以在燃烧前彻底雾化蒸发并同空气均匀混合，即柴油机可燃混合气的品质较汽油机的差。因此，柴油机采用较大的过量空气系数，使喷入汽缸的柴油能够燃烧得比较完全。

为改善混合气形成条件，不致出现太长的备燃期，保证柴油机工作柔和，除了选用十六烷值较高的柴油，采用较高的压缩比(15～22)，以提高汽缸内空气温度促进柴油蒸发外，还要求喷油器必须有足够的压力，一般在10MPa以上，以利于柴油的雾化。此外，在燃烧室内形成强烈的空气运动，促进柴油与空气的均匀混合。

5.2.2 燃烧室

由于柴油机混合气的形成和燃烧均在燃烧室中进行，所以燃烧室的结构将直接影响混合气的形成与燃烧。对燃烧室的要求，一是配合喷油形成良好均匀的混合气，改善燃烧；二是结构要紧凑，以减小散热损失，提高热效率。柴油机燃烧室的种类较多，通常分为统一式燃烧室和分隔式燃烧室两大类。

5.2.2.1 统一式燃烧室

统一式燃烧室是由凹形活塞顶与汽缸盖底面所包围的单一内腔构成，几乎全部容积都在活塞顶面上。这种燃烧室一般使用多孔喷油器将柴油直接喷射到燃烧室中，借喷射油柱的形状和燃烧室形状的配合以及燃烧室内的空气涡流运动，迅速形成可燃混合气，故此种燃烧室又称为直接喷射式燃烧室。直接喷射式燃烧室是利用在汽缸盖上铸出的螺旋气道，使进入汽缸的空气呈涡流状来促进油气混合，这是直接喷射式燃烧室的一大特点。空气经由螺旋进气道进入汽缸时，会产生绕汽缸轴线旋转的进气涡流，来帮助燃油与空气的混合。

常见的统一式燃烧室结构形式有 W 形燃烧室、球形燃烧室和 U 形燃烧室，如图 5-3 所示。

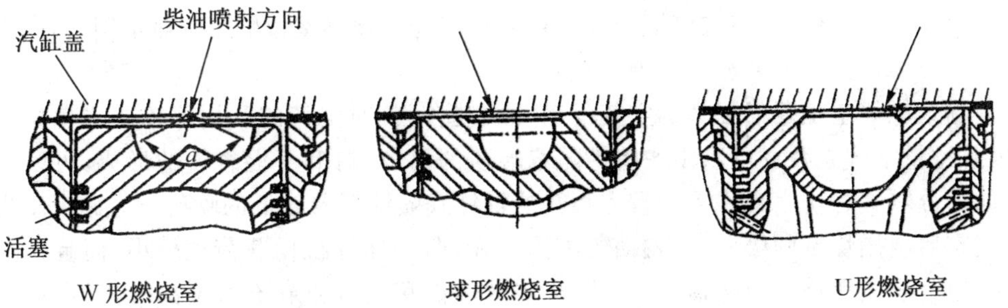

图 5-3　统一式燃烧室结构形式

5.2.2.2　分隔式燃烧室

燃烧室由两部分组成，一部分位于活塞顶与缸盖底面围成，称为主燃烧室；另一部分在汽缸盖中，称为副燃烧室。主、副燃烧室之间由一个或多个通道相通。分隔式燃烧室常见的形式有涡流室式和预燃室式两种，如图 5-4 所示。

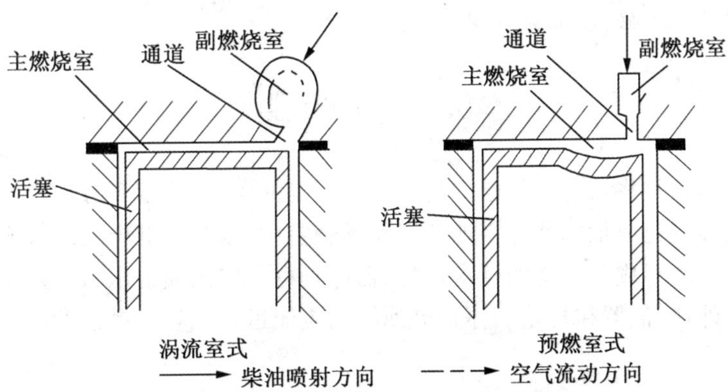

图 5-4　分隔式燃烧室

(1)涡流室式燃烧室

它的副燃烧室是球形或圆柱形的涡流室，借与其内壁相切的孔道与主燃烧室连通，因此在压缩行程中，空气从汽缸被挤入涡流室时形成强烈的有规则的涡流。在这种燃烧室中，柴油直接喷入涡流室空间，靠强烈的空气涡流作用，与空气迅速混合。大部分燃油在涡流室内燃烧，未燃部分在做功行程初期与高压燃气一起通过切向孔道喷入主燃烧室，进一步与那里的空气混合、燃烧。

涡流室中产生的气流运动比上述直接喷射燃烧室中的进气涡流更强，因此可降低对喷雾质量的要求,即可采用喷油压力较低(12~14MPa)的轴针式喷油器。

(2)预燃室式燃烧室

它的预燃室(辅助燃烧室)容积为燃烧室总容积的25%~40%,并用一个或几个小孔与主燃烧室相通。在压缩行程中,空气从汽缸进入预燃室时即产生无规则的紊流运动。燃油喷入后,依靠空气的紊流运动与空气初步混合并有小部分燃油发火燃烧,使预燃室的压力急剧升高,大部分未燃柴油连同燃气经小孔高速喷入主燃烧室,在主燃烧室内产生不规则的涡流运动,进一步与空气混合以实现完全燃烧。预燃室一般用耐热钢制造,嵌入汽缸盖内。

分隔式燃烧室主要靠强烈的空气运动形成混合气,对空气的利用比统一式燃烧室充分,因此过量空气系数 α 可以小一些。随着转速的增加,有利于混合气的形成,可改善高速性能。分隔式燃烧室允许采用较大喷孔的轴针式喷油器及较低的喷射压力。由于先辅助燃烧室后主燃烧室两级燃烧,发动机工作柔和,曲柄连杆机构载荷也较小,而且排气污染小。但分隔式燃烧室散热损失(因燃烧室散热面积大)和节流损失都较大,启动性和经济性都较差,必须用更高的压缩比而且要在辅助燃烧室中装启动电热塞。涡流室和预燃室多用于小型高速柴油机上,缸径一般在100mm以下。

拓展阅读

1. http://www.syzy.com.cn/jwc/jpkc/qichecz/zcr.asp?lanmu=1&id=5/十堰职业技术学院《汽车拆装与调整》精品课程网站

2. http://221.2.159.215/jpk2009/qccyj/index.ast/indexkc.asp/威海职业学院《汽车柴油机电控系统检修》精品课程网站

5.3 喷油器

喷油器的作用是将喷油泵供给的高压油以一定的压力、速度和方向喷入燃烧室,使喷入燃烧室的燃油雾化成细粒并适当地分布在燃烧室中,以利于混合气的形成和燃烧。

根据混合气的形成与燃烧的要求,喷油器应具有一定的喷射压力和射程,以及合理的喷注锥角。此外,喷油器在规定的停止喷油时刻应能迅速地切断燃油的供给,不发生滴漏现象。

喷油器分为开式和闭式两种,开式喷油器的高压油腔通过喷孔直接与燃烧室相通,而闭式喷油器则在其之间装针阀隔断。目前,中小功率高速柴油机绝大多数采用闭式喷油器,其常见的形式有两种:孔式喷油器和轴针式喷油器。孔式喷油器多用于直接喷射式燃烧室上,轴针式喷油式则主要用于分隔式燃烧室上。

5.3.1　孔式喷油器

5.3.1.1　孔式喷油器的结构

孔式喷油器的结构如图 5-5 所示。

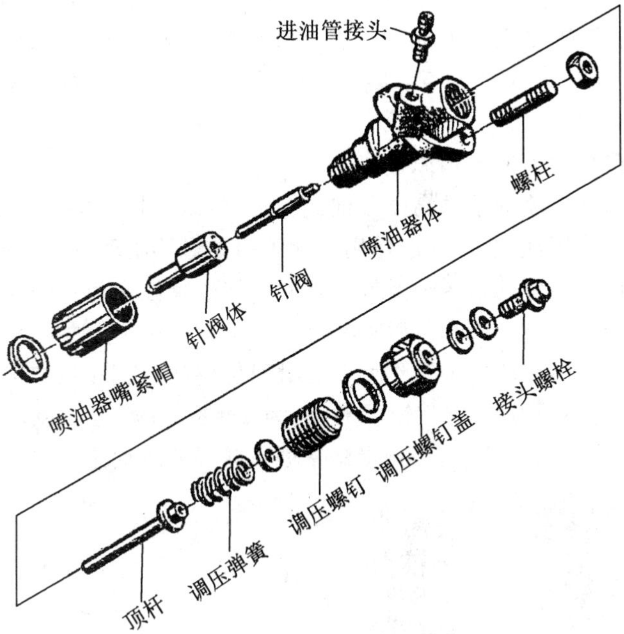

图 5-5　YC6105QC 型柴油机喷油器

喷油器由针阀、针阀体、顶杆、调压弹簧、调压螺钉及喷油器体等零件组成。其中最主要的是用优质合金钢制成的针阀和针阀体一对精密偶件。针阀下端的一圆锥面与针阀体下端的环形锥面共同起密封作用(见图 5-6),用于打开或切断高压柴油与燃烧室的通路。

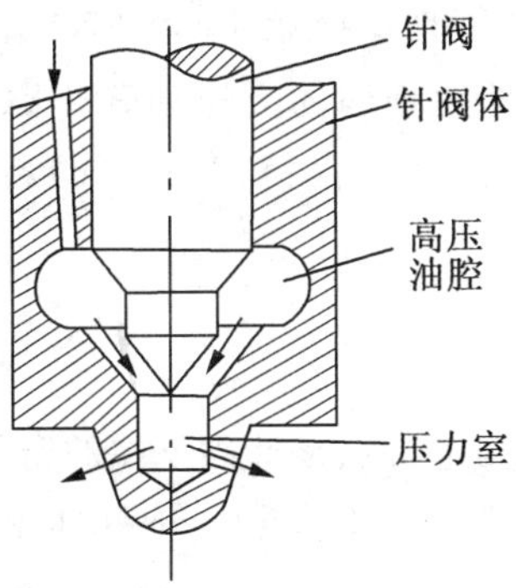

图 5-6　孔式喷油嘴

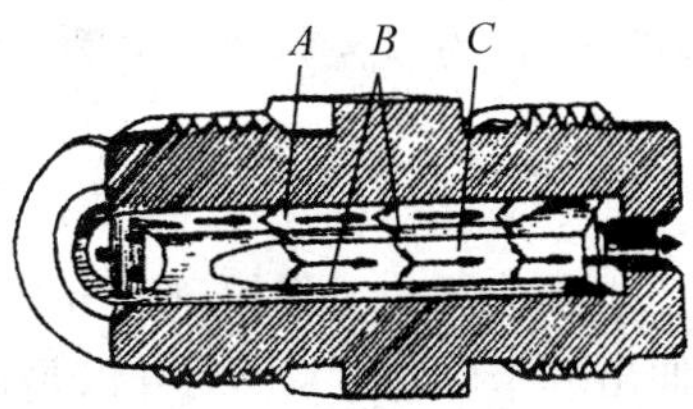

图 5-7　缝隙式滤芯工作原理图

针阀底部还有一环形锥面位于针阀体的环形油槽中，该锥面承受燃油压力推动针阀向上运动。针阀顶部通过顶杆承受调压弹簧的预紧力，使针阀处于关闭状态。该预紧力决定针阀的开启压力或称喷油压力，调整调压螺钉可改变喷油压力的大小(拧入时压力增大，拧出时压力减小)，用调整螺钉盖将它锁紧固定。喷油器工作时从针阀偶件间隙中泄漏的柴油经回油管接头螺栓流回回油管。为防止细小杂物堵塞喷头，在某些喷油器进油接头中装有缝隙式滤芯，如图 5-7 所示。柴油从滤芯的两个平面 A 进入，穿过棱边 B 进入滤芯的另两个平面 C 才能进入喷油器，棱边 B 即起过滤作用，而且滤芯具有磁性，可吸住金属磨屑。

5.3.1.2　孔式喷油器的工作原理

柴油机工作时，来自喷油泵的高压柴油经喷油器体与针阀体中的油孔道进入针阀中部周围的环状空间(高压油腔)。油压作用在针阀的锥形承压环带上形成一个向上的轴向推力，此推力克服调压弹簧的预压力及针阀偶件之间的摩擦力使针阀向上移动，针阀下端锥面离开针阀锥形环带，打开喷孔，高压柴油喷入燃烧室中。喷油泵停止供油时，高压油路内压力迅速下降，针阀在调压弹簧作用下及时回位，将喷孔关闭，如图 5-8 所示。

孔式喷油器的特点是喷孔数目较多，一般为 1～8 个；喷孔直径较小，一般为 0.2～0.8mm。喷孔数目和分布的位置，根据燃烧室的形状和要求而定。

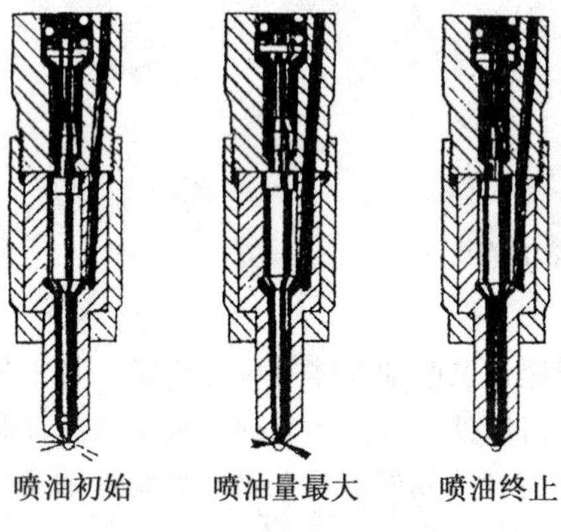

图 5-8　喷油器的工作原理图

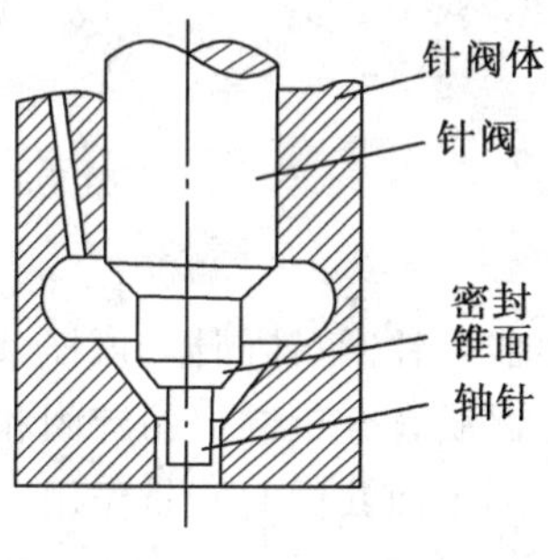

图 5-9　轴针式喷油器

多缸柴油机为使各缸喷油器工作一致，各缸采用长度相同的高压油管。YC6105QC 型和 YC6110Q 型柴油机采用多孔式喷油器，喷油嘴为四孔等直径(0.32mm)，针阀开启压力(喷油压力)为(18.62±0.49)MPa。

5.3.2　轴针式喷油器

轴针式喷油器的工作原理与孔式喷油器相同。其构造特点是针阀下端的密封锥面以下还延伸出一个轴针，其形状可以是倒锥形和圆柱形，如图 5-9 所示。轴针伸出喷孔外，使喷孔成为圆柱状的狭缝(轴针与孔的径向间隙一般为 0.005～0.25mm)。这样，喷油时喷注将呈空心的锥状或柱形(见图 5-10)。

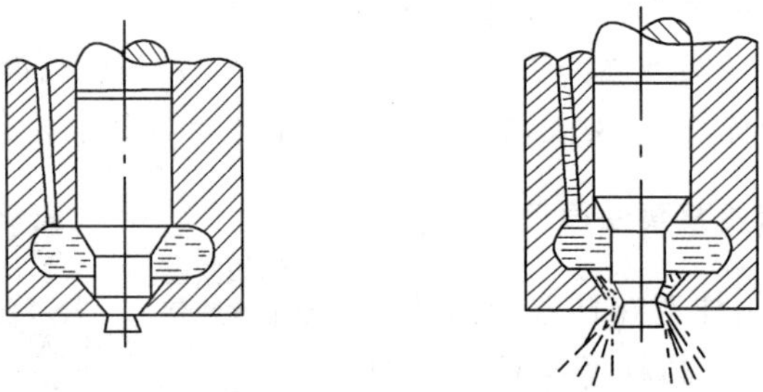

图 5-10　轴针式喷油器的喷油情况

轴针式喷油器喷孔直径一般为 1～3mm，喷油压力为 10～14MPa。喷孔直径大，加工方便。工作时由于轴针在喷孔内往复运动，能清除喷孔中的积炭和杂物，工作可靠。它适用于对喷雾要求不高的涡流室式燃烧室和预燃室式燃烧室。

拓展阅读

1. http://www.syzy.com.cn/jwc/jpkc/qichecz/zcr.asp? lanmu=1&id=5/十堰职业技术学院《汽车拆装与调整》精品课程网站

2. http://221.2.159.215/jpk2009/qccyj/index.ast/indexkc.asp/威海职业学院《汽车柴油机电控系统检修》精品课程网站

5.4　喷油泵

喷油泵即高压油泵（简称油泵），一般和调速器连成一体，其作用是使燃油通过喷油泵的工作变成高压，并按照柴油机各种不同工况的要求，定时、定量地将高压燃油送至喷油器，然后喷入燃烧室中。

对多缸柴油机喷油泵的要求：

(1)保证定时。严格按照规定的供油时刻开始供油，并保证一定的供油持续时间，不可过长。

(2)保证定量。根据柴油机负荷的大小供给相应的油量。

(3)保证压力。向喷油器供给的柴油应具有足够的压力，以获得良好的喷雾质量。

(4)对于多缸柴油机，为保证各缸工作的均匀性，要求各缸的相对供油时刻、供油量和供油压力等参数都相同。

(5)供油开始和结束要求迅速干脆，避免喷油器产生滴漏现象或不正常喷射现象。

车用柴油机的喷油泵按作用原理不同大体可分为三类：

(1)柱塞式喷油泵。柱塞式喷油泵性能良好，使用可靠，为目前大多数汽车柴油机所采用。

(2)喷油泵—喷油器。其特点是将喷油泵和喷油器合成一体，直接安装在缸盖上，以消除高压油管带来的不利影响。应用于 PT 燃油供给系统的喷油器即属此类。

(3)转子分配式喷油泵。转子分配式喷油泵是20世纪50年代后期出现的一种新型喷油泵,依靠转子的转动实现燃油的增压(泵油)及分配,它具有体积小、质量小、成本低、使用方便的优点,尤其体积小,对发动机和汽车的整体布置是十分有利的。

5.4.1 柱塞式喷油泵泵油原理

柱塞式喷油泵利用柱塞在柱塞套内的往复运动吸油和压油,每一副柱塞与柱塞套只向一个汽缸供油。对于单缸柴油机,由一套柱塞偶件组成单体泵;对于多缸柴油机,则由多套泵油机构分别向各缸供油。中、小功率柴油机大多将各缸的泵油机构组装在同一壳体中,称为多缸泵,而其中每组泵油机构则称为分泵。图5-11是一种分泵的结构图,其关键部分是泵油机构。泵油机构主要由柱塞偶件(柱塞和柱塞套)、出油阀偶件(出油阀和出油阀座)等组成。柱塞的下部固定有调节臂,可通过它调节和转动柱塞的位置。

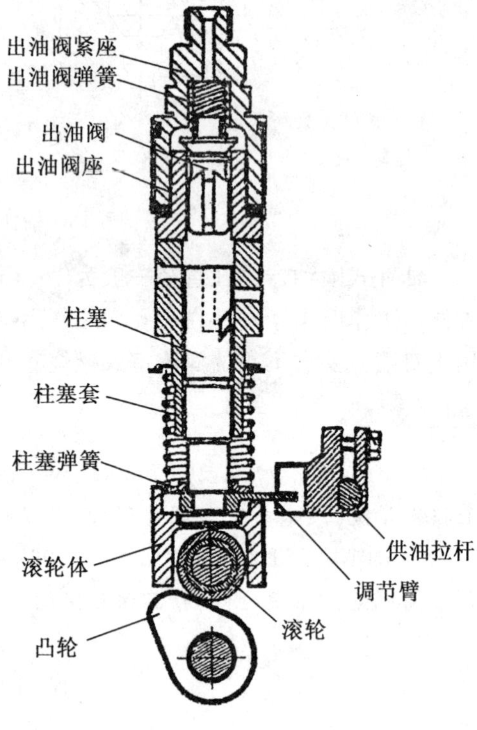

图5-11 柱塞式喷油泵分泵

柱塞上部的出油阀由出油阀弹簧压紧在油阀座上,柱塞下端与装在滚轮体中的垫块接触,柱塞弹簧通过弹簧座将柱塞推向下方,并使滚轮保持与凸轮轴上的凸轮相接触。

喷油泵凸轮轴由柴油机曲轴通过传动机构来驱动。对于四冲程柴油机,曲轴转两圈,喷油泵凸轮轴转一圈。

柱塞式喷油泵的泵油原理如图5-12所示。柱塞的圆柱表面上钻有直线型(或螺旋型)斜槽,斜槽内腔和柱塞上面的泵腔用孔道连通。柱塞套上有两个圆孔都与喷油泵体上的低压油腔相通。柱塞由凸轮驱动,在柱塞套内做往复直线运动,此外它还可以绕本身轴线在一定角度范围内转动。

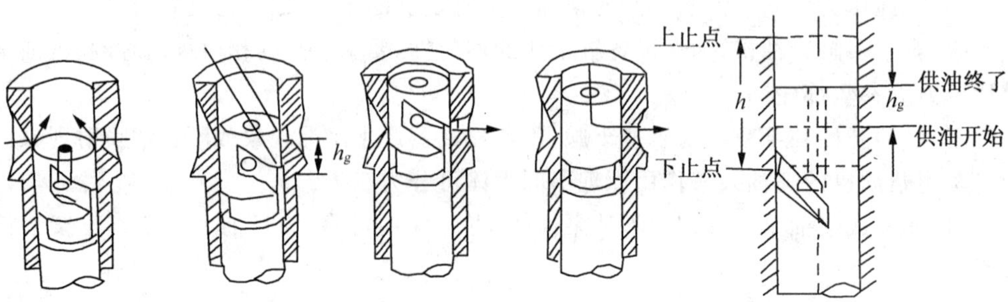

图5-12 柱塞式喷油泵泵油原理示意图

5.4.1.1 吸油过程

当柱塞下移到图 5-12(a)所示位置时，燃油自低压油腔经进油孔被吸入并充满泵腔。

5.4.1.2 压油过程

在柱塞自下止点上移的过程中，起初有一部分燃油被从泵腔挤回低压油腔，直到柱塞上部的圆柱面将两个油孔完全封闭时为止。此后柱塞继续上升[见图 5-12(b)]，柱塞上部的燃油压力迅速增高到足以克服出油阀弹簧的作用力，出油阀即开始上升。当出油阀的圆柱环形带离开出油阀座时，高压燃油便自泵腔通过高压油管流向喷油器。当燃油压力高出喷油器的喷油压力时，喷油器则开始喷油。

5.4.1.3 回油过程

当柱塞继续上移到图 5-12(c)中所示位置时，斜槽与油孔开始接通，于是泵腔内油压迅速下降，出油阀在弹簧压力作用下立即回位，喷油泵停止供油。此后柱塞仍继续上行，直到凸轮达到最高升程为止，但不再泵油。

由上述泵油过程可知，由驱动凸轮轮廓曲线的最大矢径决定的柱塞行程 h(即柱塞的上、下止点间的距离)，图 5-12(e)是一定的，但并非在整个柱塞上移行程 h 内都供油，喷油泵只在柱塞完全封闭油孔之后到柱塞斜槽和油孔开始接通之前的这一部分柱塞行程 h_g 内才泵油，h_g 称为柱塞有效行程。显然，喷油泵每次泵出的油量取决于有效行程的长短，因此欲使喷油泵能随柴油机工况不同而改变供油量，只须改变有效行程。一般借改变柱塞斜槽与柱塞套油孔的相对位置来实现，将柱塞转向图 5-12(e)中箭头所示的方向，有效行程的供油量即增加；反之则减少。

5.4.1.4 停止供油状态

当柱塞转到图 5-12(d)中所示位置时，柱塞根本不可能完全封闭油孔，因此有效行程为零，即喷油泵处于不泵油状态。

5.4.2 国产系列柱塞式喷油泵

柱塞式喷油泵根据柴油机单缸功率范围对喷油泵供油量的要求不同，以柱塞行程、泵缸间中心距和结构形式为基础，把喷油泵分成几个系列，再分别配以不同尺寸的柱塞直径，组成若干种在一个工作循环内供油量不等的喷油泵，以满足各种柴油机的需要。喷油泵系列化有利于制造和维修。

多缸泵中有我国自行设计的Ⅰ、Ⅱ、Ⅲ号系列泵和仿制国外的 A、B、P、Z 型泵。其中前三种的单缸循环供油量覆盖了 60～330m^3/c(循环)的范围，后四种则覆盖了 60～600mm^3/c(循环)的范围。

柱塞式喷油泵一般由泵体、分泵、油量调节机构和传动机构组成。

泵体有整体式和上下分体式两种结构。整体式泵体刚性好，A、B、P、Z 型都采用这种结构；上下分体式泵体拆装比较方便，Ⅰ、Ⅱ、Ⅲ号系列泵采用这种结构的泵体。

5.4.2.1 A 型喷油泵(A 型泵)

A 型喷油泵是国际上通用的一种系列产品，也是国内中、小功率柴油机使用最为广泛的柱塞式喷油泵。A 型喷油泵示意图如图 5-13 所示。

分泵是带有一副柱塞偶件的泵油机构，喷油泵分泵数目与发动机缸数相等，各分泵的结构和尺寸完全相同。

分泵的主要零件有柱塞偶件，柱塞弹簧，弹簧上、下座，出油阀偶件，出油阀弹簧，减容器，出油阀紧帽等。

柱塞上部的圆柱表面铣有与轴线成45°夹角的直线斜槽，斜槽底部与柱塞顶面有孔道相通。

分泵的工作原理如前所述。

柱塞和柱塞套是喷油泵中的精密偶件，用优质合金钢制造，并通过精密加工和选配，严格控制其配合间隙(0.0015～0.0025mm)，以保证燃油的增压和柱塞偶件的润滑。间隙过大时，易漏油，使油压下降；间隙过小，则柱塞偶件的润滑困难。为保证供油压力不低于规定值，出油阀弹簧在装合后应有一定的预紧力。

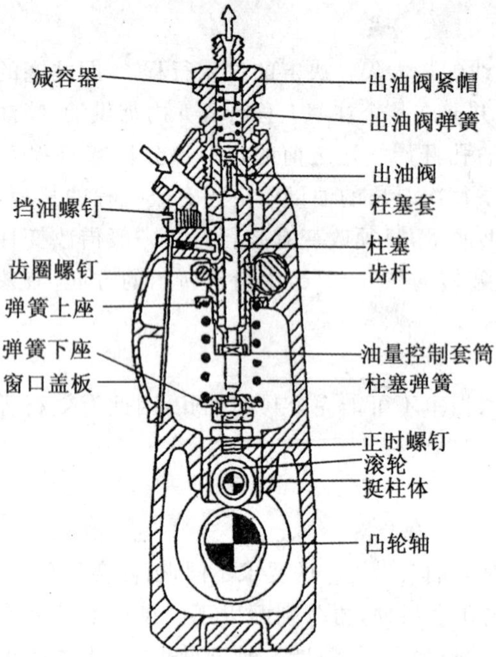

图 5-13　A 型喷油泵示意图

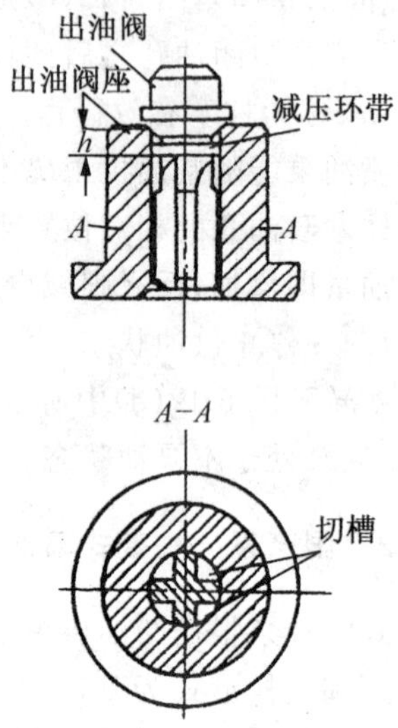

图 5-14　出油阀

出油阀常制成如图5-14所示的结构。出油阀的圆锥面是密封表面，阀的尾部同阀座内孔间为滑动配合，起运动导向作用。为了留出油流通路，阀尾带有切槽，形成十字形断面。出油阀中部的圆柱面称为减压环带，其作用是在喷油泵供油停止后迅速降低高压油管中的燃油压力，使喷油器立即停止喷油。

在出油阀压紧帽中还装有一个减容器，减少了高压油腔的容积，有利于喷油过程的改善，同时起限制出油阀最大升程的作用。

出油阀的封油装置有两个：出油阀座和出油阀压紧帽之间有铜垫圈，以防止高压油漏出；出油阀压紧帽与泵体之间有密封圈，利用它来防止低压油腔漏油。

油量调节机构：油量调节机构的作用是根据柴油机负荷和转速的变化相应改变喷油

泵的供油量并保证各缸的供油量一致。

由泵油原理的分析可知，可用转动柱塞以改变柱塞的有效行程的办法来改变喷油泵供油量。A 型喷油泵采用齿杆式油量调节机构，如图 5-15 所示。

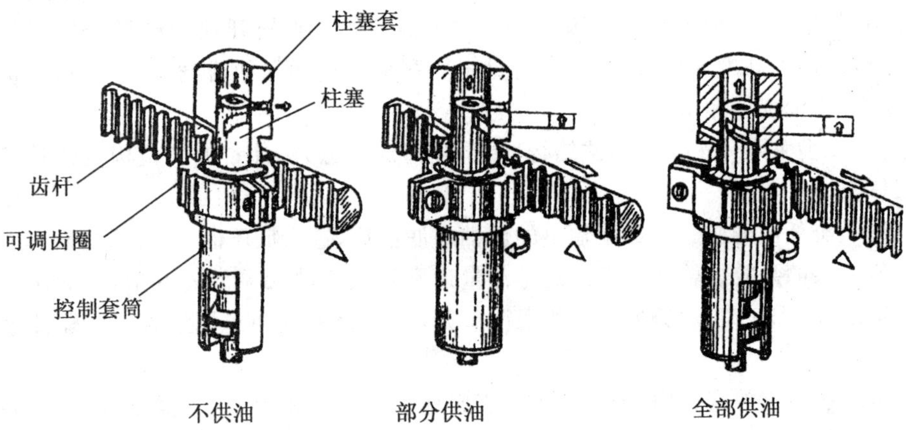

图 5-15　齿杆式油量调节机构

柱塞下端的条状凸块伸入套筒的缺口内，套筒则松套在柱塞套的外面。套筒的上部用紧固螺钉锁紧一个可调齿圈，可调齿圈与齿杆相啮合，移动齿杆即可改变供油量。当需要调整某个缸的供油量时，先松开可调齿圈的紧固螺钉，然后转动套筒，并带动柱塞相对于齿圈转动一个角度，再将齿圈固定。

齿杆式油量调节装置的特点是传动平稳，但制造成本高。

传动机构：它是由凸轮轴和滚轮传动部件组成。滚轮传动部件如图 5-16 所示。带有衬套的滚轮松套在滚轮轴上，轴又支撑在滚轮架的座孔中，滚轮左侧圆柱面上镶有导向块，泵体上开有轴向长槽，导向块插入该槽中，使滚轮架只能上下移动而不能转动。

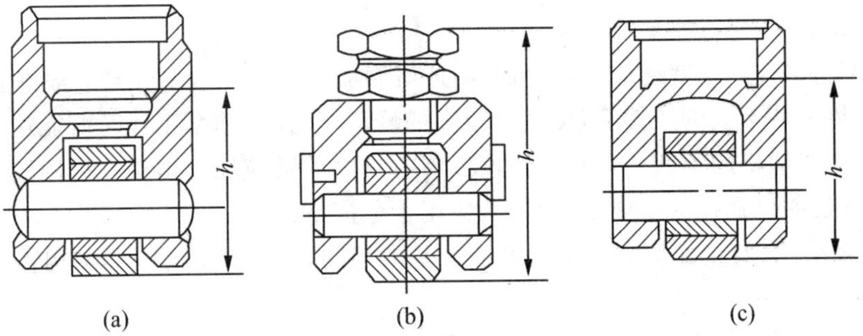

图 5-16　滚轮传动部件

喷油泵的凸轮轴是由柴油机的曲轴通过齿轮驱动的。当凸轮轴上的凸轮凸起的部分与滚轮接触时，便克服柱塞弹簧的弹力推动柱塞向上运动。当凸轮的凸起部分转过后，柱塞便在弹簧的作用下回位。为保证在相当于一个工作循环的曲轴转角后，各缸都能喷油一次，四冲程柴油机的喷油泵凸轮轴的转速应等于曲轴转速的 1/2。当然，凸轮轴上与各缸相应的各个凸轮的相对位置还必须符合所要求的发动机发火顺序。

喷油泵供油提前角的调整方法有两种：一是改变喷油泵凸轮轴与柴油机曲轴的相对角位置，它是通过调整联轴节或供油提前角自动调节器来实现的；二是改变滚轮传动部件的高度，它是通过转动调整螺钉（见图 5-16）而实现的。当松开锁紧螺母拧出调整螺钉时，滚轮传动部件高度 h 增大，于是柱塞封闭柱塞套上进油孔的时刻提前，即供油提前角增大；反之，供油提前角减小。

泵体：A 型泵泵体采用整体式结构，铝合金铸成。分泵、油量调节机构及传动机构都装在泵体上。

泵体上有低压油腔。输油泵输出的燃油经滤清后，进入低压油道，再从柱塞套上的油孔进入各分泵的泵腔。输油泵供给的燃油量通常远大于喷油泵的需要量，当低压油腔的油压大于 0.05MPa 时，油道另一端的限压阀开启，多余的燃油经回油管流回输油泵进油口。

限压阀还兼有放气作用（YC6105QC 在泵体上有放气螺钉）。当需要放气时（如喷油泵拆装后或发动机长期停放后），在发动机启动前可将限压阀上端的螺钉旋出少许，再抽按手动输油泵，被泵入喷油泵的燃油即可驱净渗入喷油泵内的空气。否则将影响柴油机的正常工作。

在泵体下部的内腔中加有润滑油，依靠润滑油的飞溅保证传动机构的润滑。泵体下腔内的润滑油与连接在喷油泵后端的调速器壳体内的润滑油是相通的。喷油泵凸轮轴的前端轴承外面装有油封。

YC6105QC 型和 YC6110Q 型柴油机都采用柱塞式喷油泵结构。

喷油泵的结构相当复杂，但只要抓住供油压力的建立，供油量的调节和供油时刻的调节三个问题，便能掌握其基本构造原理。

B 型泵与 A 型泵在工作原理和结构上相同，只是结构参数有所不间，以适应不同缸径的柴油机。

5.4.2.2 P 型喷油泵（P 型泵）

P 型喷油泵是 20 世纪 60 年代初期国外研制成的一种柱塞泵。与一般柱塞泵相比，P 型泵在安装尺寸不变的条件下，可获得较高的峰值压力（喷油泵工作时所能达到的最大压力），因而对柴油机的不断强化和向高速发展有良好的适应性。由于它可用较大直径的柱塞，因此对柴油机缸径的适应范围扩大，应用十分广泛。

P 型泵结构，其工作原理与前述喷油泵基本相同，但有如下的一些结构特点。

(1)全封闭箱式泵体

P 型泵采用全封闭箱式泵体，以提高刚度，防止泵体在较高的峰值压力作用下产生变形而使柱塞偶件加剧磨损，提高使用寿命，此外还起到防尘作用。

(2)吊挂式柱塞套

柱塞套和出油阀偶件都装在凸缘套筒内，并利用出油阀压紧座拧紧，使之成为一个独立的组件。然后用两个螺塞将凸缘套筒固定在泵体的顶部端面上，形成一种吊挂式结构，以改善柱塞套的受力情况。在出油阀压紧座拧紧后，柱塞套仅仅是上部台肩承受压力，而进、回油孔部位都不受力，从而避免了柱塞套在进、回油孔处受压变形。

(3)油量调节机构

每个柱塞的控制套筒上都装有一个与调节拉杆上的凹槽相啮合的小钢球，移动调节拉杆，钢球便带动各柱塞控制套筒使柱塞转动，从而改变供油量。P 型泵的供油时刻调整可通过增减凸缘套筒下面的垫片来实现。

(4)压力润滑系统

前面讲的喷油泵的润滑都是在泵体内加注润滑油，靠飞溅润滑，P 型泵则是采用压力润滑。来自柴油机润滑系统主油道的压力机油，通过节流孔的油管经泵体上的进油孔进入滚轮传动部件与泵体孔间的间隙 ，而后流入泵底盖和调速器壳体中。油面高度由泵体上回油孔的位置限制，多余的机油由该孔经回油管流回油底壳。

采用这种压力润滑方式，既保证了可靠润滑，又勿需经常检查添加和更换润滑油。一般情况下，不会出现机油脏污对零件的影响，但在柴油机每更换 2～3 次机油时，需将喷油泵和调速器的壳体冲洗一次。

P 型泵的缺点是拆装很不方便，它的柱塞不能和柱塞套一起从泵体上方取出，而必须先抽出凸轮轴，拆下底盖，然后才能从泵体下方取出。

5.4.3　柱塞式喷油泵的供油量调整

供油量的调整包括标定工况、怠速、启动、校正供油及停止供油等项目，而各种供油量是由柴油机制造时，经过反复试验规定的。按照规定调整喷油泵，可使柴油机功率大耗油省、运转平稳、寿命长。在使用中，由于磨损等因素，喷油泵的各项供油量指标会发生改变而影响柴油机的正常工作，因此需要维修和调整，使喷油泵恢复到原设计要求的技术状况。

标定工况供油量，是保证柴油机在标定工况工作时需要的油量；怠速供油量，是为了维持柴油机空车运转时克服内部阻力所需的油量；启动供油量，是在柴油机启动时加浓，以便于柴油机顺利启动，其数量一般应为标定工况供油量的 150％以上；校正供油量，是柴油机短时间超负荷运转所需的加浓油量；停止供油，是柴油机在需要停车时能及时停车的措施。

多缸柴油机配用的多缸喷油泵各分泵供油量不均匀度应在要求的范围内，才能保证柴油机运转平稳、省油、功率足。一般规定标定工况供油不均匀度应不大于 3％。怠速供油不均匀，会使柴油机怠速运转不稳，产生振动，一般不大于 30％ 。

在调整时，首先要使调节拉杆和拨叉（Ⅰ、Ⅱ、Ⅲ号泵）、调节齿杆与齿圈、齿圈与控制套筒（A、B 型泵等）的相互安装位置合乎要求。如果位置不正确而开始调整供油不均匀度，可能因最大供油量过大或过小而造成返工。检查后要把喷油泵装到专用试验台上。

5.4.3.1　标定工况供油量的调整

喷油泵以标定转速运转，转动操纵手柄（一般在调速器上，见本章第五节）至最大供油位置，测量喷油 100 次或 200 次各缸的供油量，不合标准或不均匀时，松开调节齿圈或柱塞拨叉的夹紧螺钉，使柱塞控制套相对于调节齿圈或柱塞拨叉相对调节拉杆移动一段距离，再紧固螺钉，即可改变供油量。调整时，要判断增加或减小供油量的移动方向，若使操纵臂向增加供油方向移动时，则相应的控制套筒的旋转方向或柱塞拨叉的移动方向即为增油方向。

P型泵则是松开出油阀压紧座螺栓，旋转它即能转动柱塞套，从而改变供油量。

5.4.3.2 怠速供油量的调整

标定工况供油量和不均匀度调整合格后，使喷油泵在怠速下运转。将操纵臂放置在怠速位置定好，然后进行测量，如不均匀度不符合要求，仍按上述方法进行调整。

一般来说，上面两种工况的供油量不均匀度合格，其他工况就能满足供油均匀性要求。

拓展阅读

1. http://www.syzy.com.cn/jwc/jpkc/qichecz/zcr.asp? lanmu=1&id=5/十堰职业技术学院《汽车拆装与调整》精品课程网站

2. http://221.2.159.215/jpk2009/qccyj/index.ast/indexkc.asp/威海职业学院《汽车柴油机电控系统检修》精品课程网站

5.5 调速器

调速器的作用是根据柴油机负荷及转速变化对喷油泵的供油量进行自动调节，以使柴油机能稳定运行。

柴油机工作时，外界负荷经常变化，使用上希望柴油机在外界负荷变化时能自动地维持较稳定的转速，但实际上喷油泵的速度特性(在油量调节拉杆位置不变时，供油量随转速变化的关系称为喷油泵的速度特性)无法满足这一要求。具体来说，车用柴油机在运行时，由于路面等因素使运转负荷临时增大，此时转速必然降低一些，要想维持原来的转速，就必须增大喷油泵的供油量，但喷油泵在转速降低时，由于柱塞套回油孔的节流作用减小和柱塞副漏油量的增大，使得供油量也减小，由此必然使转速进一步降低，甚至熄火。反之，当外界负荷突然减小(例如满载汽车从上坡行驶刚过渡到下坡行驶时)，则转速随之提高，应当减小喷油泵的供油量来保持原来的转速，但是喷油泵本身随转速上升而使柱塞套进油孔的节流作用增强和柱塞副漏油量减少，使喷油泵供油量反而上升，转速随之继续升高，发动机转速和供油量如此相互作用的结果，将加速导致发动机超速等不良现象。因此要想维持柴油机稳定运转，就必须采用调速器这一专门装置来保证在要求的转速范围内，随着柴油机负荷的变化而自动调节供油量。

调速器通常可按其功能和转速传感的不同进行分类。

按功能可分为以下四类：

(1)两极调速器：用于转速变化较频繁的柴油机，只稳定和限制柴油机的最低和最高转速。柴油机的工作转速由驾驶员通过加速踏板直接操纵喷油泵油量调节机构来实现的。

(2)全程调速器：用于负荷变化较大的柴油机，能控制从怠速到最高限制转速范围内任何转速下的喷油量，以维持柴油机在任一给定转速下稳定运转，如用在拖拉机、大型载重车、工程机械、矿用车、船舶和机车等。

(3)单速调速器:多用于工业用柴油机,如驱动发电机的柴油机,要求其工作转速几乎是固定不变的,装用定速调速器后,能随负荷变化自动控制喷油量以维持柴油机在所设定转速下稳定运转。

(4)综合调速器:此类调速器构造与全程调速器相似,调速器只控制最低与最高转速,但亦兼备全程调速器的功能。

按转速传感可分为以下三类:

(1)气动式调速器:它是利用膜片感知进气管真空度的变化,自动调节供油量达到调速的目的。此种调速器结构简单,在各种转速下均能进行调速,属全程调速器,常用于小功率柴油机。

(2)机械离心式调速器:它是利用喷油泵凸轮轴的旋转,使飞块产生离心力实现调速作用的调速器。此种调速器结构虽复杂,但工作可靠,性能良好,故在各种柴油机上得到广泛采用。

(3)复合式调速器:它同时利用气动作用和机械离心作用自动控制供油器,实现调速的。

5.5.1 两极调速器

两极调速器适用于一般条件下使用的汽车柴油机。它只能自动稳定和限制柴油机最低和最高转速,而在所有中间转速范围内由驾驶员控制。

5.5.1.1 玉柴 YC6110Q 型和 YC6105QC 型柴油机用 RAD 型两极调速器结构(见图 5-17)

5.5.1.2 两极式调速器基本工作原理

两极式调速器的工作原理如图 5-18 所示。支撑盘由喷油泵的凸轮轴带动旋转,其轴向位置是固定的。飞球铰接在支撑盘上并随支撑盘一起旋转,飞球在旋转时受离心力作用而张开,飞球臂给滑动盘一个向右的轴向力。滑动盘可沿轴向力滑动,其轴与杠杆相连,轴的右端与一球面顶块接触。调速弹簧由两根组成,外弹簧又称高速弹簧,刚性较大;内弹簧又称低速弹簧,刚性小。未工作时,球面顶块与弹簧滑块之间有一定的间隙。供油齿杆不仅由操纵杆通过拉杆来操纵,也受滑动盘的轴向位置控制,因此实际工作时齿杆的位置是由操纵杆和滑动盘共同决定的。

调速器的飞球即为感应元件,滑动盘即为执行机构。当柴油机负荷发生改变时,转速发生变化,飞球的离心力即刻改变。飞球的离心力通过飞球臂作用到滑动盘上,产生一轴向分力 F_a,该力迫使滑动盘向右移动。滑动盘右端又受到调速弹簧的作用 F_p,因此滑动盘的位置取决于上述两力是否平衡。

其工作过程如下:当柴油机不工作时,滑动盘受低弹簧的作用靠向最左端,若操纵杆处于自由状态,齿杆就处在供油量较大位置。柴油机启动后,转速上升,飞球离心力的轴向分力 F_a 克服低速弹簧的弹力 F_p 使滑动盘右移,带动齿杆右移减油。当转速升到某一定转速 n_d 时,滑动盘推动球面顶块与弹簧滑套(实际上是与高速弹簧座)接触,由于高速弹簧刚性大、预压力也大,因此即使转速继续上升,飞球的离心力也不足以推动高速弹簧座右移。因此在转速大于 n_d 后的一段范围内，滑动盘的位置将保持不变，这时油门齿杆就完全由人工操纵操纵杆来控制。

如果此时外界负荷变化使转速下降(操纵杆仍呈自由状态)，飞球离心力下降，低速弹簧的弹力 F_p 就会推动滑动盘左移，带动齿杆向左移加油，以保持转速回升至 n_d 稳定运转。n_d 就是最低空转转速，又称怠速。

当柴油机转速上升到标定转速 n_b 时，飞球离心力足够大，其轴向力分力 F_a 与高、低速弹簧的弹力相平衡。此时如转速稍有上升，滑动盘即被推动右移，克服两弹簧的弹力带动齿杆减油。如负荷继续减小，转速继续上升，则滑动盘继续右移减油，直到外界负荷为零时，滑动盘使齿杆处于某一操纵杆位置的最小供油量位置，若操纵杆置于最大供油位置，此时柴油机就在最高空载转速下运行。

归纳上述过程：当柴油机转速在最低空载转速 n_d 下运行时，调速器起作用，保证转速不再下降；当柴油机转速介于 n_d 和 n_b 之间时，调速器不起作用(滑动盘位置不变)，供油量只由操纵杆控制；当转速升至 n_b 时，调速器又起作用，保证在柴油机负荷降低时适当减油，使柴油机不致飞车，限制了最高空载转速。

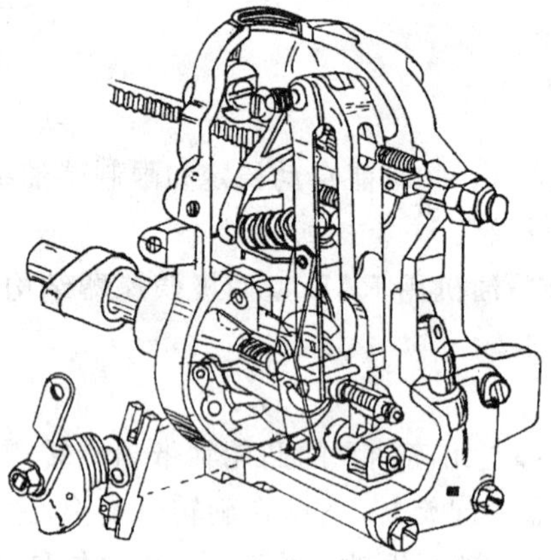

图 5-17　RAD 型两极调速器

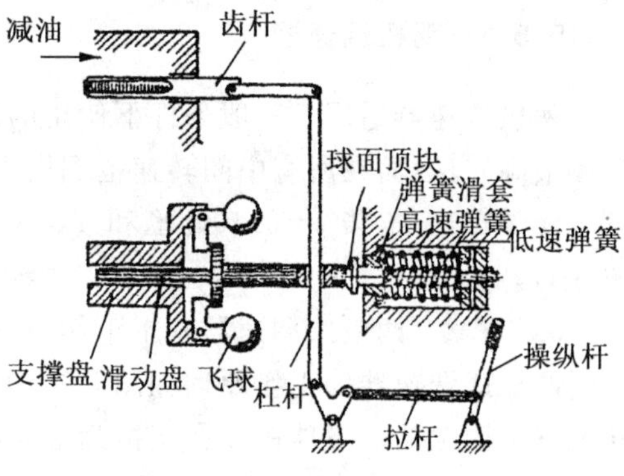

图 5-18　两极式调速器工作原理

5.5.1.3　两极调速器的典型结构和工作过程

RAD 型两极调速器结构示意图如图 5-19 所示。

调速器用螺钉与喷油泵连接构成一体。两个飞块装在喷油泵凸轮轴上，当飞块向外张开时，飞块臂上的滚轮推动滑套沿轴向移动。导动杠杆的上端铰接于调速器壳上，下端紧靠在滑套上，其中部与浮动杠杆铰接。浮动杠杆的下部有一销轴，插在支持杠杆下端的凹槽内。控制杠杆的一臂与支持杠杆相连，另一臂则由驾驶员通过加速踏板和杆系操纵。速度调定杠杆、拉力杠杆和导动杠杆的上端均支撑在调速器壳体上的轴销上。用速度调整螺栓顶住速度调定杠杆，使装在拉力杠杆和速度调定杠杆之间的调速弹簧保持拉伸状态。因此在所有中间转速范围内，拉力杠杆始终紧靠在齿杆行程调整螺栓的头部。在拉力杠杆的中下部有一轴销，它插在支持杠杆上端的凹槽内。怠速弹簧装在拉力杠杆的下部，用于控制怠速。调速器的工作过程如下：

(1)启动加浓

如图 5-19 所示，发动机静止时，两飞块在启动弹簧的作用下处于向心极限位置，启动前，应将控制杠杆推至全负荷供油位置Ⅰ。此时，支持杠杆绕 D 点逆时针方向转动，浮动杠杆也绕 B 点逆时针方向转动，因此供油调节齿杆向增加供油的方向(图中为向左)移动。启动弹簧的作用就在于对浮动杠杆作用一个向左的拉力，使其绕 C 点做逆时针方向的偏转，同时带动 B 点(销轴)和 A 点(套筒)进一步向左移动直到飞块到达向心极限位置为止，从而保证供油调节齿杆越过全负荷进入启动最大供油位置(即启动加浓装置)。

(2)怠速稳定

如图 5-20 所示，发动机启动后将控制杠杆拉到怠速位置Ⅱ，发动机便进入怠速工作。此时，飞块的离心力与怠速弹簧和启动弹簧的合力平衡时，供油调节齿杆便保持在某一位置，柴油机就在相应的某一转速下稳定地工作。若此时阻力增大使柴油机转速降低，则飞块离心力随之减小，滑套便在怠速弹簧和启动弹簧的共同作用下左移，从而使导动杠杆向左偏转，带动 B 点左移，同时浮动杠杆绕 C 点逆时针转动，推动供油调节齿杆左移，增加供油量，使柴油机转速回升。相反，若发动机阻力下降使转速升高，则飞块的离心力增加，滑套右移，通过导动杠杆、浮动杠杆驱动供油调节齿杆右移，使供油量减小，柴油机转速下降。调整怠速弹簧的预紧力就可以改变怠速稳定转速。

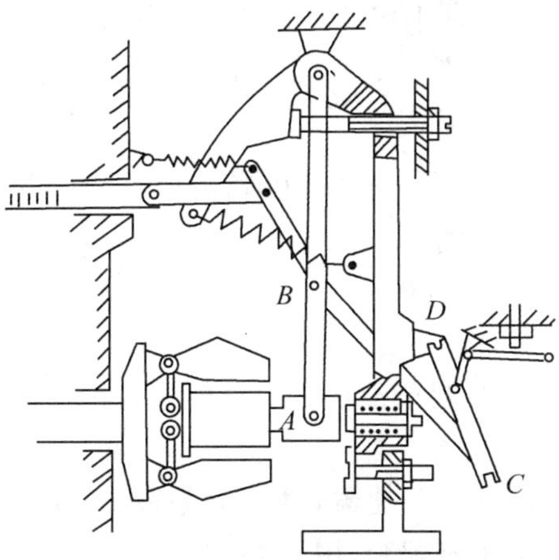

图 5-19　RAD 型两极调速器结构示意图

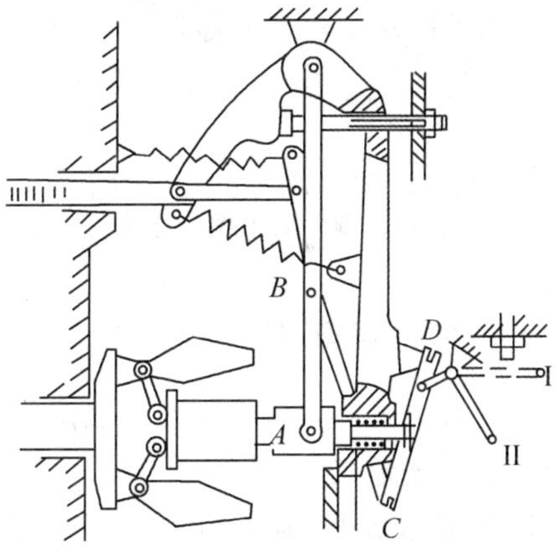

图 5-20　两极调速器的怠速工作示意图

(3)正常工作的供油调节

如图 5-21 所示，当柴油机超过怠速转速时，怠速弹簧被完全压入拉力杠杆内，滑套直接与拉力杠杆接触。由于拉力杠杆被很强的调速弹簧拉住，在转速低于最大工作转速(标定转速)的条件下，飞块的离心力不足以推动拉力杠杆，因而支点 B 就不会移动。只有在改变控制杠杆的位置时才可使供油调节齿杆左右移动，从而增加或减少供油量。由此可见，在全部中间转速范围，即正常工作转速范围内，供油量的调节是由驾驶员控制的，调速器不起作用。

例如将控制杠杆从怠速位置Ⅱ推到部分负荷位置Ⅲ，则支持杠杆绕 D 点转动，同时浮动杠杆绕 B 点逆时针转动，使齿杆左移，从而增加了供油量。

(4)限制最高转速

如图 5-22 所示，不管柴油机是在部分负荷还是在全负荷下工作，只要外载负荷的变化引起柴油机转速超过规定的最大转速(一般为标定转速)时，飞块的离心力就能克服调速弹簧的拉力，推动滑套和拉力杠杆右移，使支点 B 移到 B'，同时 D 移到 D'，C 移到 C'，结果使供油调节齿杆向右移动，供油量减少，从而保证柴油机转速不会超过规定值。利用调整螺栓改变调速弹簧的预拉力便可调节柴油机的最高转速。

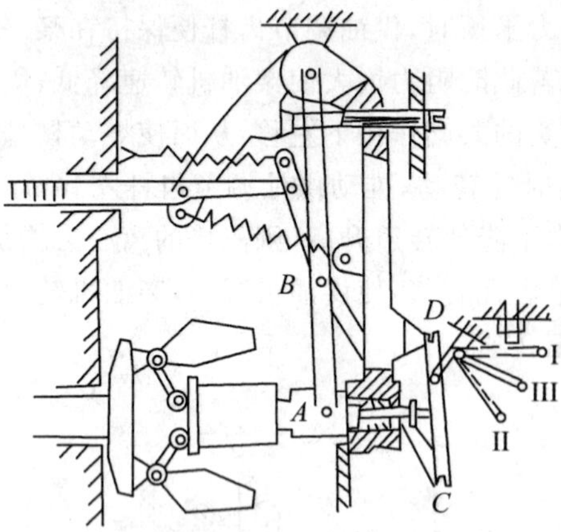

图 5-21　两极调速器在正常工作转速范围内的工作示意图

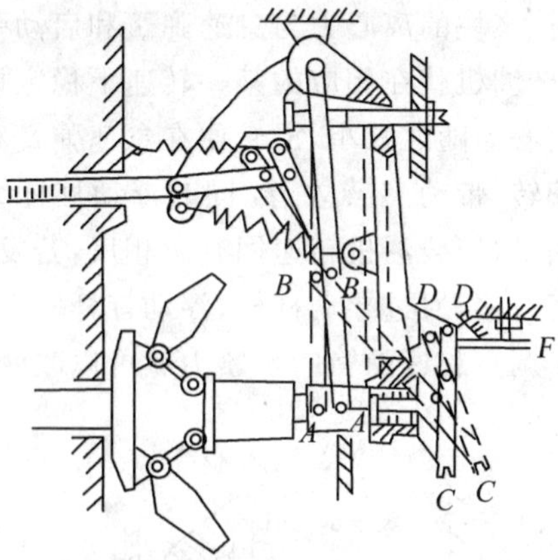

图 5-22　两极调速器限制超速的工作示意图

5.5.2　全程调速器

全程调速器不仅能稳定怠速和限制超速，而且能控制柴油机在允许转速范围内的任何转速下稳定地工作。

RSV 调速器是德国 Bosch 公司 S 系列中的一种全程调速器，可用于 M、A、AD、P 型等喷油泵，能与汽车、拖拉机、发电、船用、工程机械等主机配套，用途十分广泛。

5.5.2.1　RSV 调速器结构

如图 5-23 所示，它与前面的 RAD 两极调速器的结构大体相同。不同之处为：浮动杠杆的下端与调速器壳直接铰接；在原两极调速器的怠速弹簧处改设油量校正装置，并在支撑杆的中部右侧的调速器壳体上加设怠速弹簧；有可变调速率机构。在两极调速器中，调速弹簧的预紧力是固定值，而全程调速器中可以将它改成可调的，这样不同的调速弹簧预紧力就对应不同的调速器起作用的转速，从而实现了全程调速。

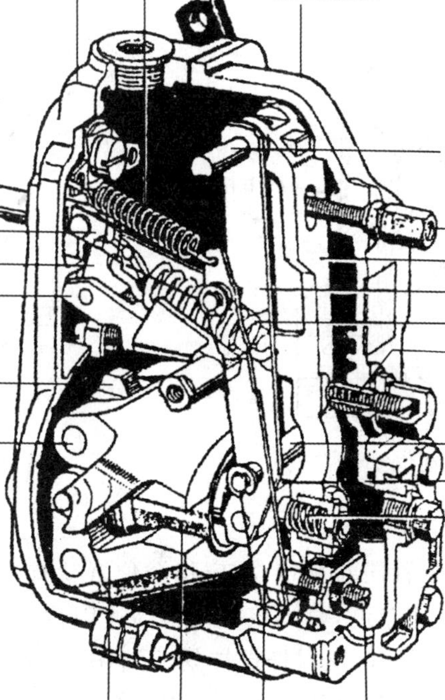

图 5-23　RSV 调速器结构

5.5.2.2　RSV 调速器工作原理

(1)启动

启动前将操纵手柄扳到左端，如图 5-24 所示，支撑杆下与行程调节螺钉相碰，飞锤处于收拢位置。启动弹簧将浮动杠杆拉向左摆，带动供油调节拉杆移向启动油量位置，保证顺利启动。此时丁字块(见图 5-23)与支撑杆间有一定间隙，即启动油量大于标定油量。

(2)怠速

如图 5-25 所示，启动后操纵手柄向右扳回到怠速位置，放松调速弹簧的拉力。飞锤的离心力首先克服启动弹簧的弹力，使丁字块右移与调速杠杆相接触，继续推动调速杠杆压缩到怠速弹簧上。此时，飞锤的离心力的轴向分力与上述诸弹簧的弹力实现平衡，柴油机平稳运转在怠速。此时主要由怠速弹簧来起调速作用，但当转速降低过大时，启动弹簧也将起较大作用，使供油量增加，保持怠速的稳定。

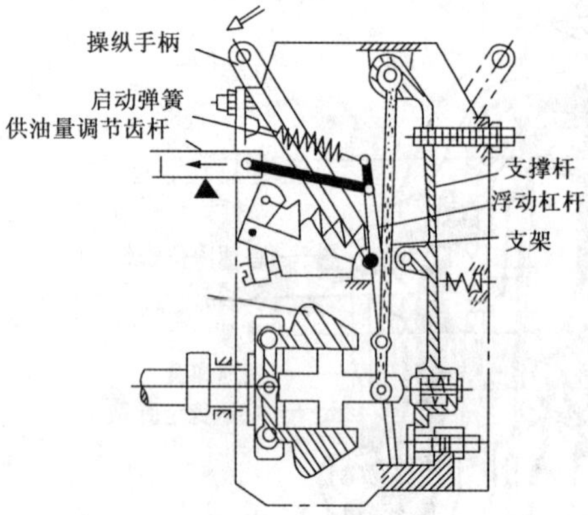

图 5-24 启动位置

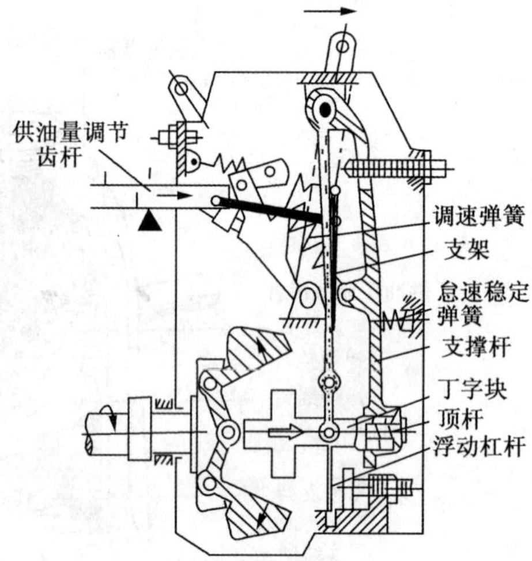

图 5-25 怠速工况

(3)高速工况

操纵手柄离开怠速位置向左旋转,相应每个位置就有一个调速器起作用的转速。转动角度愈大,起作用的转速愈高,直到该手柄与高速限位螺钉相碰时,柴油机处于最高工作转速,如图 5-26 所示。此时,支撑杆被拉紧,下端压到行程调节螺钉上。由于飞锤离心力较大,推动丁字块将顶杆向右移动,压紧校正弹簧。

(4)超负荷工况

当柴油机在标定工况运行时,如出现负荷突增使转速下降,飞锤离心力减小。校正弹簧开始张开,使顶杆和丁字块左移,带动供油量调节齿杆左移,使供油量增加,即起到油量校正的作用。

(5)最高空转转速

当柴油机在标定工况下工作时,如负荷全部卸去,转速突升,飞锤离心力增大,丁字块推压顶杆右移。这时校正弹簧已压紧,因此将推动支撑杆向右做顺时针摆动,供油量迅速减至最小。柴油机处于最高空转转速下工作,如图 5-27 所示。

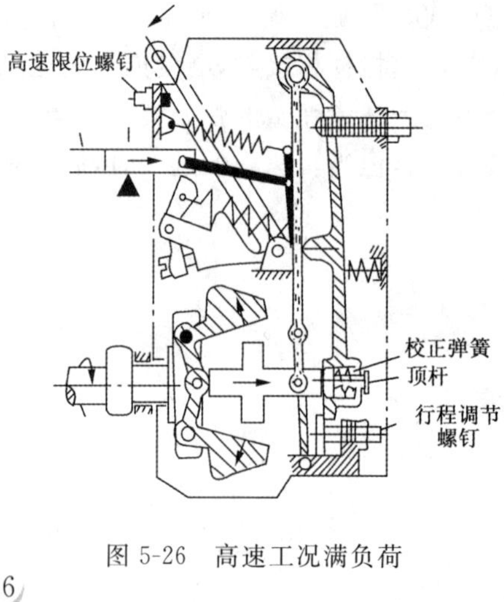

图 5-26 高速工况满负荷

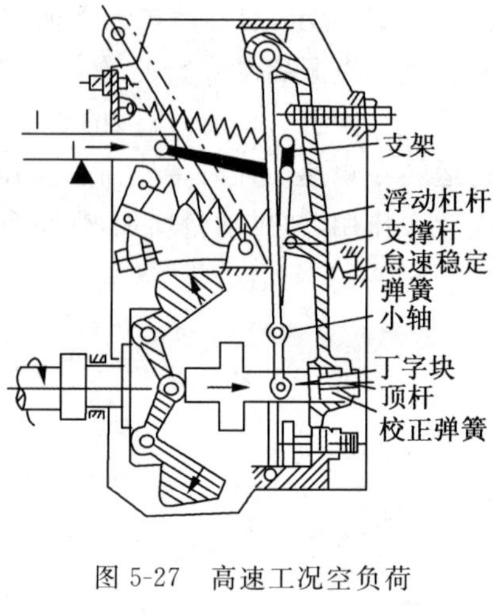

图 5-27 高速工况空负荷

(6)停车

全程调速器不带停车机构时(见图 5-28),只需扳动操纵手柄至最右端,使弹簧摇臂上的弹簧挂耳与停车挡块相碰。弹簧摇臂将推压支架向右摆动,浮动杠杆则随之做顺时针转动,将供油调节齿杆拉到停油位置。如设有停车机构,则停车时只需转动停车手柄,浮动杠杆以轴为支点做顺时针转动,将供油量调节齿杆拉到停油位置。停车手柄处设有回位弹簧,将停车手柄放松后,回位弹簧即可使停车手柄返回原位,如图 5-29 所示。

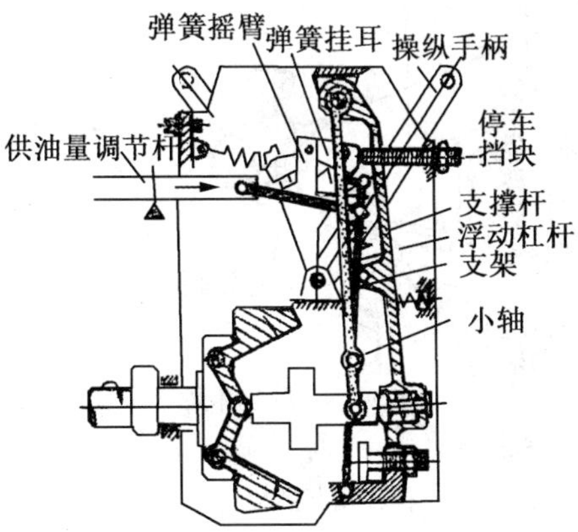

图 5-28 停车位置(无停车机构)

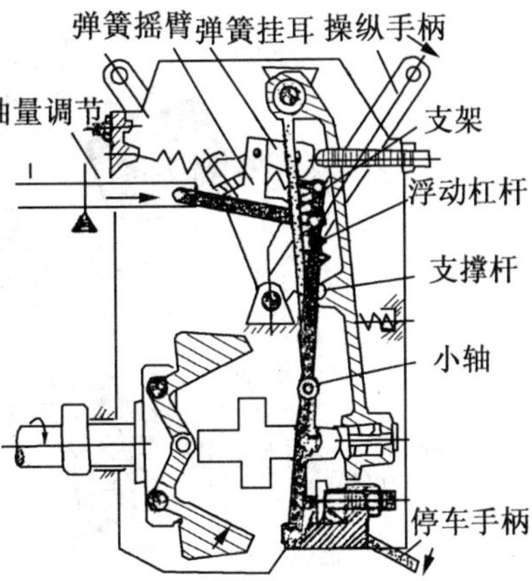

图 5-29 停车位置(有停车机构)

5.5.3 综合调速器

近几年来,各种专用汽车需求量日益增大,如起重吊车、混合搅拌车等车辆 ,它们的特点是有时作行驶使用,有时作装卸吊货和混合搅拌等作业使用。为了适应这种车辆的特殊需要,日本 D. K. K 公司在 RAD 和 RSV 调速器的基础上发展了全程、两极两用调速器 RFD 型,如图 5-30 所示。

与两极和全程调速器相比,即 D 型调速器设有调速手柄和负荷控制杆,这样就可以随意调节调速弹簧和浮动杆。如将调速手柄固定在最高转速限止器接触的位置,直接和加速踏板连接的负荷控制杆起作用,此即为两极调速器,应用于一般运输机械上。如将负荷控制杆固定,而由调速手柄起作用,则变为全程调速器。这样,它不仅可以应用于汽车上,而且可应用于工程机械上,大大扩展了用途。

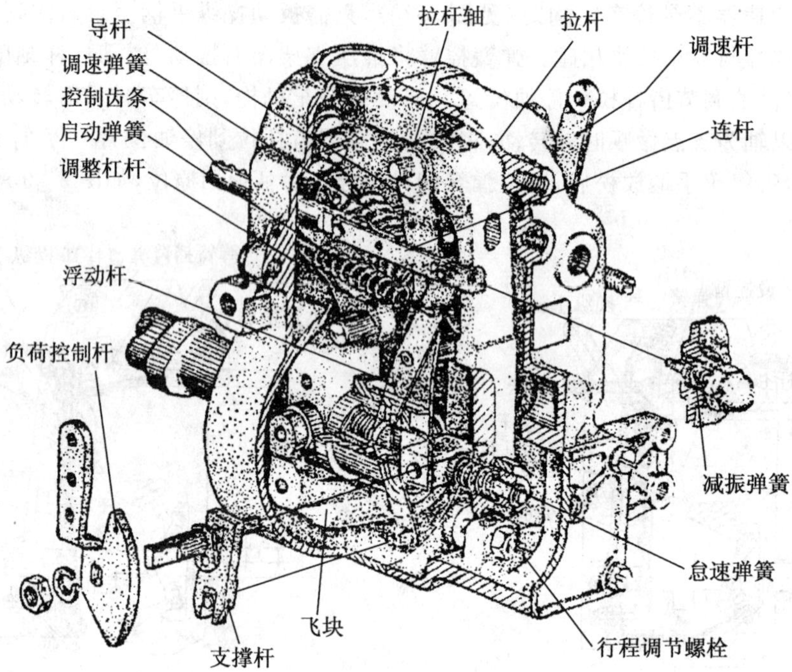

图 5-30 RFD 型调速器

拓展阅读

1. http://www.syzy.com.cn/jwc/jpkc/qichecz/zcr.asp? lanmu=1&id=5/十堰职业技术学院《汽车拆装与调整》精品课程网站

2. http://221.2.159.215/jpk2009/qccyj/index.ast/indexkc.asp/威海职业学院《汽车柴油机电控系统检修》精品课程网站

5.6 联轴器及供油提前角调节装置

5.6.1 联轴器

5.6.1.1 联轴器的作用

联轴器的作用不仅起传递动力作用，而且还可以补偿安装时两轴间同轴度的偏差以及利用两轴间少量的相对角位移来调节喷油泵的供油正时。

喷油泵的驱动如图 5-31 所示，它由曲轴前端的正时齿轮经中间传动齿轮驱动喷油泵正时齿轮。这一组齿轮上都刻有正时啮合标记，因此必须按标记装配才能保证喷油泵的供油正时。

喷油泵正时齿轮输出轴与喷油泵凸轮轴之间用联轴器连接。有的喷油泵直接利用其壳体上弧形槽，使泵体相对于喷油泵凸轮轴转动来调节供油正时，省略了联轴器。

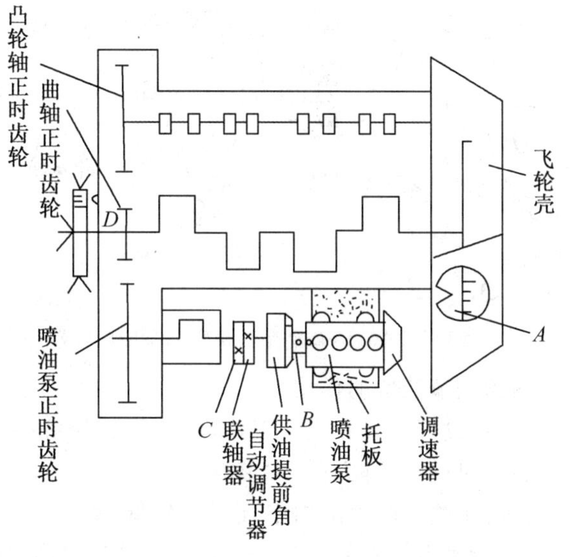

图 5-31　喷油泵的驱动和供油正时

5.6.1.2　联轴器的结构和原理

常见的联轴器有刚性十字胶木盘式和挠性钢片式两种。

玉柴 YC6105QC 型柴油机喷油泵联轴器结构如图 5-32 所示。十字胶木盘传动时可以对主、从动轴的同轴度误差起补偿作用。

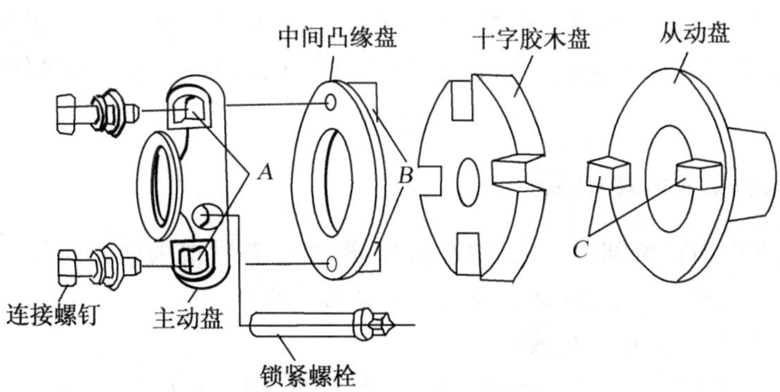

图 5-32　YC6105QC 型柴油机喷油泵联轴器

CA6110.2 型柴油机的联轴器采用挠性刚片式结构，如图 5-33 所示，其原理和玉柴 YC6105QC 柴油机喷油泵联轴器基本相同，只是将凸缘盘改为两组传动钢片，即主动传动钢片组和从动传动钢片组，利用其圆形弹性钢片的挠性来补偿主、从动轴间少量的同轴度偏差。

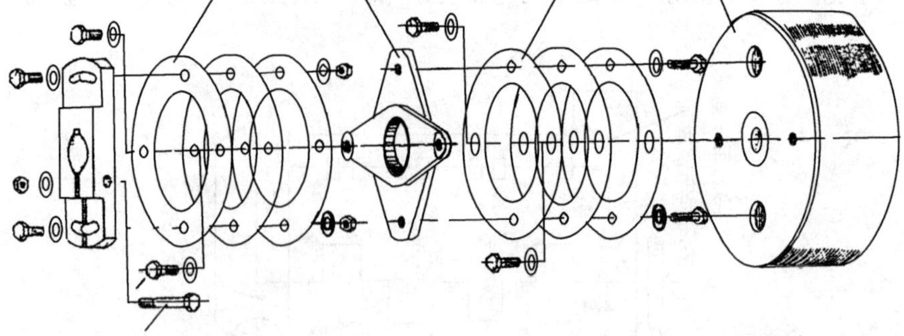

图 5-33 CA6110-2 型柴油机喷油泵的联轴器

5.6.1.3 喷油提前角调节装置的作用

喷油提前角是为了获得良好燃烧和正常工作，并取得较经济的燃油耗及较好排放指标的一个重要调整参数，它对整机性能有较大影响。

喷油提前角过大时，由于喷油时汽缸内空气温度较低，混合气形成条件差，备燃期较长，柴油机工作粗暴（可以听到有节奏的清脆“嘎嘎”声），油耗增高，功率下降，怠速不稳和启动困难。如果喷油提前角过小，则燃油不能在上止点附近迅速燃烧，后燃期增加，燃烧温度升高及压力下降，发动机过热，热效率显著下降，排气管冒白烟，动力性、经济性变差。因此为保证发动机性能良好，必须选定最佳喷油提前角。

最佳喷油提前角是指转速和供油量一定的条件有能获得最大功率和最低油耗率的喷油提前角。最佳喷油提前角是在调试过程中由试验定的，而且一般来说它随柴油机转速上升而应增大。

喷油提前调节装置的作用是在柴油机整个工作转速范围内，使喷油提前角（或供油提前角）自动随柴油机转速改变而相应变化，使柴油机始终在最佳或接近最佳喷油提前角情况下工作。

5.6.2 供油提前角调节装置

供油提前角调节由两部分组成：静态调节，即在静态时把供油提前角调到合适值；动态自动调节，即在柴油机运转时随转速变化自动改变提前角。

5.6.2.1 静态供油提前角的调整

柴油机出厂前及工作一段时间或拆装后，都需要进行供油提前角的检查与调整。柴油机曲轴上供油提前角位置刻线准确对准机体上的标记，注意此时应保证是在第一缸压缩上止点附近。标记对正后，观察喷油泵的提前器壳体上的刻线与喷油泵泵体上刻线是否对齐。如果对齐，则说明供油提前角正确，如不齐，则需调整。

调整通过联轴器来进行，如图 5-34 所示，由于主动盘上开有周向槽孔，可转动一定角度，使上述刻线对齐，紧固联结螺钉即可完成供油提前角的调整。

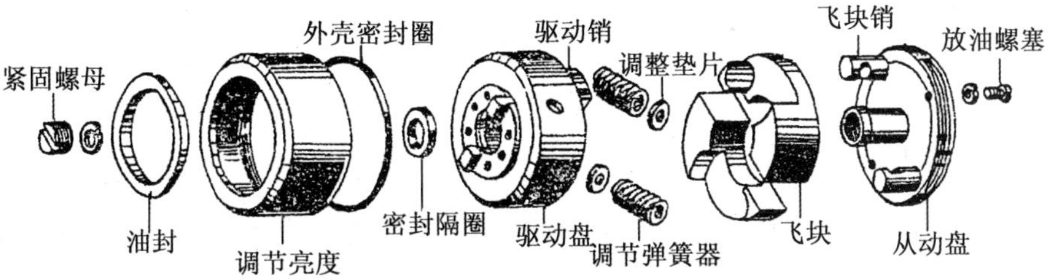

图 5-34　YC6105QC 供油提前角自动调节器

5.6.2.2　供油提前角自动调节器

(1)供油提前角自动调节器的作用

在柴油机工作过程中,供油提前角自动调节器根据发动机转速的变化自动调节供油提前角,从而获得较合适的供油提前角,以改善发动机的动力性和经济性。

国内外喷油泵上配用的供油提前角自动调节器绝大部分为机械离心式,其工作原理基本相同。YC6105QC 型和 YC6110Q 型柴油机采用机械离心式供油提前角调节器,位于联轴器与喷油泵凸轮轴之间,结构如图 5-34 所示。

(2)供油提前角自动调节器的拆装

①解体前旋下放油螺塞,放净调节器内机油;②将供油调节器固定在夹具上,用带状扳手夹住壳体,拧下调节器壳,分解时必须注意辨清旋向;③撬起驱动盘,用螺丝刀拔出弹簧,取下弹簧及调整垫片,取下飞块等内部零件;④对零部件进行检验;⑤按拆卸相反顺序装配,装配完毕后,向放油孔内加注 35～40mL 的柴油机机油。

(3)供油提前角自动调节器的结构与工作过程

供油提前角自动调节器由三大部分组成。①主动部分有两个矩形凸块的驱动盘,驱动盘腹板上压装着两个驱动销,凸块插入联轴器十字胶木盘的矩形孔中,随联轴器一起转动。②从动部分为从动盘和两个对称飞块,从动盘中心有轴孔,用键和紧固螺母与喷油泵凸轮轴连成一体,从动盘上固定二个对称飞块销,飞块套在飞块销上。③主、从动部分之间装有调节器弹簧,弹簧的一端在飞块销上,另一端压在驱动销一侧的凹孔内。

柴油机工作时,驱动盘连同飞块受曲轴的驱动而旋转。两个飞块的活动端向外甩出,迫使从动盘也沿旋转方向转动一个角度,直到调速器的弹力与飞块离心力平衡为止,此时驱动盘与从动盘同步旋转,当转速升高时,飞块活动端便进一步向外甩出,从动盘被迫再相对于驱动盘前进一个角度,到弹簧弹力足以平衡新的离心力为止,供油提前角便相应地增大。反之,当柴油机转速降低时,供油提前角则相应减小。

拓展阅读

1. http://www.syzy.com.cn/jwc/jpkc/qichecz/zcr.asp? lanmu=1&id=5/十堰职业技术学院《汽车拆装与调整》精品课程网站

2. http://221.2.159.215/jpk2009/qccyj/index.ast/indexkc.asp/威海职业学院《汽车柴油机电控系统检修》精品课程网站

5.7 柴油机燃料供给系统辅助装置

5.7.1 输油泵

输油泵的作用是保证柴油在低压油路内循环，并供应足够数量及一定压力的柴油给喷油泵。输油泵有活塞式、膜片式、齿轮式和叶片式等几种。活塞式输油泵由于工作可靠，目前应用广泛，YC6110Q型和YC6105型柴油机都采用这种形式。

玉柴YC6105QC型柴油机输油泵分解图如图5-35所示。

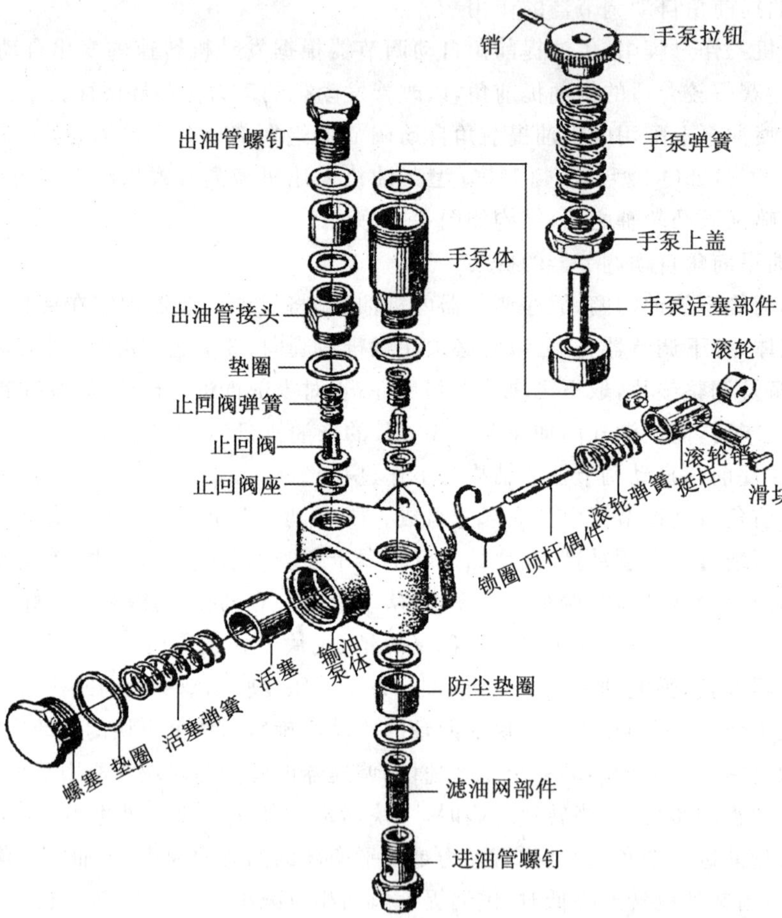

图5-35　YC6105QC型输油泵分解图

5.7.1.1 输油泵的结构

如图5-36所示，输油泵主要由泵体、机械油泵总成、手油泵总成、止回阀类和油道等组成。机械油泵总成由滚轮部件(包括滚轮、滚轮轴和滚轮架)、顶杆、活塞和弹簧等部分组成。手油泵总成由手油泵体、活塞、手柄和弹簧等部分组成。止回阀类由进油止回阀、出油止回阀和止回阀弹簧等组成。

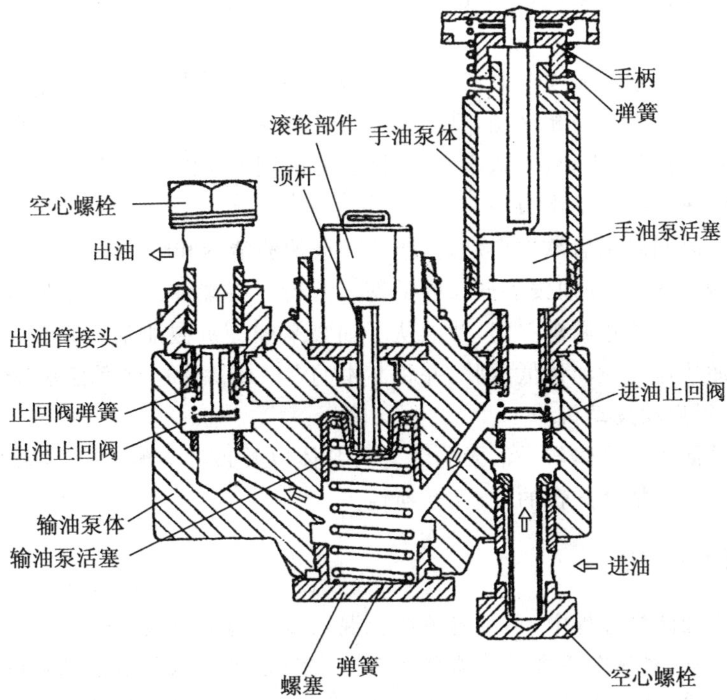

图 5-36 活塞式输油泵

5.7.1.2 输油泵的工作原理

喷油泵凸轮轴转动时，轴上的偏心轮推动滚轮、滚轮架、顶杆和活塞向下运动。当偏心轮的凸起部转到上方，活塞被弹簧推动上移时，如图 5-37(a)所示，其下方容积增大，产生真空度，使进油止回阀开启，柴油经油道被吸入活塞的下(前)泵腔。与此同时，活塞上方的(后)泵腔容积减小，油压增高，出油止回阀关闭，上泵腔中的柴油从出油管接头上的孔道经空心螺栓被挤出，流往柴油滤清器。

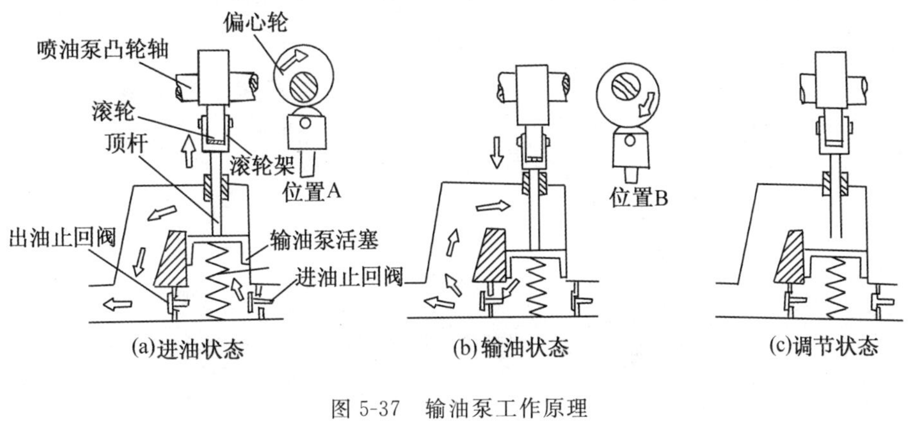

图 5-37 输油泵工作原理

当活塞被偏心轮和顶杆推动下移时，如图 5-37(b)所示，下泵腔中的油压升高，进油止回阀关闭，出油止回阀开启。同时上(后)泵腔中容积增大，产生真空度，于是柴油自下泵腔经出油止回阀流入上泵腔。如此重复，柴油便不断地被送入柴油滤清器，最后被送入喷油泵内。

当输油泵的供油量大于喷油泵的需要量，或柴油滤清器阻力过大时，油路主泵腔油压升高。若此油压与弹簧弹力相平衡，则活塞便停在某一位置，如图 5-37(c)所示，不能回到上止点，即活塞的行程减小，从而减小了输油量，并限制油压的进一步升高。这样，就实现了输油量的供油压力的自动调节。

当柴油机长时间停机后欲再启动时，应先将柴油滤清器和喷油泵的放气螺钉拧开，再将手油泵的手柄旋开，往复抽按手油泵的活塞。上行时将柴油经进油止回阀吸入手油泵泵腔；活塞下行时，进油止回阀关闭，柴油从手油泵泵腔经机械油泵下腔和出油止回阀流入并充满柴油滤清器和喷油泵低压腔，并将其中的空气驱除干净之后拧紧放气螺钉，旋紧手油泵手柄，再行启动发动机。

机械油泵的活塞与泵体与手油泵的活塞与泵体以及顶杆与配合孔等偶件，都是经过选配和研磨而达到高精度配合的，故无互换性。

5.7.2 柴油滤清器

柴油在运输和储存过程中，不可避免地会混入尘土和水分，若储存较久后，胶质还会增多，每吨柴油中的机械杂质含量可能多达 100～250g，所有这些对供油系统精密偶件危害最大，将会导致运动阻滞、磨损加剧，造成各缸供油不均、功率下降和油耗率增加。柴油中的水分将引起零件锈蚀，胶质可能导致精密偶件卡死。为保证喷油泵和喷油器可靠地工作，延长使用寿命，除使用前将柴油严格沉淀过滤外，在柴油机供油系统中还采用滤清器，以便滤掉柴油中的机械杂质和水分。通常设有粗细两级滤清器，也有的柴油机只用单级滤清器。

目前车用柴油机多数采用的是两级柴油滤清器。图 5-38 是 YC6105QC 型柴油滤清器总成，第一级为纸质滤芯，第二级也为纸质滤芯。由输油泵来的柴油先进入第一级滤清器的外腔，穿过滤芯后进入内腔，再经盖内油道流向第二级滤清器，从而保证更好的滤清效果。该双联式纸质滤清器额定流量为 0.76L/min，总成原始阻力小于 4.24MPa。

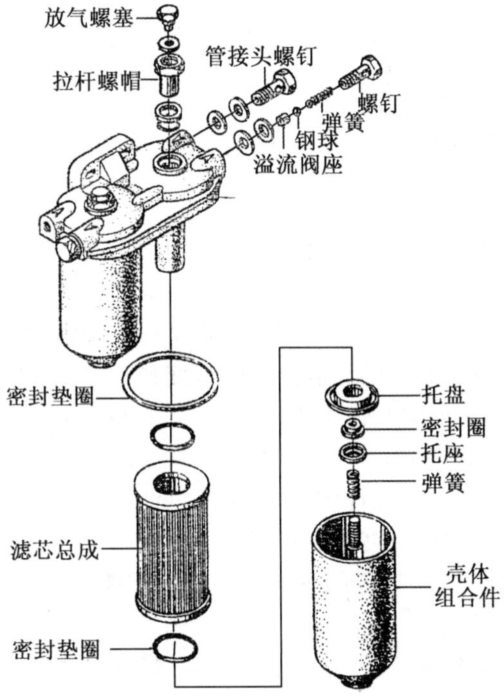

图 5-38　YC6105QC 型柴油滤清器总成

柴油滤清器的滤芯材料有棉布、绸布、毛毡、金属网及纸质等。纸质滤芯具有流量大、阻力小、滤清效果好、成本低等优点，目前被广泛采用。

柴油中的机械杂质和尘土被滤去，水分沉淀在壳体内。每工作 100h（约相当于汽车运行 3000km）后，应清除沉积在壳体内的杂质和水分，必要时还应更换滤芯。

当滤清器内油压超过溢流阀的开启压力（0.1～0.15MPa）时，使多余的柴油流回油箱，从而保证滤清器内油压在一定限度内。

拓展阅读

1. http://www.syzy.com.cn/jwc/jpkc/qichecz/zcr.asp?lanmu=1&id=5/十堰职业技术学院《汽车拆装与调整》精品课程网站

2. http://221.2.159.215/jpk2009/qccyj/index.ast/indexkc.asp/威海职业学院《汽车柴油机电控系统检修》精品课程网站

5.8 柴油机供给系统的检修

5.8.1 柴油机供给系统的维护

5.8.1.1 柴油的净化

柴油机使用的柴油除应按照各车使用说明书的规定与季节变化选用外，柴油中不应含有机械杂质和水分。使用中保持柴油清洁的措施是：柴油在加入柴油箱之前，一般要经过72h的沉淀过滤。加油时，加油口附近要清洁，不得晃动油桶或将油管插到底，最好采用密闭加油。适时放出柴油和柴油滤清器内的沉淀物，并按时清洗柴油滤清器。拆卸高压管或其他管路时，要用清洁的布包扎油管接头，防止土进入油管或机件内。

5.8.1.2 低压油路的维护

低压油路漏油、进气，导致柴油机供油不足或供油中断，从而使启动困难，运转不稳，功率下降或自行熄火。引起柴油管路不密封的主要原因是油管破裂、油管接头松动或密封垫圈损坏。低压油路一旦进气，应及时排除或更换零件。

5.8.1.3 喷油泵的维护

喷油泵的维护主要是外部清洁，定期检查、补充润滑油；检查、校紧喷油泵与柴油机连接；根据需要检查、校验喷油正时、雾化质量。维护时，不要随意调整喷油泵后盖加铅封的调整螺钉，以免造成油泵损坏等事故。

5.8.1.4 输油泵的维护

维护时，应清洗检查输油泵。首先，检查并清洗进油口上的滤网。输油泵经清洗后，用手指压下推杆，应能将活塞完全压进；松开手柄，手柄应能完全弹出，否则，应拆检活塞、推杆的卡滞故障。

5.8.1.5 柴油滤清器的维护

可重复使用的柴油滤清器，按说明书定期清洗，汽车长期在尘土飞扬的环境中运行，应缩短滤清器维护周期。滤芯若有破损，应及时更换。

5.8.2 喷油器的拆卸、装配与调试

5.8.2.1 喷油器的拆卸

喷油器的固定方式有压板固定、空心螺套固定和利用自身的凸缘固定三种。

首先拆下高压油管和固定螺母，然后用木锤振松喷油器，取出总成，如果喷油器取不出，可用专用拉器拉出。

清洗外部，然后逐一在喷油器手泵试验台上进行检验，检查喷射初始压力、喷油质量和漏油情况，如质量不好必须解体。

先分解喷油器上部，旋松调压螺钉紧回螺母，取出调压螺钉、调压弹簧和顶杆。

将喷油器倒夹在台钳上，旋下针阀体紧固螺母，取下针阀体和针阀。

针阀偶件应成对浸泡在清洁的柴油里。如果针阀和针阀体难以分开，可用钳子垫上橡胶片夹住针阀尾端拉出。分解过程中应注意保护针阀的精加工表面。

喷油器垫片在分解后应与原配喷油器体放置在一起保存好，喷油器与座孔间的锥形垫圈也应与原喷油器体放置在一起。

5.8.2.2　喷油器的装配与调试

(1)喷油器的装配

喷油器装配前应对喷油器的零件进行清洗；对针阀偶件进行检验；对喷油器体进行检验。喷油器零件经清洗吹干检验合格后，必须在清洁场所装配。

将针阀、针阀体、紧固螺母装到喷油器体上。从喷油器上部装入顶杆、调压弹簧、调压螺钉，拧上调压螺钉紧固螺母。装进油管接头，总成调试完毕后，装护帽。

(2)在喷油器试验台上对喷油器进行调试

喷油压力：调整玉柴 YC6105QC 开启调压为(23±0.5)MPa，同台发动机的喷油压力相差不超过 0.25～0.5MPa。

喷雾质量与喷射响声检查：以每分钟 60～70 次速度压动手柄。油雾应细微均匀，无油滴飞溅。喷油器停喷干脆、及时，并伴有清脆响声。

针阀偶件密封锥面的密封性试验：按规定值调好喷油器的喷油压力，将喷油器喷孔擦干，压动试验器手柄，使油压上升到喷油器开始喷油时的压力(0.15～1MPa)，保持这一压力 10min，放松手柄，喷孔附近不得出现油液渗漏油滴，允许有轻微湿润现象。

5.8.3　输油泵的拆卸装配与试验

5.8.3.1　输油泵的拆卸

玉柴 YC6105QC 型柴油机输油泵分解图如图 5-35 所示。

拆卸前用手推压滚轮做往复运动，检查滚轮及挺杆、顶杆偶件和活塞的运动有无卡滞和行程过小现象，从活塞回弹能力强弱，判别活塞弹簧工作是否正常；拔出挺柱、顶杆；拆下手泵部件和出油管接头，取出进、出油口止回阀弹簧及止回阀；旋下输油泵螺塞，取出活塞弹簧及活塞；拆卸手油泵部件。

5.8.3.2　输油泵的装配与试验

(1)装配

按拆卸相反的顺序装配输油泵，在装配过程中注意保持清洁；装配时，表面涂抹适量机油润滑；起密封作用的垫圈，安装时应保证端面均匀。

(2)试验

总成密封检查：堵住出油口，向进油口供入 0.4MPa 的压缩空气，然后把输油泵浸入柴油中，历时 2min，不得漏气。

手油泵性能检查。

供油性能检查：在喷油泵标定转速下，输油泵出油回路关闭时的最大压力不应小于 0.17MPa。

5.8.4　两极调速器的拆卸、装配与调试

5.8.4.1　两极调速器的拆卸

图 5-17 所示玉柴 YC6110Q 型和 YC6105QC 型柴油机采用的是 RAD 型两极调速器

结构。

拆卸调速器之前，应先记录好调整数据，准备好必要的工具，拆卸场所应清洁，拆下零件应用汽油洗净依次排列整齐，各零件配合面严禁碰毛划伤。

拆卸程序如下：

(1)将外表油污擦拭干净，拧开前壳底下的开槽螺栓，放净润滑油；

(2)拆下油尺座盖螺栓，取下油尺座盖；

(3)用怠速调整专用扳手取出怠速装置；

(4)拧下壳螺母，退出速度调整螺栓，以放松调速弹簧预紧力；

(5)拆下紧固后壳螺栓，轻轻分开前后壳(可用木槌轻敲后壳)，注意前后壳之间有橡胶石棉垫片，勿使损坏；

(6)取下启动弹簧，然后取下后壳总成（切勿在启动弹簧脱开前过分拉开后壳，以免拉坏启动弹簧)；

(7)取出速度调定杠杆、调速弹簧，从后壳里面拧出速度调整螺栓；

(8)从支持杠杆里脱出滑块，把导动杠杆总成整体从后壳总成中抽出；

(9)拆下控制杠杆，即能从后壳中抽出曲柄偏心轴，取下开口挡圈，即能卸下拨叉；

(10)用飞块拆卸专用工具从凸轮轴上吊出飞块部件。

5.8.4.2 装配与调试

(1)装配

调速器的装配顺序与拆卸正好相反，但应特别注意以下几点：飞块部件在凸轮轴上的紧固力矩约 60N·m；支持杠杆装配时，注意宽槽与窄槽安装的零件；导动杠杆上、下面孔中各有一衬套，切勿漏装；前后壳之间的橡胶石棉垫片厚度为 0.5mm，装配时两面均需涂上密封胶。

(2)调试

试验条件、试验用油：经过沉淀过滤的 0 号轻柴油或校泵油；试验台油温为 38℃～42℃，试验台进油压力 0.1MPa 或根据具体要求；试验台用标准喷油器开启压力。

将油泵总成装在试验台上，装上齿杆行程表(或行程尺)按要求定齿杆“零”位；检查供油始点夹角；调整齿杆行程调整螺栓；调整速度调整螺栓；调整校正器起始转速和校正行程；调整启动油量。

停油机构的检查：油泵在各种转速下，转动停油手柄，各缸应能停油，放松停油手柄后齿杆应能立即复位，并能保证停油手柄在停油后能继续转动一位置。

5.8.5 A 型喷油泵的拆卸、装配与调整

5.8.5.1 A 型喷油泵的拆卸

拆装喷油泵时，可参照图 5-39 并按下列步骤进行。

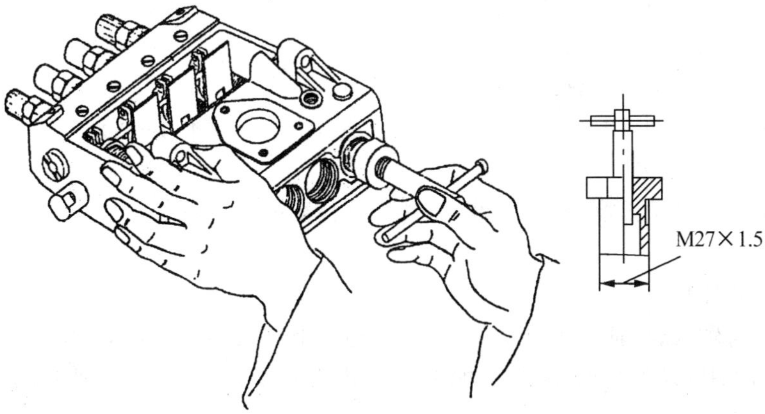

图 5-39　凸轮轴拆卸图

(1)转动凸轮轴,当凸轮处于上止点时,用插片插入挺柱体部件的正时螺钉与正时螺母之间,垫片结构的油泵则用销钉锁住挺柱上的销孔,拆去轴承侧盖,取出凸轮轴(见图 5-39)。

(2)拆去油底塞及油底塞垫片,用挺柱顶持器顶起挺柱部件,拔出插片或销钉,取出挺柱部件(见图 5-40)。

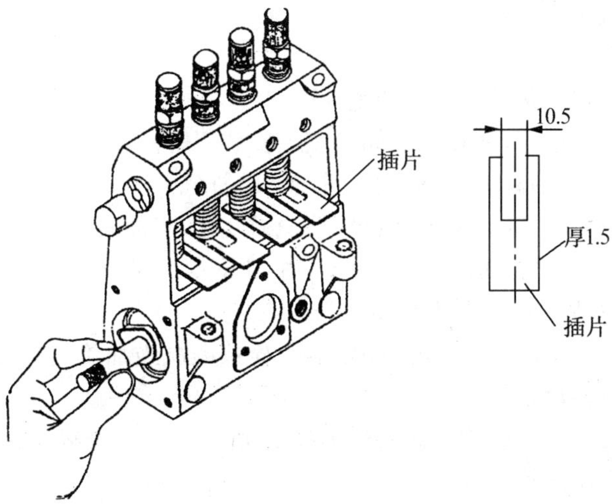

图 5-40　挺柱顶持器

(3)取出弹簧下座、柱塞弹簧、弹簧上座、油量控制套筒部件,旋出齿杆定位螺钉,取出调节齿杆。

(4)旋出出油阀接头,用专用工具取出出油阀偶件,再取出柱塞偶件。

5.8.5.2　A 型喷油泵的装配与调整

(1)装配前必须对零部件进行清洗、检验,装配顺序与拆卸顺序相反。

(2)装配调节齿杆,A 型泵调节齿杆中心位置是 17.5mm(由泵体驱动端测量)。

(3)安装柱塞套时,有定位槽的一面对准喷油泵体上的定位销。

(4)安装出油阀及其压紧座时注意,过紧会引起泵体开裂,柱塞咬死,密封垫破碎,齿杆卡滞等现象,过松会引起密封不良而泄漏柴油。

(5)装配调节齿圈,调节齿圈套在控制套筒上,槽中心对准小孔,调节齿杆位置记号与泵体侧面齿杆外套对齐。

(6)装配柱塞弹簧上座、柱塞弹簧,将柱塞及柱塞弹簧下座平稳装入柱塞套,注意装配记号朝盖板。

(7)装滚轮体总成。

(8)装凸轮轴,凸轮轴装入泵体前,应先弄清楚其旋转方向和喷油顺序,以免装错,固定好中间轴肩脚两端均匀装垫圈和调整垫,每边为 0.65~0.95mm,轴向间隙为 0.02~0.1mm。

(9)安装油底塞垫片和油底塞。

(10)安装结束,齿杆在任何情况下都应滑动自如,并检查各缸供油次序是否正确。

5.8.6 喷油泵总成的安装与供油提前角的检查与调整

5.5.6.1 喷油泵总成的安装

(1)将发动机转置于 1 缸压缩上止点前供油标记位置。

(2)将喷油泵总成转到 1 缸供油标记位置。

(3)将联轴器置于标记对“0”。

(4)安装喷油泵总成。

5.5.6.2 供油提前角的检查与调整

(1)卸下 1 缸高压油管,并在出油阀紧座上安装观察油面用细玻璃管。

(2)连接低压、高压油路,加注燃油并进行系统排气。

(3)摇转发动机曲轴,观察 1 缸细玻璃管油面变化,当油面刚刚上升即止,观察发动机供油转角标记,读出此时供油提前角数值,并与技术参数比较决定是否进行调整(如 CA6110 柴油机供油提前角为上止点前 14°±1°)。

(4)进行调整,松开提前器端钢片联轴器螺栓按顺减逆加旋转提前器,并拧紧联轴器螺栓(对于长孔的可转动泵体)。

(5)重新按(3)进行检查,读出此时供油提前角数值,到符合要求为止。

(6)上好 1 缸高压油管。

拓展阅读

1. http://www.syzy.com.cn/jwc/jpkc/qichecz/zcr.asp? lanmu=1&id=5/十堰职业技术学院《汽车拆装与调整》精品课程网站

2. http://221.2.159.215/jpk2009/qccyj/index.ast/indexkc.asp/威海职业学院《汽车柴油机电控系统检修》精品课程网站

复习思考题

(1)简述柴油机供给系统的组成、功用。

(2)柴油机供给系统是如何工作的?

(3)简述柴油机几种调速器的工作原理及过程。

(4)某柴油机启动困难,排气管排出灰白色烟雾,请说明诊断方法。

(5)柴油机产生游车的主要原因是什么?

(6)柴油机超速时,应采取哪些紧急措施?超速的主要原因有哪些?如何诊断排除?

第 6 章　冷却系统

学习目标

1. 通过冷却系统检修的项目训练，使学生能规范使用常用工具。
2. 能够正确进行冷却系统的分解与检修，并分析判断冷却系统的状况。
3. 培养学生的资料查阅能力、团结协作精神、安全环保意识等素质。

考核标准

知识要求：

1. 熟悉发动机冷却系统的组成、功用、形式。
2. 掌握冷却系统的拆装及检修方法。

技能要求：

1. 能够合理选择与正确使用维修工具进行冷却系统的检修。
2. 能够通过查阅相关技术资料正确做出发动机冷却系统的检测报告。
3. 能进行冷却系统常见故障的诊断与维修。

教学建议

教具：发动机、汽车发动机台架、汽车维修工具。

建议：水冷系统的主要部件和冷却系统的检修内容建议安排在实验室进行。冷却系统的概述建议使用多媒体教学。

6.1　冷却系统概述

6.1.1　冷却系统的作用

保持发动机在最适宜的温度范围内工作。

发动机工作时，由于燃料的燃烧，汽缸内气体温度高达 2200K～2800K(1927℃～2527℃)，使发动机零部件温度升高，特别是直接与高温气体接触的零件，若不及时冷却，则难以保证发动机正常工作。

6.1.2　发动机过热或过冷的危害

发动机冷却必须适度，过热或过冷都会给发动机带来危害。

6.1.2.1　发动机过热的危害

降低充气效率，使发动机功率下降；早燃和爆燃的倾向加大，使零件因承受额外冲击性负荷而造成早期损坏；运动件的正常间隙被破坏，运动阻滞，磨损加剧，甚至损坏；润滑情况恶化，加剧了零件的摩擦磨损；零件的机械性能降低，导致变形或损坏。

6.1.2.2　发动机过冷的危害

进入汽缸的混合气（或空气）温度太低，可燃混合气品质差，使点火困难或燃烧迟缓，导致发动机功率下降，燃料消耗量增加。

燃烧生成物中的水蒸气易凝结成水而与酸性气体形成酸类，加重了对机体和零件的侵蚀作用。

未汽化的燃料冲刷和稀释零件表面（汽缸壁、活塞、活塞环等）上的油膜，使零件磨损加剧。

可见，发动机正常的工作温度是保证发动机良好的工作性能及其使用寿命的一个重要条件。

6.1.2.3　发动机的冷却方式

根据所用冷却介质不同，可分为风冷式和水冷式。

水冷式：以水为冷却介质，热量先由机件传给水，靠水的流动把热量带走，而后散入大气中。散热后的水再重新流回到受热机件处。适当调节水路和冷却强度，就能保持发动机的正常工作温度，同时，还可用热水预热发动机，便于冬季启动。

风冷式：高温零件的热量直接散入大气。

6.1.2.4　发动机的正常温度

水冷式发动机保持正常工作，其冷却水的温度应为 353K～363K（80℃～90℃）。此时，汽缸壁温度不超过 473K～573K（200℃～300℃）；汽缸盖、活塞顶部的温度不超过 573K～673K（300℃～400℃）；润滑油的温度为 343K～363K（70℃～90℃），保证发动机具有较好的动力性、经济性和净化性，使零件的运动和磨损正常。

风冷发动机铝汽缸壁的温度允许为 423K～453K（150℃～180℃），铝汽缸盖则为 433K～473K（160℃～200℃）。

6.1.2.5　冷却系统的组成与工作

组成：风扇（有的装风扇离合器）、水泵、水套（在汽缸盖或汽缸体上制出的夹层空间）、散热器、百叶窗、节温器、水管、水温表和传感器等（见图 6-1）。

工作情况：强制循环式水冷却系统是用水泵把该系统的冷却液体加压，使之在水套中流动，冷却水从汽缸壁吸收热量，温度升高，热水向上流入汽缸盖，继而从缸盖流出并进入散热器。由于风扇的强力抽吸，空气从前向后高速流过散热器，不断地将流经散热器的水的热量带走。冷却了的水由水泵从散热器底部重新泵入水套。水在冷却系统中不断循环。为了控制冷却水温度，冷却系统中设有冷却强度调节装置，如百叶窗、节温器和风扇离合器等。

6.1.2.6　水冷却系统的大、小循环

水冷却系统的大循环：冷却水经水泵—水套—节温器—散热器，又经水泵压入水套的循环，其水流路线长，散热强度大，称为水冷却系统的大循环。

水冷却系统的小循环：冷却水经水泵—水套—节温器后不经散热器，而直接由水泵压入水套的循环，其水流路线短，散热强度小，称为水冷却系统的小循环。

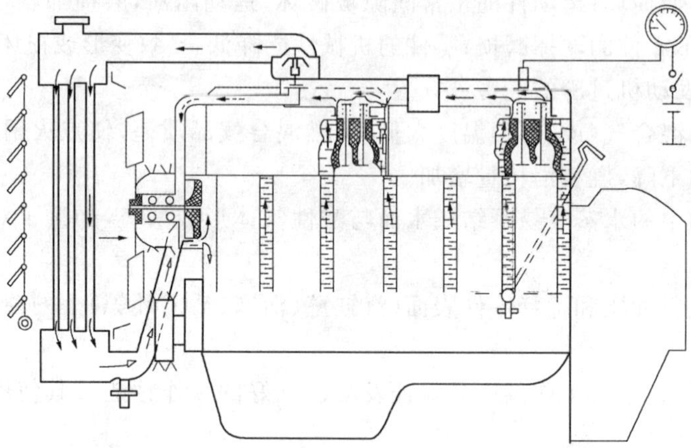

图 6-1　强制循环式水冷却系统示意图

拓展阅读

1. 孙海波．汽车发动机检修．北京：人民邮电出版社，2009
2. http//www.suhu.汽车.com.内容：汽车发动机冷却系统的概述
3. http://jx.gxccedu.com/精品课程网站，汽车发动机冷却系统的概述内容

6.2　水冷系统主要部件

6.2.1　散热器

作用：将水套出来的热水自上而下或横向的分成许多小股并将其热量散给周围的空气。

结构：散热器由上水室、下水室、散热器芯等组成，如图 6-2 所示。

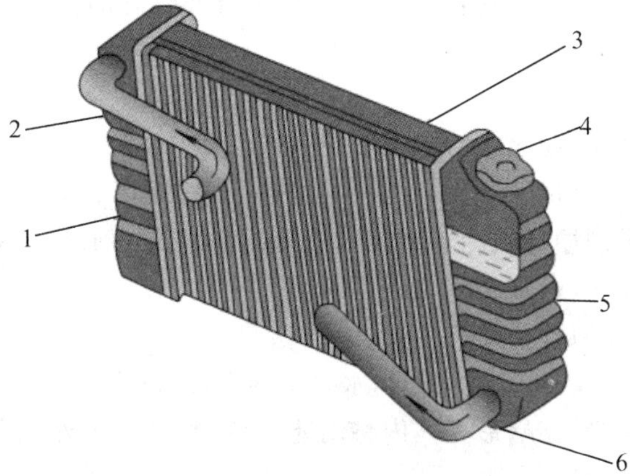

图 6-2　横流式散热器

1—上水室　2—进水管　3—散热器芯　4—散热器盖

5—下水室　6—出水管

散热器上水室(左)装有散热器的入水管,通过橡胶管与汽缸盖出水管连接;上水室上部有加水管,加水管口一般装泄气管。当冷却水沸腾时,水蒸气可以从此管排出。加装防冻液的冷却系统,此管接膨胀水箱。下(右)水室有出水管,用软管与水泵进水口连接;两水室之间焊接散热器芯管。芯管的结构形式很多,常用的为管片式,其芯管多为扁圆形直管(防冻裂性好),周围制有散热片,芯管可竖置或横置(见图 6-3)。

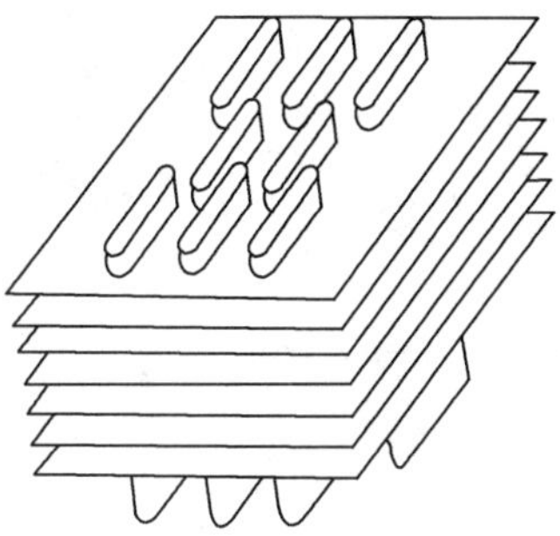

图 6-3　管片式散热器芯

散热器盖安装在加水口上。对于闭式冷却系统来说,系统与外界大气不直接相通,所以散热器盖上带有蒸汽—空气阀(见图 6-4)。使冷却系统的压力高于大气压力,冷却水的沸点有所提高。

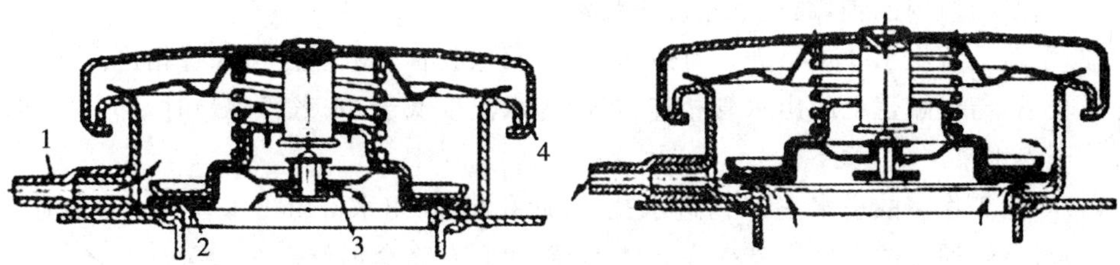

图 6-4　具有空气—蒸汽阀的散热器盖

1—泄气管　2—蒸汽阀　3—空气阀　4—散热器盖

蒸汽—空气阀的工作情况:

蒸汽阀一般在散热器内压力达到 126～137kPa 时,阀门开启,部分水蒸气经泄气管排入大气,避免损坏散热器。

空气阀在散热器内气压降到 99～87kPa 时,空气阀打开,散热器与大气相通,防止散热器芯管被大气压坏。散热器材料多采用耐腐蚀、导热性好的铜或铝片制成。

6.2.2 水泵

作用：对冷却水加压，使之在冷却系统中循环流动。

由于离心式水泵具有尺寸小、出水量大、结构简单、损坏后不妨碍水在冷却系统中自然循环的特点，故为强制循环式冷却系统普遍采用。常见的水泵在机体外安装与风扇同轴驱动，也有装在机体内(内藏式)单独驱动的。

离心式水泵的工作原理：

压水：如图 6-5 所示，当叶轮旋转时，水泵中的水被叶轮带动一起旋转，由于离心力的作用，水被甩向叶轮边缘，在蜗形壳体内将动能转变为压能，经外壳上与叶轮成切线方向的出水管被压送到发动机水套内。

吸水：与压水同时，叶轮中心处压力降低，散热器中的水便经进水管被吸进叶轮中心部分。

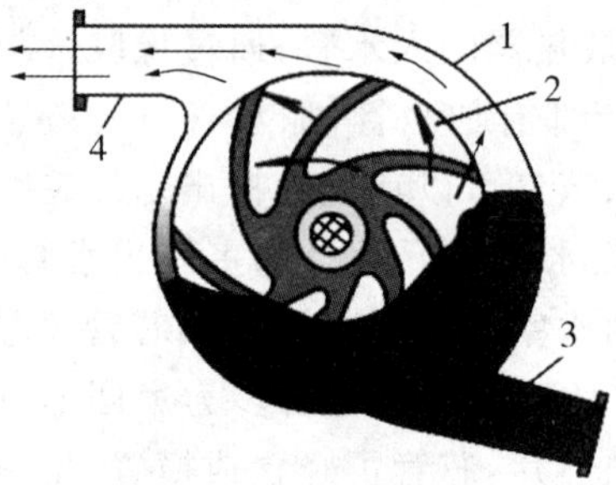

图 6-5 离心式水泵示意图

1—水泵壳体 2—叶轮 3—进水管 4—出水管

结构：

(1)水泵由壳体、叶轮、泵盖板、水泵轴、支撑轴承、水封等组成，如图 6-6 所示。

(2)水泵与风扇同轴，通过三角皮带传动。

(3)泵盖上有出水孔。泵壳上有进水孔 A，用橡胶管与散热器出水管相连。泵壳上面有旁通孔 A，与汽缸盖上的出水管相连，当冷却水温度低于 349K(76℃)时，部分冷却水由此直接进入水泵。

(4)叶轮工作室的进水室 B 与进水孔、旁通孔相通；出水室由出水孔与水套相连。

(5)水泵轴通过两个轴承支撑在壳体上，轴承间有隔套定位。

(6)水泵轴上装有抛水圈，以防水封渗漏时浸湿轴承，渗出的水被抛水圈从检视孔甩出，可避免破坏轴承润滑。

(7)水封装在叶轮的前面，水封通常由密封垫圈、水封皮碗和弹簧等组成。

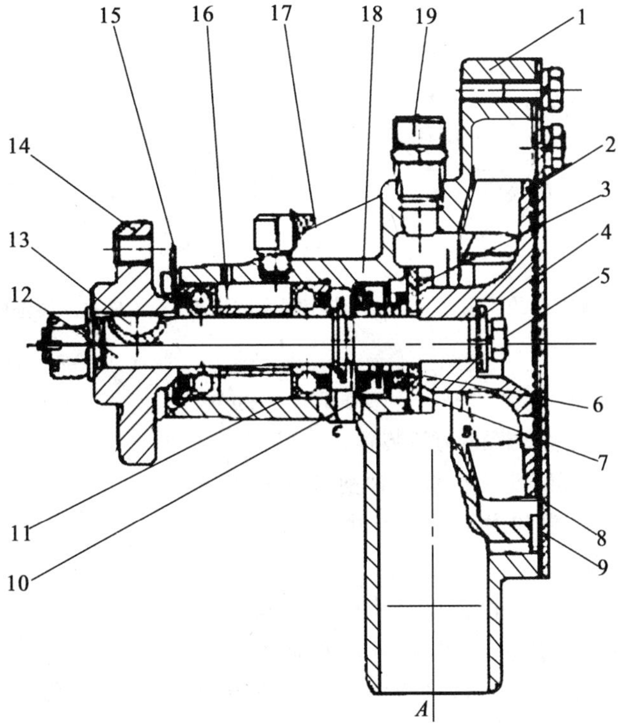

图 6-6　离心式水泵结构

1—水泵外壳　2—叶轮　3—夹布胶木密封垫圈　4—密封垫　5—螺钉
6—水封皮碗　7—弹簧　8—垫圈　9—泵盖板　10—水封座圈　11—球轴承
12—水泵轴　13—半圆键　14—凸缘盘　15—轴承卡环　16—隔离套筒
17—滑脂嘴　18—水封环　19—管接头

6.2.3　风扇

作用:提高流经散热器的空气流速和流量,以增强散热器的散热能力并冷却发动机附件。

安装位置:风扇多为轴流式,装在发动机与散热器之间,与水泵同轴驱动。

风扇扇风量的相关因素:风扇的扇风量主要与风扇的直径、转速、叶片形状、叶片安装角及叶片数目有关。

风扇的结构形式如图 6-7 所示。

(1)目前汽车水冷发动机上常用螺旋桨式风扇。

(2)风扇叶片材料有钢板、塑料和铝合金。为了减轻振动噪声,叶片间夹角不等。

(3)叶片数:4～6 片。

(4)叶片与叶轮旋转平面之间有一偏扭角,偏扭角可为定值,也可制成变偏扭角。因风扇旋转时叶和叶尖的气流速度外大内小,为了提高风扇的效率,叶片从叶根到叶尖偏扭角逐渐减小。

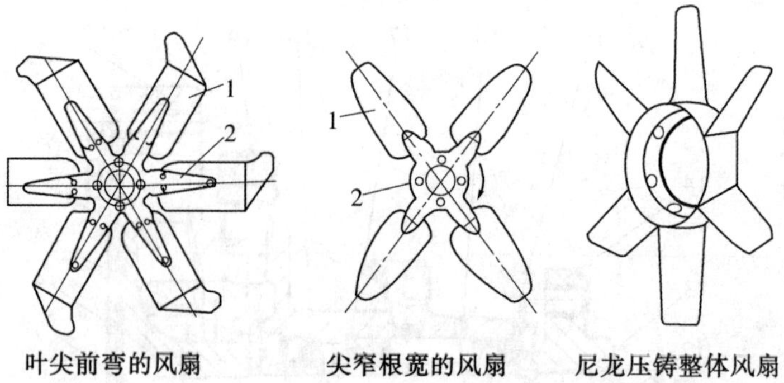

图 6-7 风扇形式

1—叶片 2—连接板

风扇的安装与风扇皮带的调整装置：

(1)安装风扇用螺钉安装在水泵轴前端的皮带轮或凸缘盘上。风扇常和发电机一起由曲轴通过三角皮带带动(见图 6-8)。

(2)调整目的:若皮带过松,皮带将在皮带轮上打滑,风扇和水泵等的转速下降,扇风量和泵水量减小,使发动机过热;皮带过紧,将增加轴承和皮带的磨损。

(3)措施:常将发电机支架做成可移动式的,以便调节皮带的紧度。

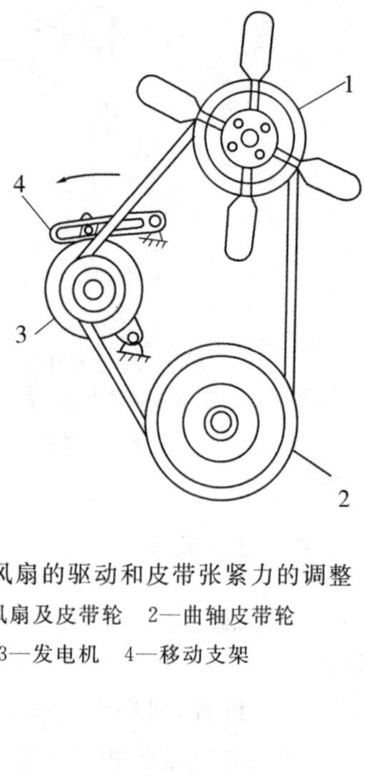

图 6-8 风扇的驱动和皮带张紧力的调整

1—风扇及皮带轮 2—曲轴皮带轮

3—发电机 4—移动支架

电动风扇。一些轿车由于发动机横置或后置,多采用电动风扇。电动机的开关由散热器的水温开关控制,并且有高低速两个挡位,低速挡在沸点内使用,高速挡在沸点外使用,需要冷却时自动起作用。这样,在一般行驶条件下,电动风扇几乎不转,功率消耗减少,油耗率降低,而在低速大负荷时又能得到充分的冷却(见图 6-9)。

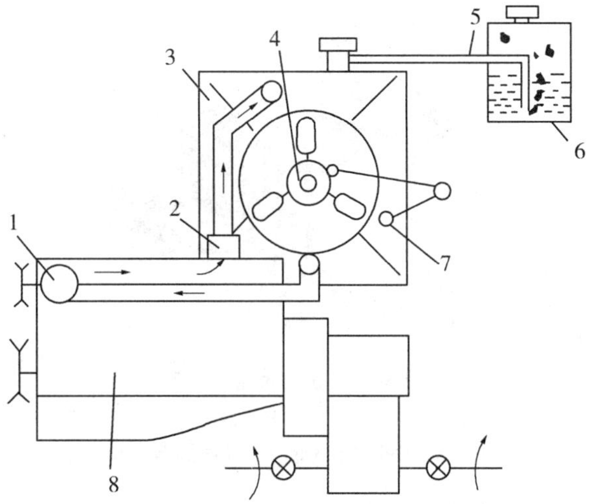

图 6-9　电动风扇

1—水泵　2—节温器　3—散热器　4—电动机和风扇　5—蒸汽排出和回吸管

6—膨胀水箱　7—温控开关　8—发动机

6.2.4　膨胀水箱

结构:膨胀水箱多用半透明材料(如塑料)制成。透过箱体可直接方便地观察到液面高度,无须打开散热器盖。如图 6-10 所示,膨胀水箱的上部用一个较细的软管与水箱的加水管相连,底部通过水管与水泵的进水侧相连接,通常位置略高于散热器。

作用:把冷却系统变成永久性封闭系统,减少了冷却液的损失;避免空气不断进入,避免了机件的氧化腐蚀;减少了穴蚀;使冷却系统中水、气分离,保持系统内压力稳定,提高了水泵的泵水量。

膨胀水箱的作用原理:一般冷却系统冷却液的流动是靠水泵的压力来实现的。水泵吸水的一侧压力低,易产生蒸汽泡,使水泵的出水量显著下降,并引起水泵叶轮和水套的穴蚀,在其表面产生麻点或凹坑,缩短了叶轮和水套的使用寿命。加装膨胀水箱后,由于膨胀水箱和水泵进水口之间存在补充水管,散热器中的蒸汽泡和水套中的蒸汽泡通过导管进入膨胀水箱,从而使气、水彻底分离。由于膨胀水箱温度较低,进入的气体得到冷凝,一部分变成液体,重新进入水泵。而积存在膨胀水箱液面上的气体起缓冲作用,使冷却系统内压力保持稳定状态。

一管式膨胀水箱:有的冷却系统不用膨胀水箱而使用储液罐。即用一根管子把散热器和储液罐的底部或上部(管口插入液面以下)连通。但这种装置只能解决气水分离及冷却液消耗问题,而对穴蚀没有明显的改善。当冷却液温度升高时,散热器中液体膨胀、汽化,使散热器盖蒸汽阀开启,散热器中的蒸汽或液体沿导管流入储液罐。当冷却水温度降低时,散热器内压力下降,液体沿原路径流向散热器。

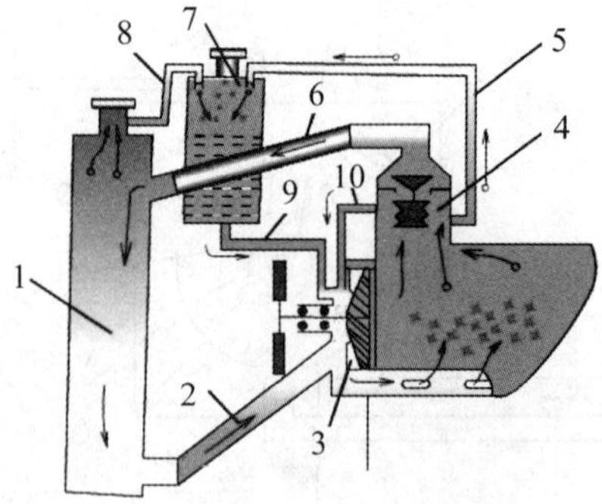

图 6-10　膨胀水箱示意图

1—散热器　2—水泵进水管　3—水泵　4—节温器　5—水套出气管　6—水套出水管
7—进水口　8—散热器出气管　9—补充水管　10—旁通管

6.2.5　冷却强度调节装置

冷却强度调节目的：强制式水冷却系统的冷却强度一般受汽车的行驶速度、曲轴、水泵和风扇的转速及外界气温的影响。当使用条件变化时，如外界气温高，发动机在低速大负荷情况下工作，要求冷却强度要强，否则发动机易于过热。而当外界气温低，发动机负荷又不大时，其冷却强度应弱些，不然就会使发动机过冷。因此，要保证发动机在最佳的温度下工作，不出现过热、过冷现象，就必须能根据使用条件的变化自动调节发动机冷却强度。

冷却强度的调整方法：一是改变流经散热器的空气流量和流速；二是改变冷却液的流量和循环路线。

6.2.6　节温器

6.2.6.1　作用

随发动机负荷和水温的大小而自动改变冷却液的流量和循环路线，保证发动机在适宜的温度下工作，减少燃料消耗和机件的磨损。

6.2.6.2　蜡式节温器的结构

蜡式节温器由上支架、下支架、主阀门、旁通阀、感应体、中心杆、橡胶管和弹簧等组成。蜡式节温器如图 6-11 所示。

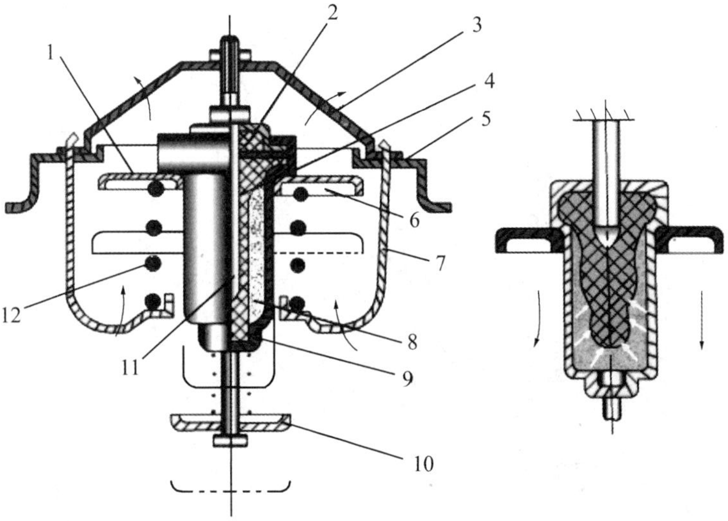

图 6-11　蜡式节温器

1—主阀门　2—盖和密封垫　3—上支架　4—胶管　5—阀座　6—通气孔　7—下支架
8—石蜡　9—感应体　10—旁通阀　11—中心杆　12—弹簧

节温器的上支架和下支架与阀座铆成一体。中心杆上端固定在上支架的中心，其下部插入橡胶管的中心孔内，中心杆下端呈锥形。橡胶管与感应体外壳之间的空腔里装有石蜡。为了提高导热性，石蜡中常掺有铜粉和铝粉。感应体外壳上下部有联动的主阀门和旁通阀门。主阀门上有通气孔，它的作用是在加水时使水套内的空气经小孔排出，保证能加满水。为了防止通气孔阻塞，有的加装一个摆锤。

6.2.6.3　蜡式节温器的工作原理

当水温低于 349K(76℃)时，主阀门完全关闭，旁通阀完全开启，由汽缸盖出来的水经旁通管直接进入水泵，故称小循环。由于水只是在水泵和水套之间流动，不经过散热器，且流量小，所以冷却强度弱。

当冷却水温度在 349K～359K(76℃～86℃)之间时，大、小循环同时进行(见图 6-12)。当发动机水温达 349K(76℃)时，石蜡逐渐变成液态，体积随之增大，迫使橡胶管收缩，从而对中心杆下部锥面产生向上的推力。由于杆的上端固定，故中心杆对橡胶管及感应体产生向下的反推力，克服弹簧张力使主阀门逐渐打开，旁通阀开度逐渐减小。

当发动机内水温升高到 359K(86℃)时，主阀门完全开启，旁通阀完全关闭，冷却水全部流经散热器，称为大循环。由于此时冷却水流动路线长，流量大，则冷却强度强。

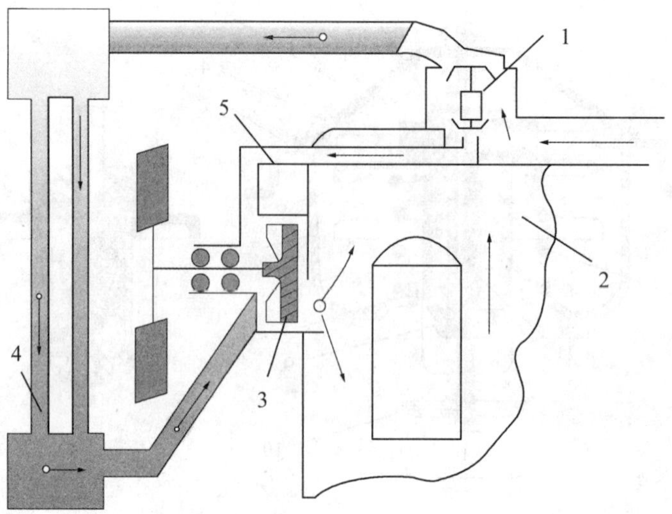

图 6-12 冷却水的大、小循环

1—双阀节湿器 2—水套 3—水泵 4—散热器 5—旁通管

6.2.7 百叶窗

作用:在冷却水温度较低时改变吹过散热器的空气流量,从而控制冷却强度。在严寒的冬季,水温过低时,由于节温器的作用使水只进行小循环,散热器中的水有冻结的危险。此时关闭百叶窗可使冷却水温度回升。

安装位置:百叶窗安装在散热器前面,它是由许多片活动挡板组成的。挡板垂直或水平安装,由驾驶员通过装在驾驶室内的手柄操纵调节挡板的开度。

6.2.8 风扇离合器

风扇是发动机功率的消耗者,最大时约为发动机功率的10%。为了降低风扇功率消耗,减少噪声和磨损,防止发动机过冷,降低污染,节约燃料,多采用风扇离合器。

硅油风扇离合器的结构:

硅油风扇离合器由前盖、壳体、主动板、从动板、阀片、主动轴、双金属感温器、阀片轴、轴承、风扇等组成,如图 6-13 所示。

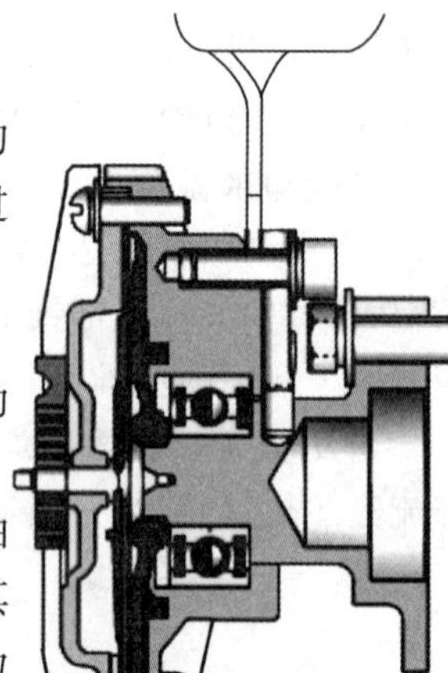

图 6-13 硅油风扇离合器

前盖、壳体和从动板用螺钉组成一体,通过轴承装在主动轴上。风扇装在壳体上。从动板与前盖之间的空腔为储油腔,其内装有硅油(油面低于轴中心线),从动板与壳体之间的空腔为工作腔。主动板与主动轴固定连接,主动轴与水泵轴连接。从动板上有进油孔,平时由阀片关闭,若偏转阀片,则进油孔即可打开。阀片的偏转螺旋双金属感温器控制,从动板上有凸台限制阀片最大偏转角。双金属感温器的外端固定在前盖上,内端卡在阀片轴的槽内。从动板外缘有回油孔，中心有漏油孔，以防静态时从阀片轴周围泄漏硅油。

硅油风扇离合器的工作原理：

(1)当发动机冷启动或小负荷下工作时，冷却水及通过散热器的气流温度不高，进油孔被阀片关闭，工作腔内无硅油，离合器处于分离状态。主动轴转动时，仅仅由于密封毛毡圈和轴承的摩擦，使风扇随同壳体在主动轴上空转打滑，转速极低。

(2)当发动机负荷增加时，冷却液和通过散热器的气流温度随之升高，感温器受热变形而带动阀片轴及阀片转动。当流经感温器的气流温度超过 338K(65℃)时，进油孔被完全打开，于是硅油从储油腔进入工作腔。硅油十分黏稠，主动板即可利用硅油的黏性带动壳体和风扇转动。此时风扇离合器处于接合状态，风扇转速迅速提高。

为不使工作腔中的硅油温度过高、黏度下降，就要使硅油在壳体内不断循环。由于主动板转速高于从动板，因此受离心力作用从主动板甩向工作腔外缘的油液压力比储油腔外缘的油压力高，油液从工作腔经回油孔流向储油腔，而储油腔又经进油孔及时向工作腔补充油液。为使硅油从工作腔流回储油腔的速度加快，缩短风扇脱开时间，在从动板的回油孔旁，有一个刮油突起部伸入工作腔缝隙内，使回油孔一侧压力增高，回油加快。

(3)当发动机负荷减小，流经感温器的气体温度低于 308K(35℃)时，感温器恢复原状，阀片将进油孔关闭，工作腔中油液继续从回油孔流回储油腔，直至甩空为止。风扇离合器又回到分离状态。

(4)故障应急措施：行驶途中，若硅油风扇离合器因故障(如漏油等)时，可松开内六角螺钉，把锁止板的销插入主动板孔中，再拧螺钉，使壳体与主动轴连成一体，但此时只靠销传动，不能长期使用。

拓展阅读

1. 杨柏青. 汽车发动机机械系统检修. 北京：北京大学出版社，2009

2. http//www. suhu. 汽车. com. 内容：汽车发动机水冷系的主要部件

3. http://www. czgyxx. com/精品课程网站，汽车发动机水冷系的主要部件内容

6.3 冷却系统的检修

6.3.1 冷却液的排放和加注

6.3.1.1 排放

(1)将仪表板上的暖风开关拨至右端,打开暖风控制阀。注意:在热态时不可立即取下冷却液储液罐的盖子,因为会有蒸汽喷出。

(2)在盖子上盖一块抹布,小心地旋开盖子。

(3)在发动机下放置一个干净的收集盘。

(4)松开夹箍,拔下散热器的下水管,放出冷却液。

6.3.1.2 加注

冷却系统中必须常年加注一种冷却液添加剂,以防止结冻、腐蚀损坏及提高沸点。冷却添加剂为N052 744 C0。切勿混用不同牌号的冷却液。禁止使用磷酸盐和亚硝酸盐作为防腐剂的冷却液。在−25℃和−35℃时,推荐的添加剂和水的混合比如表6-1所示。

表6-1　添加剂和水的混合比

防冻最低温度	添加剂G11(%)	水(%)
−25℃	40	60
−35℃	50	50

加注时应按以下步骤进行:加注冷却液至冷却液储液罐最高点标志处;旋紧储液罐盖子;使发动机运转5～7min;检查冷却液液面高度,必要时加注冷却液到最高标记。

6.3.2 散热器检修

6.3.2.1 拆卸

排放冷却液;松开冷却液管上的夹箍,拔下散热器的冷却液软管;拔下位于冷却风扇罩壳上的热敏开关插头,为防止损坏冷凝器及制冷剂管路,不要压迫、扭曲及弯曲制冷剂管路(见图6-14);将双冷却风扇连同罩壳一起拆下;拆下散热器。

6.3.2.2 安装

按拆卸的相反顺序安装散热器。

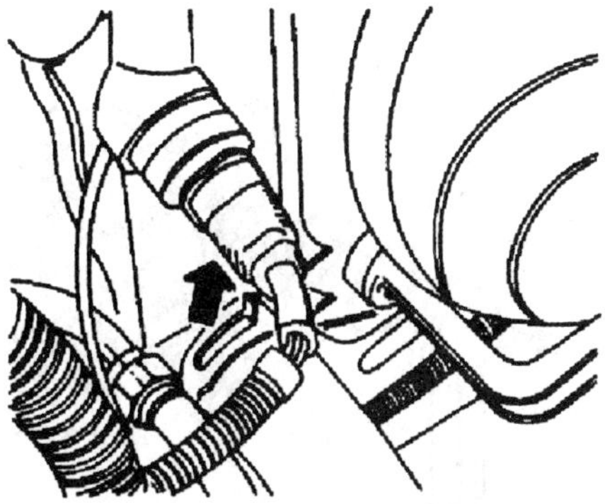

图 6-14　拔下热敏开关插头

6.3.3　更换水泵

6.3.3.1　拆卸

使发动机位于维修工作台上；排放冷却液；拆卸驱动水泵的 V 带；拆卸散热器风扇电机；拆下同步带的上、中防护罩；将曲轴调整到第一缸上止点位置；拆下凸轮轴上的同步带，但不必拆下曲轴 V 带轮。保持同步带在曲轴同步带轮上的位置；旋下螺栓，拆下同步带后防护罩；拆下水泵，小心地将其拉出，如图 6-15 所示。

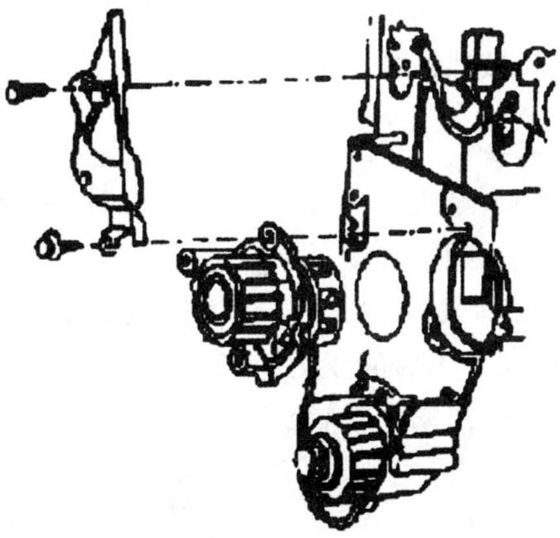

图 6-15　拆下水泵

6.3.3.2　安装

清洁安装 O 形密封圈的表面；用冷却液浸湿新的 O 形密封圈；安装水泵，罩壳上的凸耳朝下；安装同步带后防护罩；拧紧水泵螺栓至 15N・m；安装同步带（调整配气相位）；安装驱动水泵的 V 形带；加注冷却液。

6.3.4　检修节温器

6.3.4.1　拆卸

使发动机前端位于维修工作台上；在点火开关切断的情况下，拔下蓄电池搭铁线；排放冷却液；拆卸 V 形带及发动机；从连接体上拆下冷却液管；松开螺栓，取出节温器盖、O

形密封圈和节温器,如图 6-16 所示。

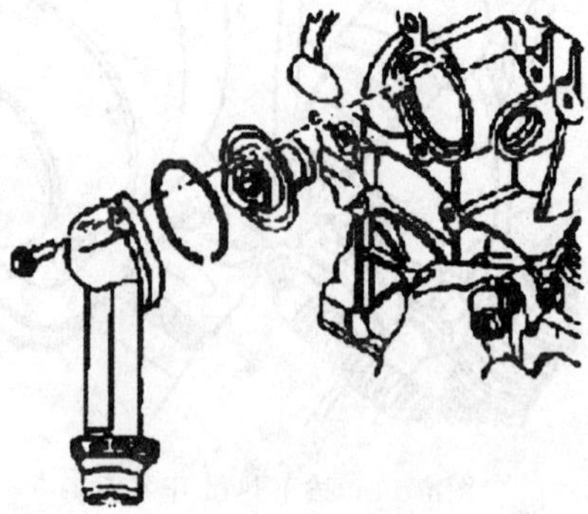

图 6-16　拆卸节温器

6.3.4.2　检查

在水浴中加热节温器,观察节温器阀门开启温度和升程。节温器开始打开温度为(87±2)℃,结束打开温度约为 120℃,节温器最大升程约为 8mm。

6.3.4.3　安装

清洁安装 O 形密封圈的密封表面;安装节温器,注意节温器的感温部分必须在汽缸体内;用冷却液浸湿新的 O 形密封圈;拧紧节温器盖螺栓;安装发电机;加注冷却液。

6.3.5　检查冷却系统和散热器的密封性

6.3.5.1　整个冷却系统

将发动机预热,打开膨胀水箱盖。在打开膨胀水箱时,可能会有蒸汽喷出,必须在膨胀水箱盖上包上抹布后小心地拧开。

将压力测试仪 V. A. G1274 及 V. A. G1274/8 安装到膨胀水箱上,如图 6-17 所示。

使用手动真空泵产生约 0.2MPa 的压力(表压)。

如果压力迅速下降,则找出泄漏的位置。

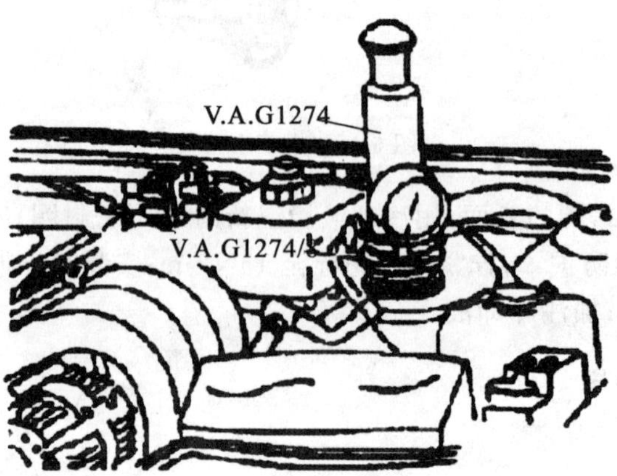

图 6-17　检查冷却系统有无泄漏

6.3.5.2　散热器盖

将散热器盖套在 V. A. G1274/9 上。

使用手动真空泵使压力上升到约 0.15MPa，在 0.12～0.15MPa 时，限压阀必须打开，在大于 0.01MPa（绝对压力 0.09MPa）时，真空阀应打开。

6.3.6　冷却系统的常见故障及原因

发动机冷却系统常见故障及原因见表 6-2。

表 6-2　　发动机冷却系统故障及原因

故障现象	原　因	排除方法
发动机过热	冷却系统堵塞；缸体有水垢；水泵损坏；节温器失灵；温控开关失效；风扇电机损坏；点火正时不准	清洗散热器和水套；修理或更换水泵；更换节温器；更换温控开关；修理或更换风扇电动机；调整点火正时
发动机温度过低	节温器失灵；气温太低	更换节温器；遮盖散热器
冷却系统泄漏	散热器泄漏；水管接头松脱或软管损坏；汽缸垫渗漏；汽缸盖或汽缸体有裂纹	修理散热器；紧固接头或更换软管；拧紧汽缸盖螺栓或更换缸垫；修理或更换汽缸盖、汽缸体
工作时有噪声	水泵轴承损坏；风扇叶片松脱或弯曲；风扇皮带损坏	更换轴承总成；紧固、修理或更换叶片总成；更换风扇皮带

拓展阅读

1. 李庆军. 汽车发动机构造与维修. 北京：机械工业出版社，2009

2. http//www. suhu. 汽车. com. 内容：汽车发动机冷却系的检修

3. http://www. szzy. ah. cn/精品课程网站，汽车发动机冷却系的检修内容

复习思考题

(1)简述发动机冷却水大、小循环路线。

(2)简述发动机温度过高和过低的危害。

(3)为什么机油泵输出的机油不全部流经细滤器？

(4)如何检查发动机内的机油量？油量过多过少有何害处？

(5)试述蜡式节温器的工作原理。

(6)一辆丰田花冠轿车，发动机经常过热，有时水温表指示值正常，后来发现，那不过是假象，不是真正的正常，实际上发动机还是过热。试提出检修方案并分析原因。

(7)一辆天津夏利 7100U 型轿车，在停驶两个月后重新行驶时，发动机启动 10min 后便发生过热现象，根本无法正常行驶。试制定检修方案。

第7章 润滑系统

学习目标

1. 了解发动机常用的润滑方式。
2. 理解发动机润滑系统的工作过程。
3. 熟悉发动机润滑系统的组成与功用。
4. 掌握发动机润滑系统的检查注意事项。
5. 清楚发动机润滑系统常见故障的产生机理。

考核标准

知识要求：

1. 了解润滑系统的组成、功用和结构特点。
2. 熟悉润滑系统的工作过程和要求。
3. 掌握润滑系统的检修特点。

技能要求：

1. 能够正确拆装发动机的润滑系统机油泵、机油集滤器、机油滤清器等主要部件。
2. 能够正确检查发动机润滑系统循环线路。
3. 能够查阅相关标准和技术资料。
4. 能够正确诊断并排除发动机润滑系统常见故障。

教学建议

1. 本部分内容授课过程中，在专业实训室完成，采用讲练结合，理论知识和实际操作交叉进行，增强学习效果。

2. 讲授的过程中，尽可能采用多媒体教学，直观而且便于理解。

3. 课程的考核方式不能单一，可以多种方式结合，如提问、理论考试、技能考核、成果展示、课堂表现等。

7.1　润滑系统概述

7.1.1　润滑系统的作用

发动机工作时,传力零件相对运动表面之间不能直接接触。因为,任何零件的工作表面,即使经过极为精密的加工,也难免存在一定程度的表面粗糙度,使它们接触且相对运动时,必然产生摩擦和磨损。而摩擦产生的阻力,既要消耗动力,阻碍零件的运动,又使零件发热,甚至导致工作表面烧损。因此,必须进行润滑。即在两零件的工作表面之间加入一层润滑油使其形成油膜,将零件完全隔开,处于完全的液体摩擦状态。这样,功率消耗和磨损就会大为减少。

润滑:将润滑油不断地供给各零件的摩擦表面,形成润滑油膜,减小零件的摩擦、磨损和功率消耗。

清洁:发动机工作时,不可避免地要产生金属磨屑,空气所带入的尘埃及燃烧所产生的固体杂质等。这些颗粒若进入零件的工作表面,就会形成磨料,大大加剧零件的磨损。而润滑系统通过润滑油的流动将这些磨料从零件表面冲洗下来,带回到曲轴箱。在这里,大的颗粒沉到油底壳底部,小的颗粒被机油滤清器滤出,从而起到清洁的作用。

冷却:由于运动零件的摩擦和混合气的燃烧,使某些零件产生较高的温度。而润滑油流经零件表面时可吸收其热量并将部分热量带回到油底壳散入大气中,起到冷却作用。

密封:发动机汽缸壁与活塞、活塞环与环槽之间间隙中的油膜,减少了气体的泄漏,保证汽缸的应有压力,起到了密封作用。

防蚀:由于润滑油黏附在零件表面上,避免了零件与水、空气、燃气等的直接接触,起到了防止或减轻零件锈蚀和化学腐蚀的作用。

7.1.2　润滑系统的润滑方式

根据发动机中各运动副的不同工作条件,可采用以下三种不同的润滑方式。

压力润滑是在机油泵的作用下,以一定的压力将润滑油不断输送到摩擦表面的润滑方式。曲轴主轴承、连杆轴承及凸轮轴轴承等承受负荷较大的摩擦表面采用压力润滑。

飞溅润滑是利用发动机工作时运动零件击溅起来的油滴或油雾来润滑摩擦表面的润滑方式。这种润滑方式主要用来润滑负荷较小的汽缸壁面和配气机构的凸轮、挺柱、气门杆以及摇臂等零件的工作表面。

润滑脂润滑是通过润滑脂嘴定期加注润滑脂来润滑零件工作表面的润滑方式。主要用于负荷小、摩擦力不大,露于发动机体外的一些附件的润滑面上,如水泵、发电机、启动机等部件轴承的润滑。

7.1.3 润滑系统的组成及油路

7.1.3.1 润滑系统组成

发动机润滑系统主要由机油泵、机油滤清器、机油散热器、油底壳和集滤器等零部件组成。此外润滑系统还装有起限压、安全、回油等作用的各种压力阀，以及润滑油压力表、温度表和润滑油管道等。

机油泵提供足够高的压力，保证进行压力润滑和润滑油在润滑系统内能循环流动。

机油滤清器用来滤除润滑油中的金属磨屑、机械杂质和润滑油氧化物。它包括机油粗滤器和机油细滤器。

机油散热器用来降低润滑油的温度。润滑油在循环过程中由于吸热而温度升高。若润滑油温度过高，则其黏度下降，不利于在摩擦表面形成油膜；此外，还会加速润滑油老化变质，缩短润滑油使用期。

油底壳为存储润滑油的容器。

集滤器用来滤除润滑油中粗大的杂质，防止杂质进入机油泵。

7.1.3.2 润滑系统油路

现代汽车发动机润滑系统的组成及油路布置方案大致相同。只是由于润滑系统的工作条件和具体结构的不同而稍有差别。图 7-1 为发动机润滑系统结构示意图。发动机曲轴的主轴颈、连杆轴颈、凸轮轴轴颈、摇臂轴等采用压力润滑；活塞、活塞环、活塞销、汽缸壁、气门、挺柱、推杆等采用飞溅润滑。润滑系统由机油泵、机油滤清器、机油冷却器、集滤器等组成。此外，润滑系统还包括机油压力表、温度表和机油管道等。现代汽车发动机润滑系统的油路大致相同。

发动机工作时，机油泵将油底壳中的润滑油经集滤器过滤后吸入，并形成一定压力后向机油滤清器供油。如果所供机油油压太高或流量过大，则润滑油经机油泵上的溢流阀返回机油泵入口。压力和流量正常的润滑油经滤清器滤清之后进入发动机主油道。机油滤清器盖上设有旁通阀，若机油滤清器堵塞，油压升高，则润滑油不经过滤清器，而由旁通阀直接进入主油道。主油道的润滑油通过七条分油道，分别润滑七个曲轴主轴颈。然后，润滑油经曲轴上的斜油道，从主轴颈流向连杆轴颈润滑曲柄销。主油道的另四条分油道直通凸轮轴轴承，润滑四个凸轮轴轴颈。同时润滑油从凸轮轴的第一轴颈处，经上油道通入气门摇臂轴的空腔内，然后从摇臂上的油道流出，滴落在配气机构其他零件的工作表面上。另外，在机油滤清器上还装有润滑油压力开关。润滑油压力若低于规定值，则润滑油开关触点闭合，报警灯闪亮，同时蜂鸣器鸣响报警。

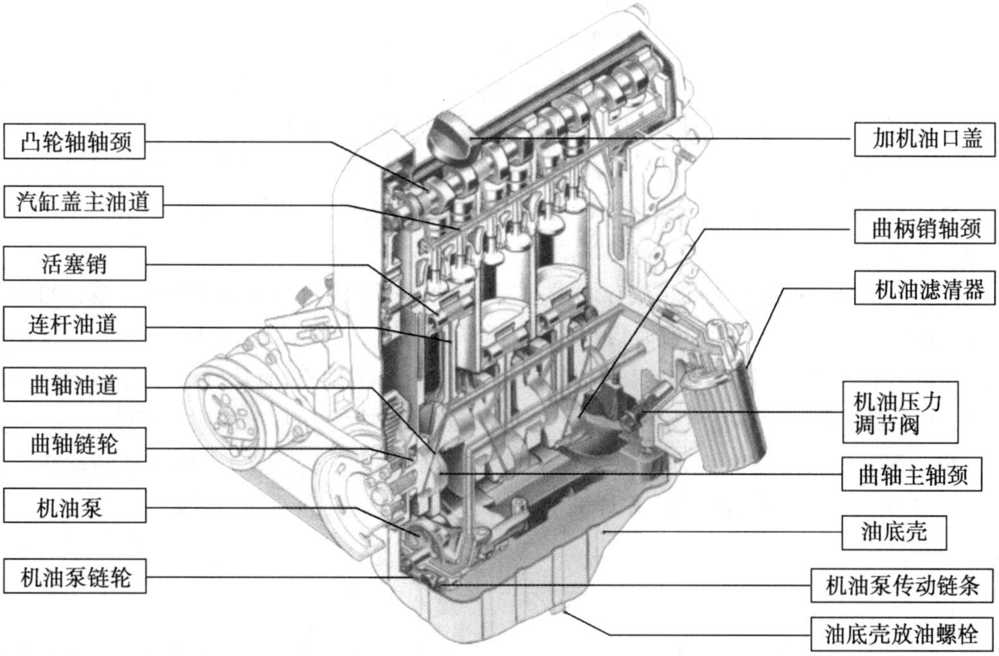

图 7-1　发动机润滑系统组成示意图

7.1.4　润滑系统的原理及特点

7.1.4.1　四冲程发动机润滑系统的原理及特点

四冲程发动机工作时，凸轮摇臂、曲轴轴承、主副轴等处承受的载荷及相对运动速度较大，为保证形成完整的油膜，需将机油以一定的压力输送到摩擦表面的间隙中，这种润滑方式就叫作压力润滑。载荷较轻的汽缸壁、相对运动速度较小的活塞销等，则利用发动机工作时运动零件飞溅起来的油滴或油雾润滑摩擦表面，这种润滑方式就叫作飞溅润滑。四冲程发动机采用压力与飞溅润滑相结合的润滑方式，使四冲程发动机的润滑状况比二冲程发动机的润滑状况要好。

发动机工作时机油泵从曲轴箱底部吸取机油，为防止杂质进入油泵，在润滑油路的始端装有机油滤网。经机油滤网过滤过的机油被油泵加压后进入右曲轴箱盖与右曲轴箱体之间的油腔。

观察右曲轴箱盖上的油腔，会发现一个小孔，这个小孔将润滑油导入机油滤清器，经滤清后的机油进入曲轴内部，润滑曲轴轴承和连杆大头轴承。观察右曲轴箱体上的油腔，靠近右后缸体螺柱有一个油孔，这个油孔将润滑油顺螺杆导入缸头，润滑凸轮轴、摇臂、时规链、时规链轮等，然后经时规链盒返回曲轴箱底。右曲轴箱油腔内还有一个油孔，这个油孔将润滑油导入主轴和副轴，润滑轴承及空套在主、副轴上的齿轮。

机油滤清器通过花键与曲轴固连，发动机工作时随曲轴一起旋转。润滑油进入机油滤清器后在高速旋转过程中，由于离心力的作用，润滑油中较重的金属屑等杂质便沉积在滤清器的边缘，起清洁润滑油的作用。

7.1.4.2　二冲程发动机润滑系统的原理及特点

二冲程发动机的润滑系统可分为混合式和分离式两种。混合润滑是将机油按 20∶1 到 30∶1 的容积比均匀混合后注入油箱，润滑油随汽油一起雾化后进入曲轴箱汽缸中，在主轴承、汽缸、活塞、连杆等零件的表面形成油膜，从而起到润滑作用。混合润滑方式具有机油消耗量大、污染大的缺点，而且在按比例调配混合油时也比较麻烦，所以现在 50mL 以上车型已很少采用混合润滑，但是由于它结构简单，使它在低价小排量摩托车如助力车中仍大量采用。

分离润滑是用单独的机油箱储存润滑油，润滑油通过机油泵加压后送入化油器。机油泵受发动机转速及油门把手的控制，可以根据摩托车工况的变化，改变油泵的输出量，按发动机的需要供给适量的润滑油。分离润滑方式克服了混合润滑的缺点，而且可提高润滑特性，所以得到了广泛的采用。比如速飞乐 80、豪情 80 型摩托车发动机就采用分离润滑方式。

机油泵是二冲程发动机润滑系统的关键零件，其工作是否正常，直接关系到发动机能否得到良好的润滑，因此必须经常对机油泵进行必要的检查和调整。

拓展阅读

1. 机油的黏度

黏度是机油的重要特性参数之一，机油的黏度是随温度的变化而变化的，温度高则黏度小，温度低则黏度大。因此夏季气温高时，要用黏度较大的机油，否则将因机油过稀而使发动机得不到可靠的润滑。冬季气温低时则要用黏度低的机油，否则将因机油黏度过大，流动性差而不能输送到零件摩擦表面的间隙中。

国产汽油机润滑油根据黏度从小到大的顺序分为 HQ-6D、HQ-6、HQ-8D、HQ-10、HQ-15 五个级别。一般说来北方地区夏季可用 HQ-10，冬季用 HQ-8D；南方地区夏季用 HQ-15，冬季用 HQ-10；华中、华南等地全年都可用 HQ-10 号机油。

美国汽车工程师协会(SAE)将机油分为冬季用油和夏季用油两种。冬季用油分为三个等级：SAE5W、SAE10W 和 SAE20W；夏季用油分为 SAE20、SAE30、SAE40 和 SAE50 四个等级。以上分类值越大，黏度越高(机油越稠)。同时满足 10W 和 40 这两个黏度等级要求的机油，就用 10W/40 表示，它是多级机油，低温时的黏度与 SAE10W 的黏度相当，而在高温时与 SAE40 的黏度相当。

2. 机油的等级

(美国石油学会 API)将机油按使用性能分成 SB、SC、SD、SE 和 SF 等多个等级。从 SB 到 SF 级的机油性能一级比一级高。对于使用顶置凸轮轴的发动机如佛斯弟 FT125、五羊 WY125、嘉陵 JH125 要求使用 SE 级以上的机油，佛斯弟 FT125 系列摩托车要求使用 SF10W/40 黏度等级机油。

3. 二冲程发动机润滑油

二冲程发动机由于自身的结构特点，机油要参与燃烧，所以二冲程机油除了有以上的黏度、等级要求外，还必须有燃烧完全的要求，否则易造成积炭过多、排烟过大、消声器易堵塞的情况。故二冲程发动机必须使用专用的二冲程发动机机油，而不可用四冲程发动机机油代替。

7.2　润滑系统的主要部件

7.2.1　机油滤清器

发动机工作过程中,金属磨屑、尘土、高温下被氧化的积炭和胶状沉淀物、水等不断混入润滑油。机油滤清器的作用就是滤掉这些机械杂质和胶质,保持润滑油的清洁,延长其使用期限。机油滤清器应具有滤清能力强,流通阻力小,使用寿命长等性能。一般润滑系统中装用几个不同滤清能力的滤清器:集滤器、粗滤器和细滤器,分别并联或串联在主油道中。

按滤清方式分为过滤式滤清器和离心式滤清器。

按滤清器的工作情况分为集滤器、粗滤器和细滤器。

按滤清器与主油道的连接方式分为全流式滤清器和分流式滤清器。

全流式滤清器:与主油道串联的滤清器,主油道的机油全部流经它,称全流式滤清器。

分流式滤清器:与主油道并联的滤清器,主油道的机油不流经它,称分流式滤清器。

集滤器的作用是防止较大的机械杂质进入机油泵。它装在机油泵之前。集滤器有固定式和浮动式两种。目前多用固定式。

固定式集滤器吸油管总成的上端有与机油泵进油孔连接的凸缘,下端与滤网支座中心固定连接,如图 7-2 所示。滤网夹装在支座与罩之间。滤网靠自身的弹力紧压在罩上。罩的边缘有四个缺口,形成进油通道。当机油泵工作时,润滑油从罩的缺口处经滤网被吸入,粗大的杂质被滤网滤去,然后经吸油管进入机油泵。

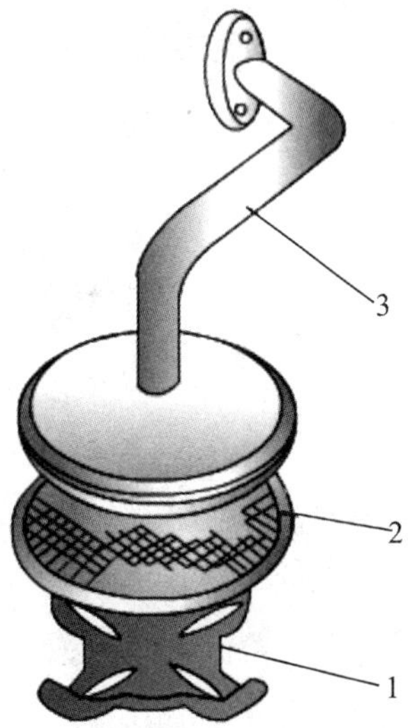

图 7-2　固定式机油集滤器
1—罩　2—滤网　3—吸油管总成

粗滤器的作用是用来过滤润滑油中颗粒较大(直径为 0.04mm 以上)的杂质。其串联于机油泵与主油道之间,属于全流式滤清器,因其对润滑油的流动阻力较小。

粗滤器的结构如图 7-3 所示,由壳体、纸质滤芯、旁通阀、进油口和出油口等组成。滤芯由经过树脂处理的多孔滤纸折叠而成。滤芯的两端由环形密封圈和密封,滤芯内有金属网或带有网眼的薄铁皮作为滤芯的骨架。

当粗滤器工作时,润滑油经进油口进入滤芯的外表面,经滤芯后由出油口流出。当滤芯堵塞,进出油口压差达 150～180kPa 时,旁通阀被顶开,机油不经滤芯直接进入主油道。

滤清器盖上装有旁通阀,当滤芯堵塞,进出油口的压差达 150～180kPa 时,旁通阀的球阀被顶开,机油直接进入主油道。

纸质滤清器结构简单,滤清效果好,更换方便,得到广泛应用。

细滤器的作用是用来清除微小杂质(直径在 0.001mm 以上)、胶质和水分。其多与主油道并联,属于分流式滤清器,因其对润滑油的流动阻力较大。也有制成全流式的,但需加装旁通阀,以防断流。

如图 7-4 所示为一个全流式不可拆的细滤器，它由壳体、纸质滤芯、旁通阀、进油口和出油口等组成。滤芯采用耐油耐水的微孔滤纸，它有较大的滤清面积和通过性，为一次性使用的细滤器，其壳体为薄钢板冲压封闭式，滤芯的下部装有旁通阀。一旦滤芯堵塞，机油便经旁通阀直接进入主油道，以防供油中断。该滤清器轿车发动机多装用。通常汽车行驶 15000km 左右，定期更换滤清器。

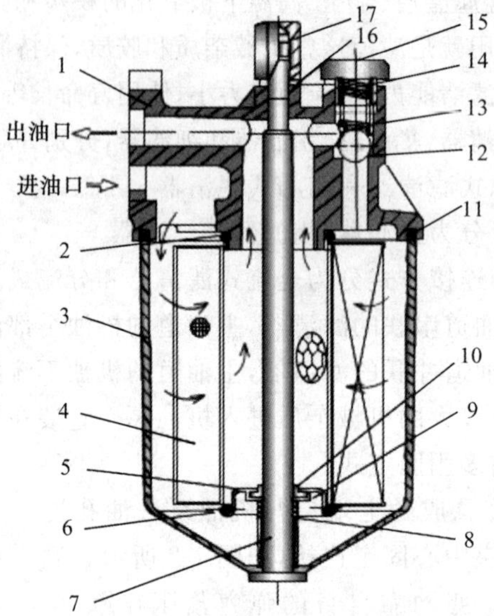

图 7-3　纸质滤芯式粗滤器

1—上盖　2、6—密封圈　3—外壳　4—滤芯　5—托板　7—拉杆　8—托簧　9—垫圈　10、11—密封圈　12—球阀　13—弹簧　14—垫圈　15—阀座　16—垫圈　17—螺母

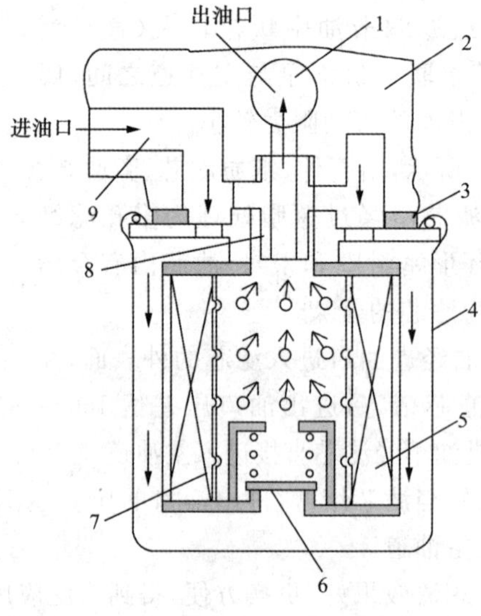

图 7-4　全流式不可拆的细滤器

1—主油道　2—机体　3—密封圈　4—壳体　5—纸质滤芯　6—旁通阀　7—金属骨筒　8—连接座　9—进油道

7.2.2　机油泵

机油泵作用是将一定压力和数量的润滑油供到润滑表面。目前用在汽车上的机油泵主要有齿轮式机油泵和转子式机油泵两种。

7.2.2.1　齿轮式机油泵

工作原理:齿轮式机油泵工作原理如图 7-5 所示。因油泵壳体内壁的间隙很小,泵壳上有进出油孔。当发动机工作时,齿轮按图示箭头方向旋转。

机油泵进油腔齿轮的轮齿脱开啮合,其容积增大,产生真空吸力,机油便经进油口被吸入进油腔。

机油泵齿轮的轮齿将机油带入到出油腔,出油腔齿轮的轮齿进入啮合,其容积减小,油压增大,机油便经出油口被压送到发动机油道中。

齿轮式机油泵由泵壳、主动轴、从动轴、主动齿轮、从动齿轮、油泵盖等组成,如图 7-6 所示。

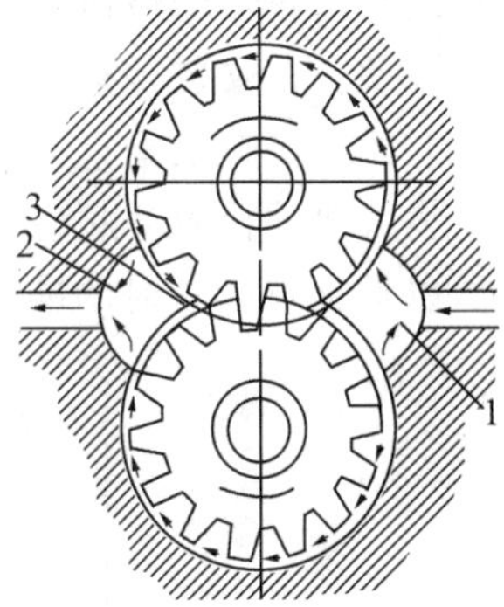

图 7-5　齿轮式机油泵工作原理

1—进油腔　2—出油腔　3—卸压槽

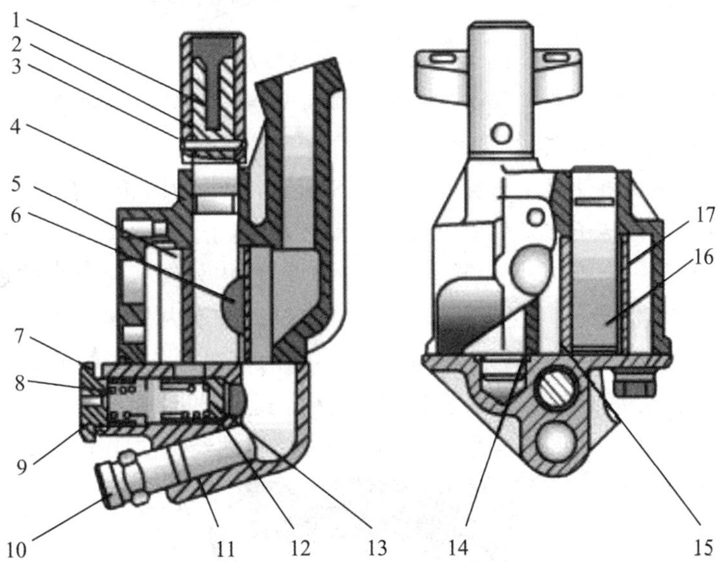

图 7-6　齿轮式机油泵

1—主动轴　2—联轴套　3—铆钉　4—泵壳　5—主动齿轮
6—半圆键　7—簧座　8—密封垫圈　9—螺塞　10—限压阀弹簧　11—调整垫片
12—管接头　13—油泵盖　14—球阀　15—从动齿轮　16—卡圈　17—从动轴

主动轴下端用半圆键固装着主动齿轮,上端制有长槽与分电器传动轴连接。分电器轴通过齿轮由凸轮轴驱动。从动轴固装在壳体上,从动齿轮松套在从动轴上。泵盖与壳体之间的密封衬垫做得很薄,衬垫既可防止漏油,又可调整齿轮端隙。因齿轮与壳体内壁及泵盖间的间隙很小,以保证产生必要的油压。

泵盖上有限压阀组件,以维持主油道内的正常压力(150～600kPa)。它是在试验台上通过调整垫片来改变弹簧预紧力而实现的。泵盖上有卸压槽，当齿轮进入啮合，啮合齿间的润滑油产生很高的压力，给齿轮的运动带来阻力，并通过齿轮作用在主、从动轴上，加剧了轴与齿轮孔间的磨损。因此，通常在泵盖上铣卸压槽，使啮合齿隙与出油腔连通，以降低其油压。

机油泵传动轴的安装：由于机油泵和分电器共用一根传动轴，由凸轮轴驱动，所以机油泵的转速与凸轮轴的转速相同。再者，传动轴的螺旋齿轮在凸轮轴的外侧，分电器分火头顺时针转动。在安装传动轴时，需使第一缸活塞处于压缩终了位置，用长螺丝刀将机油泵主动轴上的扁槽转至垂直于曲轴中心线位置(传动轴的上扁槽与下扁舌相互垂直)，再将传动轴装入曲轴箱内。此时传动轴上扁槽应平行于曲轴中心线，且扁槽大面朝外，如图 7-7 所示，以保证点火正时的准确性。

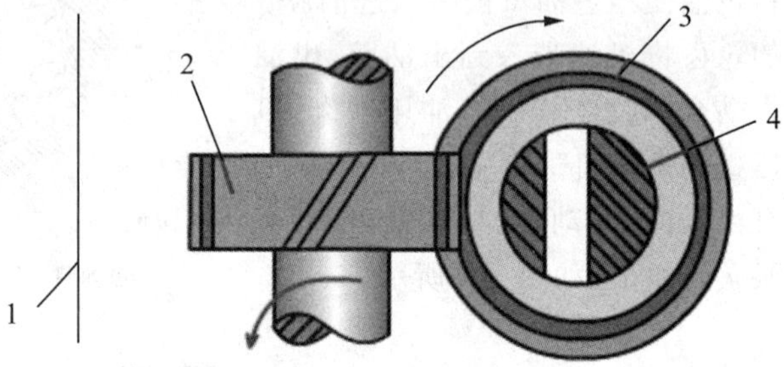

图 7-7 机油泵传动轴的安装

1—曲轴中心线 2—凸轮轴 3—传动轴螺旋齿轮 4—传动轴上的扁槽

7.2.2.2 转子式机油泵

工作原理：转子式机油泵工作原理如图 7-8 所示，主动的内转子有四个凸齿，从动的外转子有五个内齿，外转子在泵壳内可自由转动，内外转子间有一定的偏心距。当内转子旋转时，带动外转子一起旋转，无论转子转到任何角度，内外转子每个齿的齿形轮廓线上总有接触点，于是内外转子间便形成了 4 个工作腔。由于内外转子的速比大于 1(i=1.25)，所以外转子总是慢于内转子，且由于偏心距的存在，使工作腔的容积产生较大变化。当某一工作腔从进油腔转过时，容积增大，产生真空，机油便经进油孔被吸入。当该工作腔与出油腔 6 相通时，腔内容积减小，油压升高，机油经出油孔压出去。

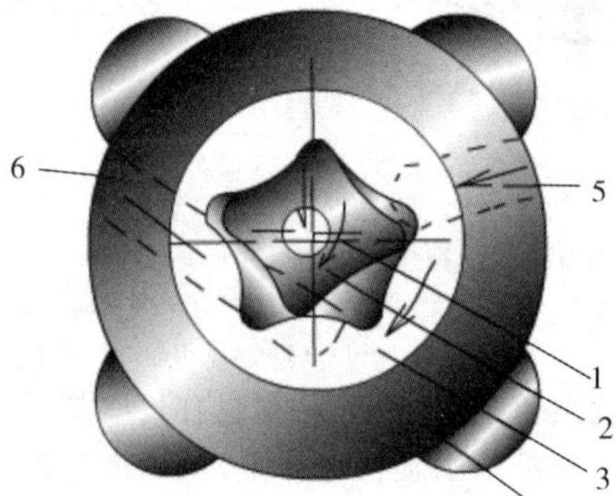

图 7-8 转子式机油泵工作原理

1—主动轴 2—内转子 3—外转子 4—心油泵壳体 5—进油腔 6—出油腔

特点:转子式机油泵结构紧凑,吸油真空度高,泵油量大,对安装位置无特殊要求,可布置在曲轴箱外或吸油位置较高的地方。

构造:如图 7-9 所示,转子式机油泵的主动轴通过轴套和卡环安装在机油泵壳体和盖板上。内转子用半圆键固装在主动轴上。外转子装在泵壳内自由转动,内外转子均由粉末冶金压制。

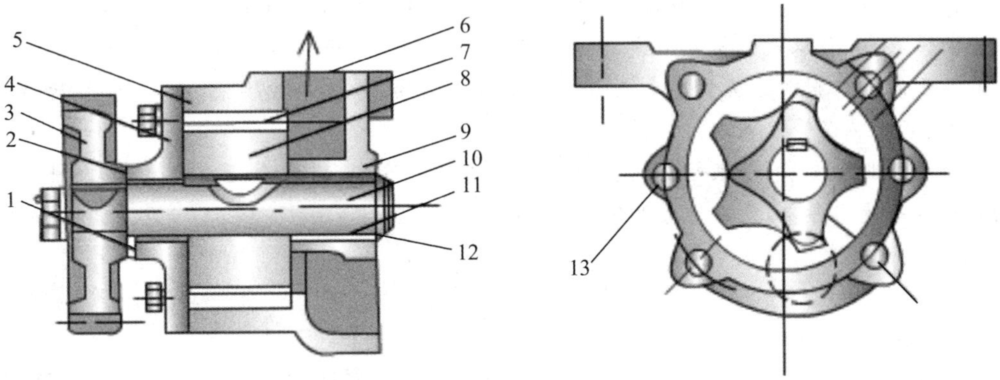

图 7-9 转子式机油泵构造

1—止推轴承 2、11—轴套 3—驱动齿轮 4—盖板 5、6—调整垫片 7—外转子 8—内转子 9—外壳 10—主动轴 12—卡环 13—定位销

为了保证内外转子之间以及外转子与泵壳之间安装的正确性,油泵壳体与泵盖之间用两个定位销定位,并用螺栓紧固。

泵盖与壳体之间有纸质衬垫,用以密封和调整转子与泵壳端面间隙。主动轴前端通过半圆键固装着传动齿轮,由曲轴经中间齿轮驱动。

机油泵的出油量与它的尺寸、转速及润滑系统的阻力有关,出油量是用油量的几倍以上,所以限压阀一直溢油。当发动机磨损增大,回油量减少,当回油停止时,发动机就接近大修了。出油压力的大小,随发动机转速、机油黏度、润滑油路中的阻力及配合间隙的变化而改变,出油压力和出油量成反比。

拓展阅读

润滑设备指的是向润滑部位供给润滑剂的一系列的给油脂、排油脂及其附属装置的总称。机械设备都需要定期的润滑,以前润滑的主要方式是根据设备的工作状况,到达一定的保养周期后进行人工润滑,比如通俗说的打黄油。润滑设备主要有:电动润滑泵或手动润滑泵、换向阀、压差开关、双线分配器、单线递进式分配器、电气控制箱、电动加油泵、手动加油泵、多点润滑泵以及干油过滤器、干油喷射嘴、单向阀、过压指示器、润滑管线专用铜管接头或稀油润滑站、列管式、磁栅过滤器、双筒网式过滤器、油流信号器、给油指示器、液压站、液压成套系统、油缸、重机标准焊接式、卡套式、扩口式、锥密封式管接头、单层、双层以及超高压四层高压胶管总成、钢管夹、高压法兰等。

润滑设备可以分为两种:自动和人工。我们平时看到的黄油枪属于人工润滑设备,而自动润滑设备就有气动、电动、液压等方式的设备,这些都是润滑油的泵送方式,还是需要人工将润滑油引导到润滑点,所以不是严格意义上的自动润滑。

随着科技的进步，自动润滑设备已经发展到程序控制，比较出名的厂商比如美国林肯，生产的自动润滑设备，可以根据客户的需要，预先输入润滑周期和每个润滑点的需油量，工人所作的只是将润滑油的容器定时加满，这样在设备工作的过程中，自动润滑系统会根据程序，定期向不同的润滑点加注不同量的润滑油，这样就真正做到了自动润滑。其中智能集中润滑系统（电脑程控润滑系统）是将信息技术、自动化控制技术、现在润滑技术充分优化集成的高新技术产品，在设计思想、系统原理、系统结构及硬件配置等方面具有突出的优点，完全取代了传统单线式和双线式润滑系统。干油智能集中润滑系统相对于一般的干油集中润滑系统具有多点随意组合定量供油、单点单控供油、智能监控、远程集中管理、节能环保等优点。

随着工业的发展，越来越多的企业需要用到润滑设备，因为企业要节省成本，就必须延长机械的使用寿命，就必须要润滑。

7.3 曲轴箱通风

在发动机工作时，会有部分可燃混合气和燃烧产物经活塞环由汽缸窜入曲轴箱内。当发动机在低温下运行时，还可能有液态燃油漏入曲轴箱。这些物质如不及时清除，将加速润滑油变质并使机件受到腐蚀或锈蚀。又因为窜入曲轴箱内的气体中含有 HC 及其他污染物，所以不准许把这种气体排放到大气中。为此，一般汽车发动机都有曲轴箱通风装置，以便及时将进入曲轴箱内的混合气和废气抽出，使新鲜气体进入曲轴箱，形成不断的对流。

7.3.1 曲轴箱通风装置

发动机工作时，一部分可燃混合气和废气经活塞环泄漏到曲轴箱内。泄漏到曲轴箱内的汽油蒸汽凝结后，将使润滑油变稀。同时，废气的高温和废气中的酸性物质及水蒸气将侵蚀零件，并使润滑油性能变坏。另外，由于混合气和废气进入曲轴箱，使曲轴箱内的压力增大，温度升高，易使机油从油封、衬垫等处向外渗漏。为此，一般汽车发动机都有曲轴箱通风装置，以便及时将进入曲轴箱内的混合气和废气抽出，使新鲜气体进入曲轴箱，形成不断的对流。曲轴箱通风方式一般有两种：一种是自然通风，另一种是强制通风。

自然通风：从曲轴箱抽出的气体直接导入大气中的通风方式称为自然通风。柴油机多采用这种曲轴箱自然通风方式。在曲轴箱连通的气门室盖或润滑油加注口接出一根下垂的出气管，管口处切成斜口，切口的方向与汽车行驶的方向相反。利用汽车行驶和冷却风扇的气流，在出气口处形成一定真空度，将气体从曲轴箱抽出。

强制通风：从曲轴箱抽出的气体导入发动机的进气管，吸入汽缸再燃烧。这种通风方式称为强制通风，汽油机一般都采用这种曲轴箱强制通风方式，这样，可以将窜入曲轴箱内的混合气回收使用，有利于提高发动机的经济性。

7.3.2 PCV 阀

在 PCV 系统中最重要的控制元件是 PCV 阀（单向阀），其功用是根据发动机工况的变化自动调节进入汽缸的曲轴箱气体的数量。

发动机不工作时，PCV阀关闭。

发动机在怠速或减速时，因为窜入曲轴箱的气体很少，PCV阀开度很小，但足以使曲轴箱气体流出曲轴箱。

发动机在中等负荷时，发动机进气歧管内真空度下降，PCV阀在弹簧的张力下离开阀座，使通风量适当增大，保证了曲轴箱内的气体抽出和空气的更新。

发动机在大负荷时，PCV阀完全打开，通风量最大，保证了曲轴箱内新旧气体的大量对流。

拓展阅读

1. 曲轴箱通风不良故障实例

一辆行驶约20000km的奥迪100型轿车（JV发动机），发动机多处漏油，机油尺常被废气顶出。经查发现是因气门室罩盖废气通风滤网结焦堵塞所致。清洗该处之后，故障排除。

一辆解放CA1092型货车维修后，发动机机油超标，怠速增高，虽经反复检修调整，但没有解决问题。后来拆检曲轴箱通风装置PCV阀才发现其装反，引起怠速时控制回气量失控，因真空度过大，将曲轴箱内的机油吸出而超标；由于机油被吸入进气管和燃油一起进入化油器，因此会出现怠速增高。

2. 发动机曲轴箱通风系统工作原理

如EQ6100型发动机装有开式、强制循环式曲轴箱通风系统。该系统由单向阀（PCV阀）、通风管、空滤器、弯管接头和挡油板组成。单向阀装于化油器座下进气支管上。怠速时转速低，漏入曲轴箱内的气体较少，化油器座下真空度很大，单向阀被吸附在阀座上，曲轴箱内气体只经阀尖头小孔进入进气管，完成怠速时对曲轴箱的通风要求。中等负荷时转速增高，曲轴箱内气体增多，而化油器座下真空度减少，使单向阀部分开启，阀锥体与阀座间存在间隙，曲轴箱内气体经此间隙及小孔进入进气管，满足中等负荷通风的要求。大负荷时转速很高，曲轴箱内气体进一步增加，而化油器座下真空度较少，使单向阀完全开启，通气面积最大，使通风量达到大负荷时的要求。

3. 曲轴箱通风不良的危害

发动机工作时，燃烧室内未经燃烧的部分可燃混合气和废气不可避免地会经活塞环渗漏到曲轴箱内（称之为活塞漏气量或曲轴箱窜气）。漏到曲轴箱内的汽油蒸汽和废气中的水蒸气凝结后，将使机油变稀，高温废气使机油氧化变质；废气中的二氧化硫遇水生成亚硫酸，再遇空气中的氧气生成硫酸，对金属零件有极强的腐蚀作用。曲轴箱内的气体压力增高，容易冲炼油底壳衬垫及气门室盖衬垫；曲轴箱前后油封由于受气体真空度影响，导致泄漏，浪费机油，加速机件的磨损；而且机油温度增高，容易老化变质。

4. 曲轴箱通风装置的作用

为了降低排气污染，延长机油的使用寿命，减小零件的腐蚀和磨损，必须使发动机曲轴箱保持通风，将渗入曲轴箱内的气体排出去。现代发动机常设有曲轴箱强制通风装置，将窜入曲轴箱的气体经过废气通风管引入进气支管或空气滤清器内，使废气重新吸入汽缸进行再燃烧。这样不仅能提高发动机的经济性，减少排气污染，而且能使发动机曲轴箱内气压保持相对稳定。

曲轴箱通风的方式通常有自然通风和强制通风两种。若将进入曲轴箱内的气体直接排入大气之中,通常称为自然通风,这种方式因会污染大气而很少采用;将曲轴箱内的气体导入发动机进气管内,使它被吸入汽缸内燃烧,这种方式称为强制通风。它不仅能减小对大气的污染,同时还提高了燃料的经济性,故在现代汽车发动机上广泛采用。

5. 曲轴箱通风不良的常见故障的原因及检修

(1)单向阀堵塞:发动机怠速时靠阀端小孔通风,堵塞后怠速时通风系统失去作用,应定期维护清洗,保证随时畅通。

(2)弹簧弹力失效:工作中单向阀不能开启,通风面积不适合发动机工况需要,应予更新。

(3)单向阀装反(或漏装):通风装置失去作用,从而影响进气管内的混合气空燃比,而使发动机工作不正常(尤其是无怠速),甚至造成从加机油口等处,向外喷出油气及有关结合部位渗油。

(4)安装不妥:维护修理时如将曲轴箱通风装置后挺杆室盖弯管接头上的密封垫圈漏装或其位置装错,会导致弯管接头尾端与拦油板距离太近,甚至接触而引起堵塞,造成曲轴箱通风系统工作失效。遇此情况应予拆检修复。

6. 曲轴箱通风的定期维护内容

(1)定期检查各通气管道,尤其是抽气管的连接是否牢靠,有无漏气或堵塞。发动机怠速运转时,用肥皂水涂抹于各接合处,观察是否有漏气之处。

(2)检查单向阀是否处于良好的技术状况(尤其察看单向阀是否发卡、漏气和堵塞),必要时清除积炭,清洗疏通。

(3)机油加注筒上的小空气滤清器要适时清洗维护,清除油胶和尘污,不得使用布团等物堵塞而影响曲轴箱的空气对流。

(4)定期维护发动机空气滤清器,对于封闭式 PCV 系统,要确保空气滤清器内的 PCV 滤清器畅通无阻,使其经常处于良好的工作状态。

曲轴箱通风系统的早期故障不易发现,这就需要定期检查维护,同时必须熟悉通风系统的结构,工作原理,故障特征,以保证发动机良好的工作性能。

7.4 润滑系统的检修

7.4.1 机油压力检查

如果发动机运转时,机油压力警告灯保持发亮,则检查发动机机油位。如果油位正常,则进行下列步骤:连接转速表;拆下机油压力开关,装上机油压力表,如图 7-10 所示;启动发动机,如果仪表指示无机油压力,则立即停机检查,排除故障之后,仪表应该有机油压力显示。运行发动机,使其达到正常工作温度,当发动机机油温度为 80℃时,机油压力在怠速时最小为 70kPa;转速为 3000r/min 时最小为 340kPa。如果机油压力不正常,更换机油压力开关,重新检查,如果机油压力还不正常,则检查机油泵。

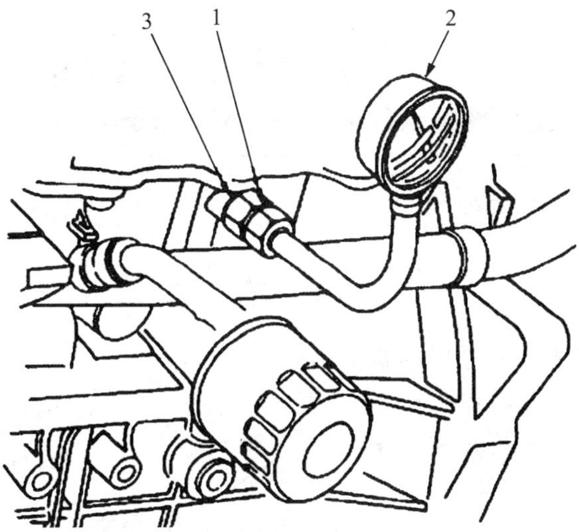

图 7-10　安装机油压力表

1—管接头　2—机油压力　3—发动机机油压力开关安装孔

7.4.2　机油和机油滤清器的更换

发动机处于热态的情况下，拧动放油螺塞时要小心，以免被热机油烫伤。

机油的更换：在正常条件下行车，每更换两次机油就应更换一次机油滤清器。如在恶劣的条件下行车，每次更换机油时都应更换机油滤清器。

步骤：发动机暖机；排出机油；使用新的密封垫片重新安装放油螺塞，如图 7-11 所示。

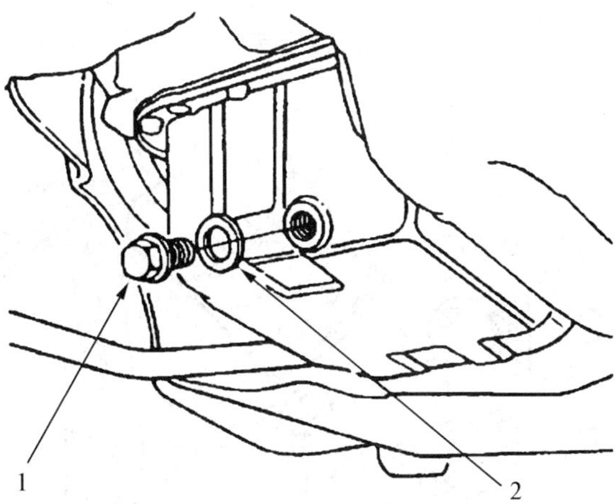

图 7-11　发动机油底壳的放油螺塞

1—放油螺塞　2—垫片

在不同的温度范围内，给发动机加注不同黏度的机油，如图 7-12 所示。

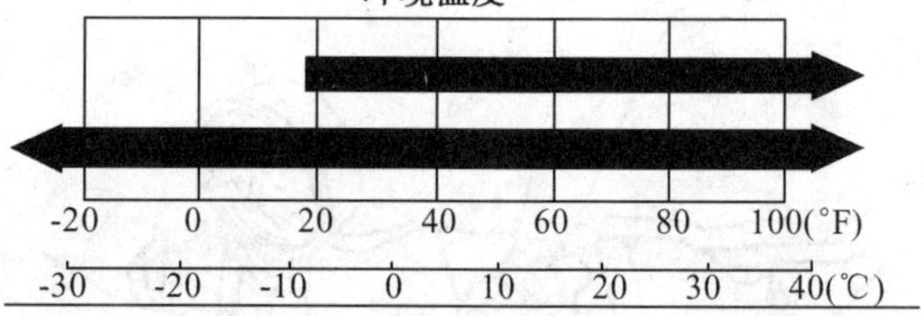

图 7-12　不同温度范围的机油黏度

机油滤清器的更换：用专用的机油滤清器扳手拆下机油滤清器；检查新机油滤清器上的螺纹和橡皮密封垫片，清洁发动机缸体上的安装座，然后在机油滤清器橡皮密封垫片上涂一层清洁的机油，如图 7-13 所示。

用手安装机油滤清器：橡皮密封垫片安装到位后，用专用扳手顺时针方向将机油滤清器拧紧 7/8 圈（见图 7-14），拧紧扭矩为 22N·m。

警告：如不按上述步骤进行安装，可能会因漏油而严重损坏发动机。

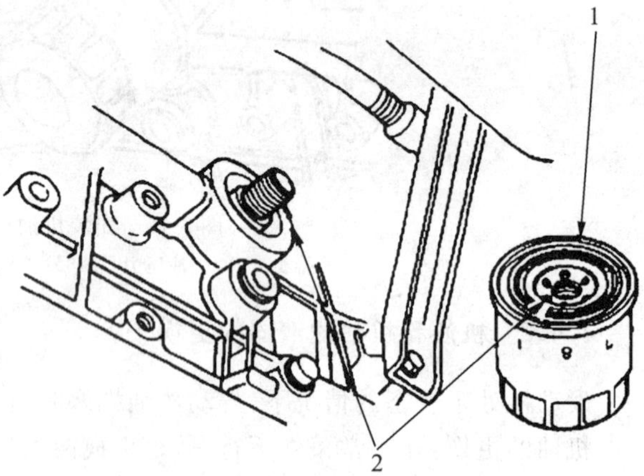

图 7-13　机油滤清器

1—安装前橡皮密封垫片涂一层机油　2—检查螺纹和密封垫片

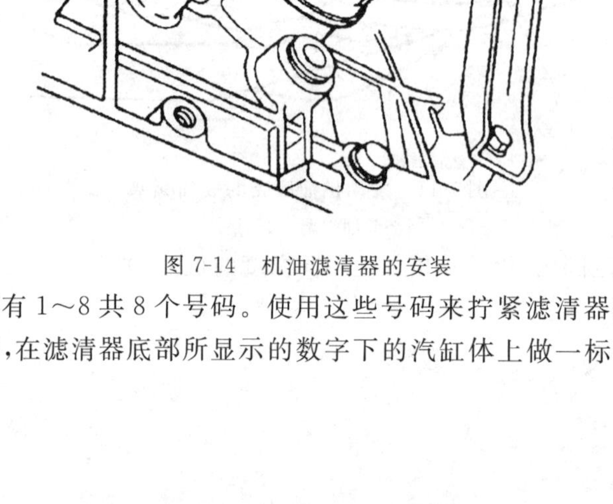

图 7-14　机油滤清器的安装

滤清器表面印有 1～8 共 8 个号码。使用这些号码来拧紧滤清器的步骤是当将橡胶密封垫安装到位后，在滤清器底部所显示的数字下的汽缸体上做一标记。顺时针方向使滤清器转动 7 个数字，例如，如果当橡胶密封垫安装到位时，在数字 2 下做了一标记，则应顺时针方向转动滤清器，直到数字 1 与标记点对齐为止，如图 7-15 所示。

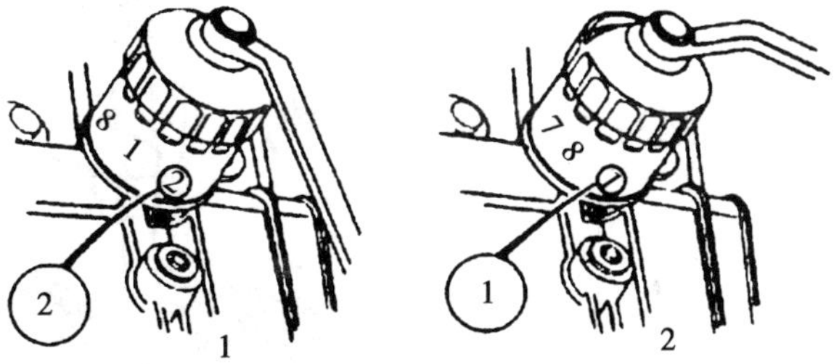

图 7-15 带号码的机油滤清器的安装

7.4.3 机油泵的检修

注意事项：重新组装时，使用新的 O 形圈。安装前在 O 形圈上涂抹机油。使用零件号为 08718-0001 的液态密封胶。转子必须以同一方向安装。重新组装后，转子应能转动自如。

以本田 F22B1 型发动机机油泵的检修为例说明。

(1)放掉机油，转动曲轴使 1 缸活塞处于上死点位置。拆下正时皮带和正时平衡轴皮带。拆下正时皮带张紧器和正时平衡轴皮带张紧器。拆下 CKP/TDC 传感器，然后拆下正时皮带驱动轮。拆下正时平衡轴皮带从动轮。拆下平衡轴齿轮外壳和平衡轴从动齿轮。拆下油底壳后，按照图 7-16 所示，依次拆下机油集滤器和机油泵。

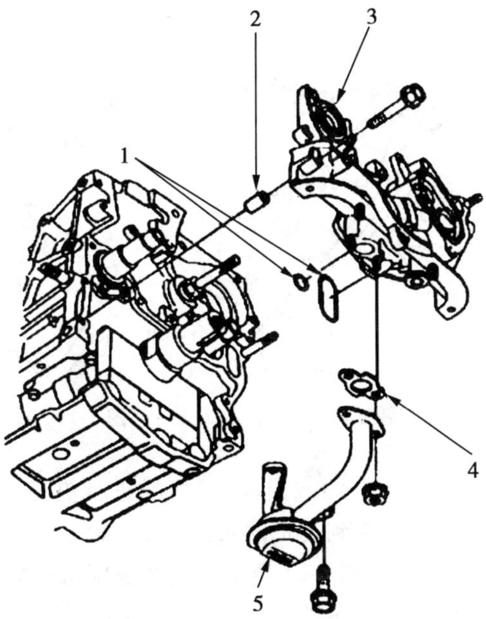

图 7-16 拆下集滤器与机油泵

1—O 形圈 2—定位销 3—水泵座孔 4—集滤器垫片 5—集滤器

(2)旋下安装螺栓，拆下机油泵总成。从泵壳上旋下螺钉，然后将泵壳和泵盖分开。检查内、外转子之间的径向间隙，如图 7-17 所示，标准值为0.02～0.16mm，维修极限为0.20mm。如果间隙超过维修极限，应更换内、外转子。

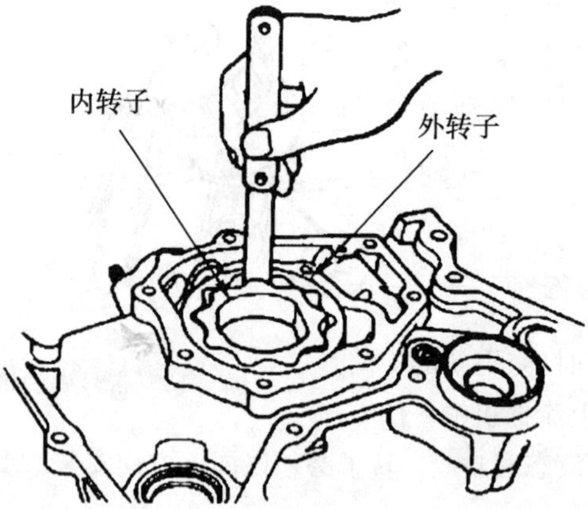

图 7-17　检查内、外转子径向间隙

(3)检查泵壳与转子之间的轴向间隙,如图 7-18 所示,标准值为 0.02～0.07mm,维修极限为 0.12mm。如果间隙超过维修极限,应更换内、外转子组或泵壳。检查泵壳与外转子间的径向间隙,如图 7-19 所示,标准值为 0.10～0.19mm,维修极限为 0.21mm。如果间隙超过维修极限,应更换内、外转子组或泵壳。

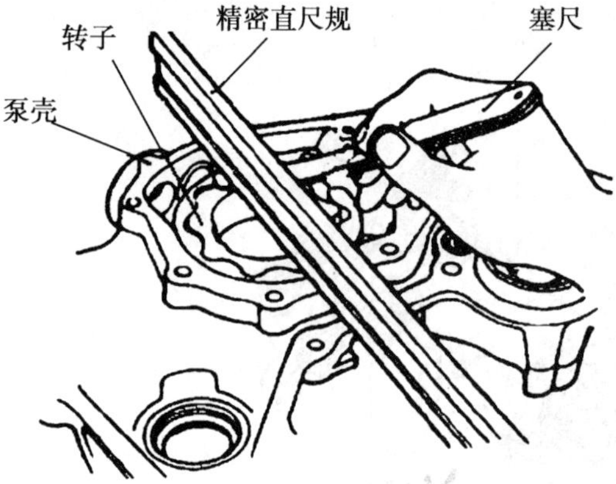

图 7-18　检查泵壳与转子轴向间隙

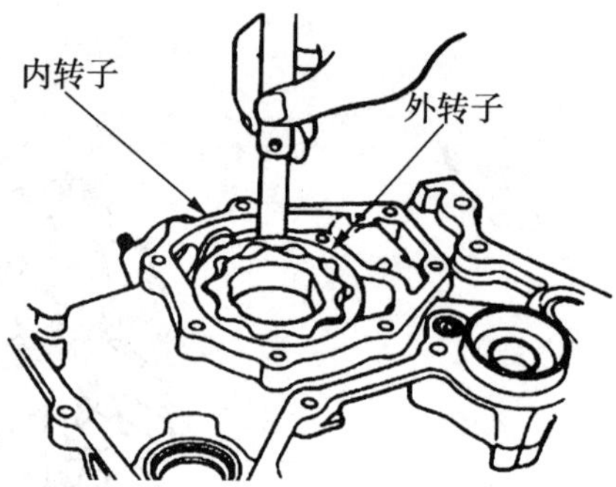

图 7-19　检查泵壳与外转子的径向间隙

(4)检查转子和泵壳有无烧灼或损坏,视情况进行更换;从机油泵上拆下旧的油封。轻轻敲打新油封,直到专用工具到达机油泵的底部,如图 7-20 所示。使用专用工具,无须拆下机油泵,就可更换油封,如图 7-21 所示。重新装配机油泵,在泵壳螺钉的螺纹上涂抹液态防松剂。检查机油泵,它应转动自如,在机油泵上安装定位销和新 O 形圈。

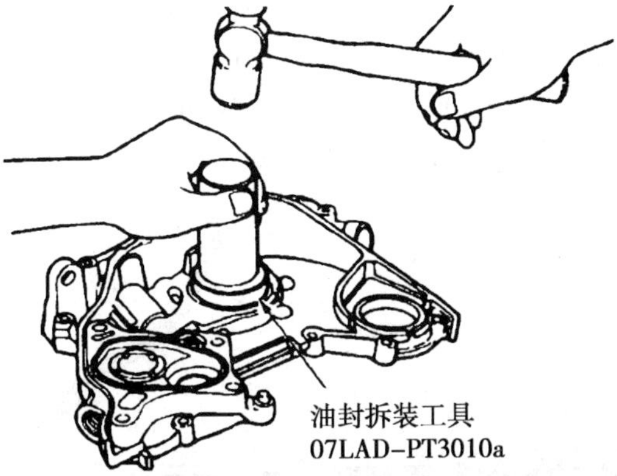

图 7-20　安装油封

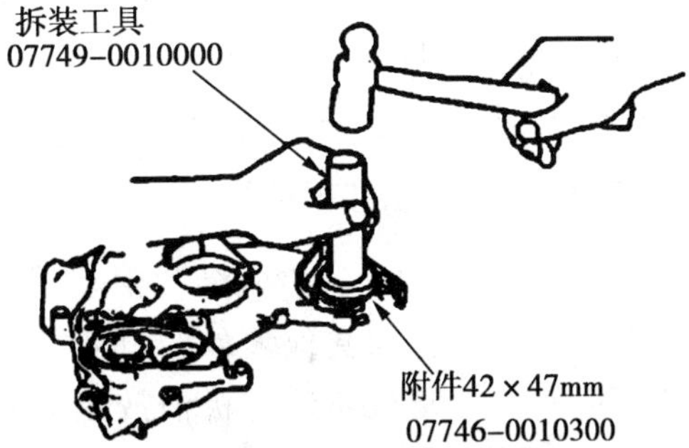

图 7-21　更换油封

(5)在机油泵上涂抹液态密封胶,安装机油泵,如图 7-22 所示。使用零件号为 08718-0001 的液态密封胶。在涂抹液态密封胶前,检查配合表面应洁净、干燥。液态密封胶的涂抹要均匀。为防止机油泄漏,在螺栓孔的内螺纹上应涂抹液态密封胶。涂抹液态密封胶后,5min 内应安装零件。如果超过 5min,则应去掉原来的液态密封胶,重新涂抹。装配完毕后,等待至少 20min,再给发动机加注机油。

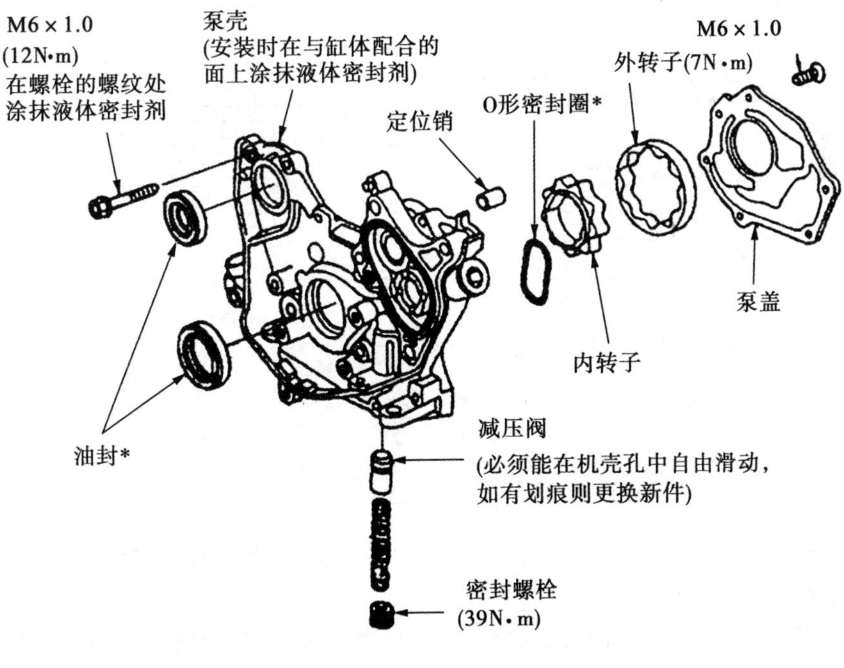

图 7-22　安装机油泵

在曲轴和平衡轴的油封唇上涂抹润滑脂，然后将机油泵的内转子安装到曲轴上。安放好机油泵后，清除掉曲轴和平衡轴上多余的油脂，然后检查油封唇边有无变形。

重新组装时使用新O形密封圈，并在安装之前在O形密封圈上施加润滑油。使用液体密封剂。转子必须沿同一方向安装。重新组装后，检查转子转动时应无卡滞。

7.4.4 机油散热器检修

为了使机油保持最有利的工作温度，除了靠油底壳和其他零件的自然散热外，有的发动机还装有机油散热器。机油散热器多装在冷却水散热器的前面，利用空气或水来冷却。空气冷却的机油散热器结构与冷却水散热器相似，如图7-23所示，多与主油道并联。

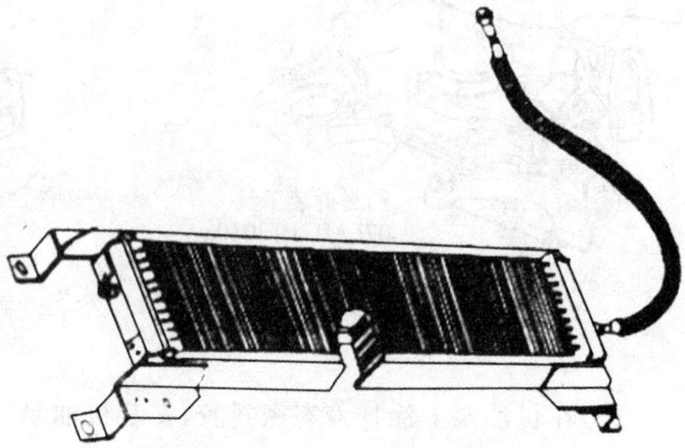

图7-23 空气冷却的机油散热器

冷却水冷却的机油散热器如图7-24所示。将机油散热器置于冷却水路中，串联在主油道之前。冷却水在管外流动，润滑油在管内流动(或反之)。当油温较高时靠冷却水降温，而在启动暖车油温较低时，则从冷却水吸热迅速提高机油温度。水冷却的机油散热器油温能得到较好控制。

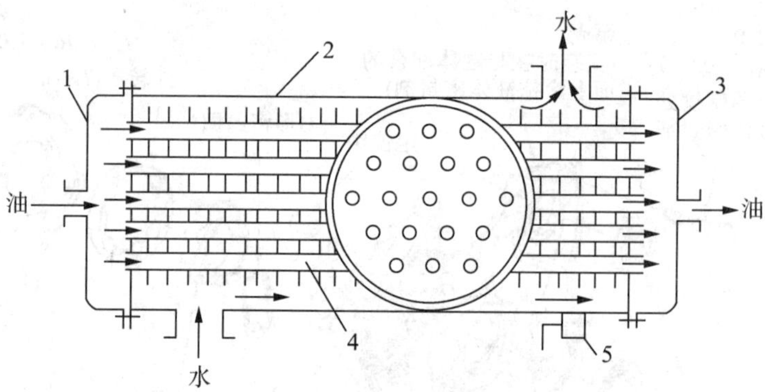

图7-24 水冷却的机油散热器简图

1—前盖 2—壳体 3—后盖 4—铜芯管及散热片 5—放水开关

7.4.5 机油压力开关检查

检查条件：润滑油液面高度正常；当点火开关接通时，润滑油报警灯应该闪亮；润滑油温度约为80℃。

检查过程：拔下低压开关(0.025MPa，棕色绝缘层)，将其拧到V. A. G1342润滑油开关测试仪上，如图7-25所示。

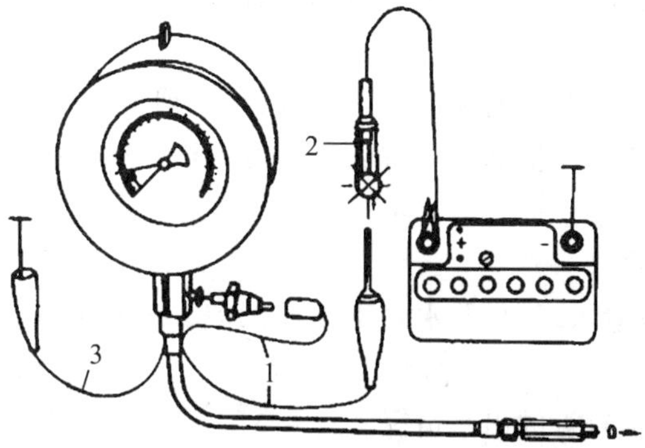

图 7-25 测试机油压力开关

1—棕色导线 2—润滑油压力开关 3—搭铁线

将测试仪拧到润滑油滤清器支架机油压力开关的位置上。将测试仪的棕色导线搭铁。将发光二极管 V. A. G1527 连接到润滑油压力开关和蓄电池正极上，发光二极管必须发亮。启动发动机，并缓慢提高发动机转速。

当机油压力为 0.015～0.045MPa 时，发光二极管必须熄灭，否则更换润滑油压力开关。将发光二极管拧在高压油压开关上(0.18MPa，白色绝缘层)。当润滑油压力为 0.16～0.2MPa 时，发光二极管必须发亮，否则更换润滑油压力开关。继续提高发动机转速。在 2000r/min 和 80℃的机油温度下，润滑油压力应至少维持在 0.2MPa。

7.4.6 发动机过热的检修

导致发现机过热的因素很多，比如发动机调整不当、发动机点火正时过早或过晚、混合气过浓过稀、配气相位不准、曲轴轴瓦间隙过小等。而大多数的时候都是由于冷却系统故障所造成的，比如水的蒸发和泄漏；散热器返水或加水少引起的冷却水不足；百叶窗开启不足；散热器内、外堵塞；风扇叶片角度不对、叶片装反或者传动不良；水管凹陷；节温器破损失效；冷却系统内有大量的水垢堵塞管道等。此外，汽车底盘的轮胎、制动、离合器不良，或者发动机润滑油不足以及发动机长时间处于大负荷等状态下工作，也会导致发动机过热。一旦发现发动机有过热开锅现象，就应该认真检查，查明原因，排除故障。

对发动机过热故障可按下述方法进行处置。

(1)查看机油

发动机机油油平面的实际高度和润滑油质量要确实符合要求。机油若变为乳白色泡沫状，而且机油平面自行缓慢升高，则可怀疑发动机冷却系统有水渗漏。如果油平面升高较快，肯定是发动机冷却系统有泄漏。这时应对发动机缸体和汽缸套进行全面检查。

(2)查看散热器加水口处有无“返水”现象

在发动机温度较低时，让发动机中速运转，此时观察散热器加水口处有没有“返水”现象。如果有这种现象，则应该检查发动机冷却系统管道是否阻塞凹瘪，尤其应检查出水口橡胶软管。同时也要注意发动机汽缸与水套是否有串通现象。

(3)观察散热器部位，看是否异常

散热器中的冷却水应加满充足，加水口处不应有过多的水垢，散热器外部不应有泥灰、油污、叶草等杂物覆盖或者阻塞，散热器不应有漏水现象。

(4)查看风扇部位

关闭发动机，查看风扇叶片有无变形，叶片倾角一般应在45°左右。风扇皮带应有足够的张力，风扇皮带及皮带轮槽间不应有油污。发动机风扇不应装反(汽车发动机的风扇一般应将风吹向发动机)。

(5)检查水泵和分水管

发动机水泵不得有漏水现象，分水管不得有凹陷。若有凹陷，就出现发动机前、后温度不均匀的现象。

(6)检查散热器进水软管的出水情况

在水温为节温器主阀门开启温度时(80℃左右)，若发动机转速一定，则发动机散热器进水管应有相应的出水量。当发动机转速升高后，出水量也应该相应地增加，否则，就应该对水泵及节温器进行检查。

(7)检查硅油风扇离合器及风扇的转速

硅油风扇离合器上风扇的转速，应该是随风扇前方空气的温度和发动机水温的升高而增加。否则应对硅油风扇离合器进行彻底的检查。硅油风扇离合器的检查一般分为冷、热车检查两种情况。在冷车状态下进行检查时，当汽车过夜或者经过相当长时间的冷却后，风扇的主动盘和从动盘之间仍然留有一定的硅油，如果这个时候用手拨动风扇叶片应该是很费力的。若启动发动机使其运转1～2min，让主动盘和从动盘之间的剩余硅油流回储油室，待发动机停机后，用手转动风扇应该是特轻松的。上述情况属于正常，否则说明有故障。

在发动机处于热车状态下检查风扇离合器。当发动机工作温度在90℃～95℃时，风扇的转动应该趋于正常，不应有松脱打滑现象。发动机停止运转后，如果用手去拨风扇叶片应该是特别费力的。汽车行驶中若发现硅油风扇离合器失效，可将紧急关闭锁销拧入，使主从动盘连成一体，成为刚性连接。但由于锁销不能长时间传力，只能做临时应急处理，事后应及时修理。

当然，在检查发动机过热故障时，如果故障发生的部位比较明显，就没有必要按上述步骤逐步检查。可以对明显怀疑的部位进行处置，以尽快排除故障。在此有必要强调，当发动机因过热而“开锅”时，除非发动机正在运转，否则不得加水，更不应该直接将冷却水浇向汽缸盖和汽缸体，这样做的结果极可能导致有关机件的破裂。同时也应注意“开锅”后的发动机不应立即停止转动，最好让其怠速运转几秒，停机后再用启动机带动发动机转动几圈。

拓展阅读

1. 机油变质故障诊断

(1)故障现象

机油取样，颜色变黑(多级机油比较容易变黑，检查时应注意区别)；含水分的机油呈乳浊状且有泡沫。

(2)故障原因

如图 7-26 所示,机油使用时间过长,在高温和氧化作用下,加快了机油氧化和机油碳化,使机油逐渐变质;活塞和汽缸间隙变大,活塞环漏气,燃油下泄量大,稀释机油;缸垫密封不严或缸体有裂纹、砂眼等造成冷却液漏入曲轴箱,使润滑油和冷却液搅拌后乳化;曲轴箱通风不良,机油中混杂有废气中的燃油,使机油变质;机油滤清器堵塞,机油未经过滤而直接通过旁通阀,润滑短路,造成机油内杂质过多;机油泵磨损,供油能力下降。

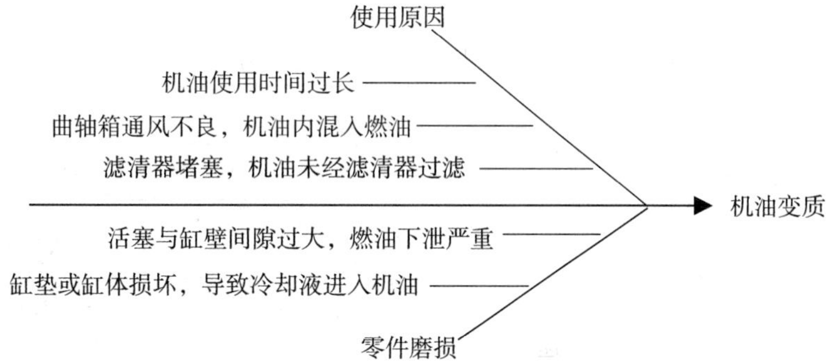

图 7-26　机油变质的原因

(3)故障诊断

检查机油中是否含有水分,进而检查冷却系统如缸体等是否有裂缝。取机油样品数滴,滴在滤纸上,若其扩散的油迹为中心黑色杂质多,则说明机油内杂质多,变质;用手捻取样机油,失去黏性感,说明机油内混有燃油。应检查曲轴箱通风是否良好,活塞的漏气量是否大,检查滤清器失效否及油道是否堵塞。

2. 机油压力低故障

(1)故障现象

仪表盘上机油压力警报灯闪烁;机油警报蜂鸣。

(2)故障原因

机油油面过低;机油压力传感装置故障;机油泵损坏或内部零件磨损;机油黏度低或被稀释;机油泵限压阀失效或弹簧过软;发动机曲轴等轴承间隙过大;机油集滤器网被胶状物糊住;机油泵内形成空气间隙,失去泵油功能等,如图 7-27 所示。

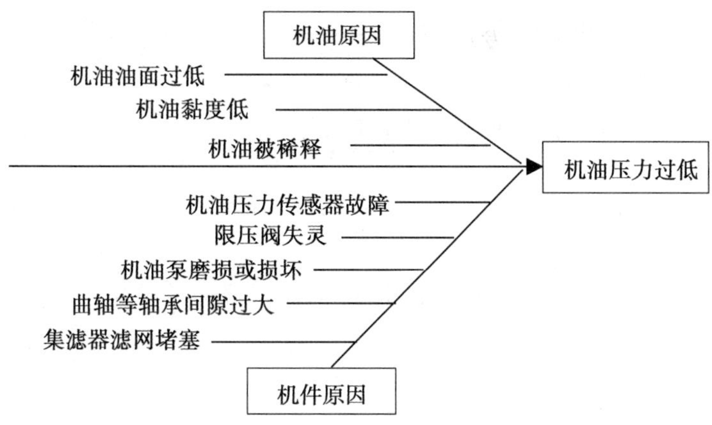

图 7-27　机油压力过低原因

(3)故障诊断与处置(见图 7-28)

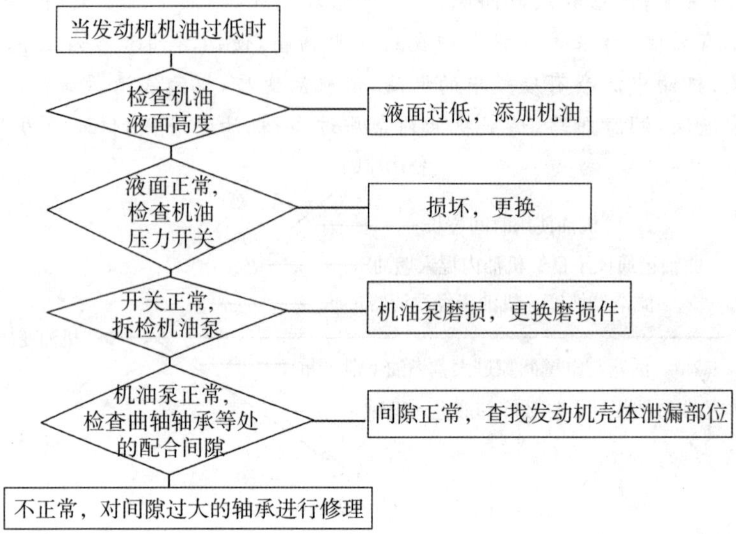

图 7-28 机油压力过低故障判断框图

3. 机油压力高故障

(1)故障现象

检查机油压力超过 0.4MPa;机油警报灯闪亮且蜂鸣器响。

(2)故障原因(见图 7-29)

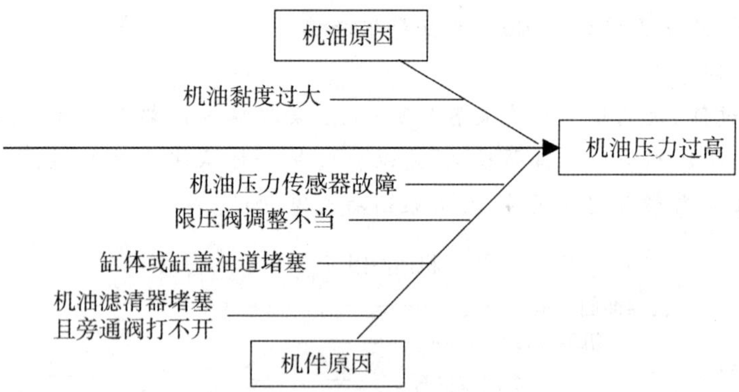

图 7-29 机油压力过高原因

(3)故障诊断(见图 7-30)

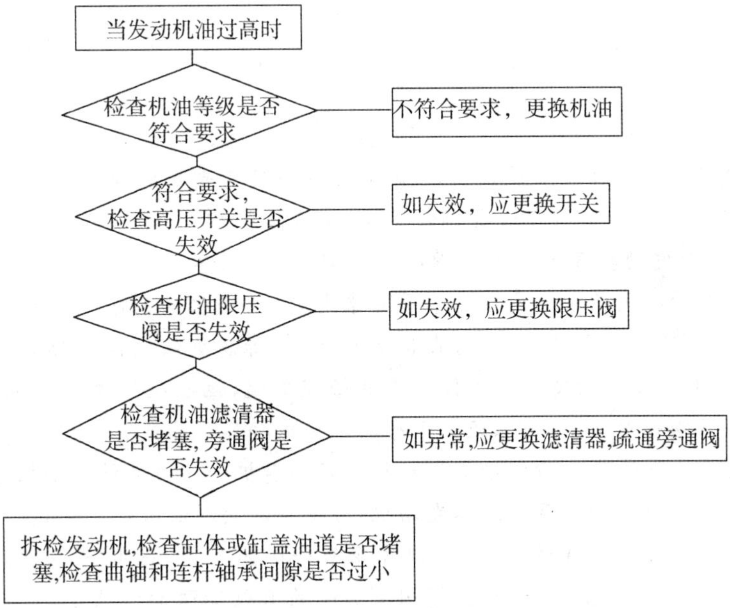

图 7-30　机油压力过高故障判断框图

4. 机油消耗超标故障

(1)故障现象

百公里机油消耗超过 0.1～0.5L 的限度;积炭增多;排气管冒蓝烟。

(2)故障原因

活塞与缸孔间隙变大;气门杆油封失效;气门导管磨损等。

(3)故障诊断与处置(见图 7-31)

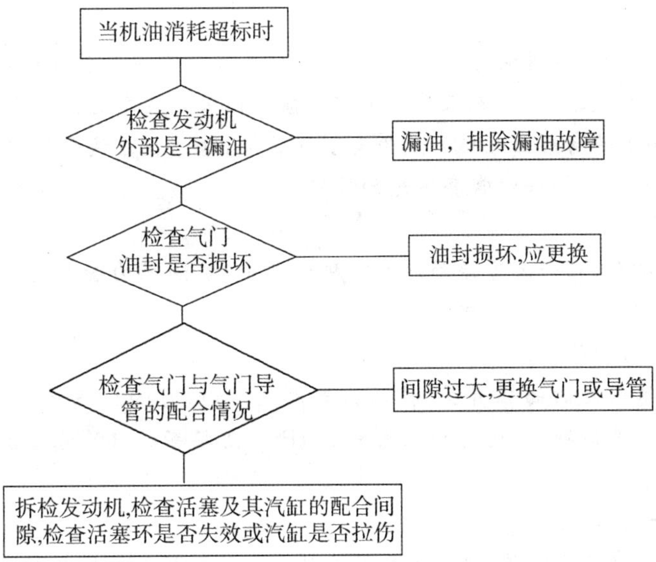

图 7-31　机油消耗超标故障判断框图

5.红旗轿车机油压力偏低故障的检修

(1)故障现象

一辆小红旗轿车(配装CA488发动机),在某修理厂大修后,试车时发现发动机机油压力偏低。

(2)故障检查与排除

据原来承修该车的修理工说,机油泵和机油滤清器是新换的,安装时也分别向机油泵和机油滤清器内注入了新机油,这两个部件应该没有问题。该修理工曾多次大修过CA488发动机,对发动机各部轴承间隙心中有数,他认为不会出现配合过紧的问题。检查各处密封件和管路接头没有发现堵塞和异常之处;检查机油泵限压阀也未发现有失效或卡滞的迹象;机油加注量适当,正好在机油尺上、下标志刻线之间。那么就只剩下一个可疑之处了,即润滑油道堵塞。但承修该车的修理工说,他已经清洗过润滑油道,而且洗完后为了防止污物进入润滑油道,还用干净的卫生纸将各个油道孔都堵住了,直到装复发动机之前才将卫生纸清除。所以造成发动机大修之后机油压力偏低的祸根很可能就是堵各个油道孔的卫生纸。于是再次解体发动机,仔细清洗润滑油道,在发动机下面用一个干净的大盆盛装流出来的清洗油,终于发现冲出来一小团布丝,另有一些絮状物。可以肯定,就是这一小团布丝堵塞了主油道,使润滑油道的有效流通面积减小,从而导致机油压力偏低。仔细清洗润滑油道,装复发动机,加满机油后试车,机油压力恢复正常,故障排除。

(3)故障分析

那么这一小团布丝和絮状物又是如何进入主油道的呢?这只要仔细观察修理工用于堵各个油道孔的卫生纸就可以明白。原来该卫生纸纸质非常粗糙,在纸浆中混有较多的布丝和草梗等杂物,而修理工又未能完全清除堵各个油道孔的卫生纸(工作中有疏漏),这样卫生纸便进入主油道,并在机油的浸泡下,溶化成絮状物,而混在纸浆中的布丝和草梗等杂物便游离出来并形成一团,堵塞了主油道,造成上述故障。

(4)经验总结

许多修理工在清洗润滑油道后,都喜欢用一些干净的布或纸将油道孔堵住,以防止污物进入润滑油道,造成返工,这本来是一个好习惯。但若是装车之前忘了取出或者使用的材料不妥(如本例中的劣质卫生纸),反倒会引发故障,这一点应该引起广大修理工注意。

6.桑塔纳机油压力警告灯常亮不熄的检修

(1)故障现象

一辆桑塔纳轿车,在一天冷启动后的暖机过程中,机油压力警告灯常亮不熄,司机平稳加速到2500r/min时,警告灯熄灭。

(2)故障检查与排除

拆下机油滤清器处的高压开关,接压力表检测,怠速时油压正常(200kPa)。拆下汽缸盖后端的低压开关检测,怠速时油压只有10kPa。更换新的机油滤清器后,警告灯怠速常亮故障排除。

(3)故障分析

高压开关安装在油道首端,低压开关装在油道尾端。按该发动机结构特点判断:首端压力正常，而尾端压力过低，很可能是机油滤清器过脏或堵塞的缘故。正如故障现象中所述：发动机加速至 2500r/min 时，警告灯熄灭，即表明在此转速时旁通阀打开，使系统内油压恢复正常所致。

7. 普通型桑塔纳轿车机油压力报警器报警的检修

(1)故障现象

一辆普通型桑塔纳，当发动机转速超过 5000r/min 时，机油压力报警器便开始报警，而当发动机低于这个转速时又恢复正常。

(2)故障检修

根据故障现象，首先检查了机油压力感应塞，发现感应塞完好，并对相应的线路检查了一遍，也未发现问题。怀疑可能是机油太脏，便将机油全部换掉，但故障仍未排除。

试着将油底壳拆掉，检查机油泵，发现油泵本身完好无损，但在清洗油底壳时发现正对吸油口处有一圆形痕迹，经查油底壳已经向里凹陷了许多。将油底壳整形装车后，故障排除。

(3)故障分析

吸油口与油底壳太近，使之空间变小，存油量减少，当低速运转时，机油泵输油量大，由于该凹陷部位的影响，感应塞不能准确感知机油压力，报警器便报警。

8. 润滑系统的常见故障及原因(见表 7-1)

表 7-1　　润滑系统常见故障及原因

故障现象	原　因	排除方法
润滑油压力低	润滑油黏度标号低 润滑油劣化(混有燃油、水分) 润滑油温度过高	更换润滑油 更换润滑油 检查
	润滑油储量(油底壳)不足 集滤器堵塞	添加润滑油 清洗集滤器
	润滑油泵齿轮与泵壳间隙过大 润滑油泵外壳松动，O 形密封圈损坏	检修或更换 紧固，更换 O 形圈
	润滑油泵止回阀关闭不严或止回阀弹簧损坏 润滑油泵限压阀卡住在开启位置 发动机轴承间隙过大	检修或更换 检修或更换 检修曲柄连杆机构
漏油	发动机前后油封磨损 个别密封垫损坏	更换前后油封 更换密封垫
	汽缸盖、汽缸体不平或有损伤 气门室罩不平或有损伤	检修或更换 更换气门室罩

续表

故障现象	原　因	排除方法
润滑油压力高	润滑油滤清器堵塞且旁通阀开启困难 汽缸体主油道堵塞	更换润滑油滤清器 清洗、疏通
	新装配的发动机曲轴轴承间隙过小	检修曲轴及轴承
	选用润滑油标号黏度过高	更换润滑油
润滑油消耗过多	发动机活塞与缸壁间隙过大 活塞环弹力减低 活塞环侧隙、开口间隙过大	检修活塞和汽缸 更换活塞环 更换活塞环
	各油封密封垫处漏油 气门杆油封漏油	更换密封垫 更换气门油封
加油口冒气	曲轴箱通风不良	疏通通风软管

注：表中所列故障以桑塔纳2000GSi轿车AJR型发动机为主。

复习思考题

(1)润滑系统的作用是什么？

(2)在发动机润滑系统中，有几种润滑方式？各润滑哪些部位？

(3)发动机润滑系统是由哪些装置组成的？各有何作用？

(4)一般润滑系统油路中有哪几种机油滤清器？它们与主油道之间应串联还是并联？为什么？

(5)润滑油路中如不装限压阀会引起什么后果？

(6)试分析发动机机油压力过低的原因。

(7)润滑系统中的旁通阀安装在什么位置？起何作用？

(8)什么是浮式集滤器？什么是固定式集滤器？它们各有何优缺点？为什么曲轴箱要通风？

第8章 点火系统

学习目标

1. 点火系统的作用及类型。
2. 传统点火系统的组成、部件结构。
3. 传统点火系统的工作原理和工作特性。
4. 传统点火系统点火正时的调整步骤。

考核标准

知识要求：

1. 了解点火系统的作用及类型。
2. 了解传统点火系统的组成、部件结构和工作原理。
3. 掌握传统点火系统点火正时的调整步骤。

技能要求：

1. 能够拆装、检测与诊断点火系统各主要部件。
2. 能够分析点火系统控制电路。
3. 能够根据接线路连接点火系统电路。
4. 能够根据点火波形进行故障诊断。

教学建议

教具：万用表、解码仪、发动机台架、桑塔纳轿车等。

建议：应依据高职学生的特点，授课时注重理论和实践的紧密结合；尽可能使用多媒体教学、实物课堂教学及现场教学；讲授内容应体现实用，对过于复杂的理论分析，工作应简化，重点放在使用、维护与故障诊断。

8.1 点火系统概述

8.1.1 点火系统的作用

在汽油发动机中，汽缸内被压缩后的可燃混合气是由高压电火花点燃的，用来定时产生高压电火花的全部设备就是发动机的点火系统。点火系统将电源的低电压变成高电压，再按照发动机点火顺序轮流送至各汽缸，利用电火花点燃压缩混合气，从而使发动机正常工作。同时，点火系统的工作能适应发动机工况和使用条件的变化，自动调节点火时刻，实现可靠而准确的点火；还能在更换燃油或安装分电器时实现人工校准点火时刻。

8.1.2 点火系统的类型介绍

目前汽车上使用的点火系统按其组成和产生高压电方式的不同可分为传统蓄电池点火系统、电子点火系统、微机控制点火系统和磁电机点火系统。

8.1.2.1 传统蓄电池点火系统

以蓄电池和发电机为电源，借点火线圈和断电器的作用，将电源提供的低压直流电转变为高压电，再通过分电器分配到各缸火花塞，使火花塞两电极之间产生电火花，点燃可燃混合气。传统蓄电池点火系统由于存在产生的高压电比较低、高速时工作不可靠、使用过程中需经常检查和维护等缺点，目前正在逐渐被电子点火系统和微机控制点火系统所取代。

8.1.2.2 电子点火系统

按点火信号产生的方式不同分为有触点式和无触点式两类。

有触点式电子点火系统其点火信号和传统点火系统一样由分电器内断电器产生，由于不能克服与断电器触点相关的许多缺陷，现代汽车中已很少采用。

无触点式电子点火系统以蓄电池和发电机为电源，借点火线圈和由半导体器件（晶体三极管）组成的点火控制器将电源提供的低压电转变为高压电，再通过分电器分配到各缸火花塞，使火花塞两电极之间产生电火花，点燃可燃混合气。与传统蓄电池点火系统相比具有点火可靠、使用方便等优点，是目前国内外汽车上广泛采用的点火系统。无触点式电子点火系统根据产生点火信号的信号发生器工作原理不同，有磁感应式、霍尔效应式和光电效应式等几种类型。

8.1.2.3 微机控制点火系统

与上述两种点火系统相同，也以蓄电池和发电机为电源，借点火线圈将电源的低压电转变为高压电，再由分电器将高压电分配到各缸火花塞，并由微机控制系统根据各种传感器提供的反映发动机工况的信息，发出点火控制信号，控制点火时刻，点燃可燃混合气。它还可以取消分电器，由微机控制系统直接将高压电分配给各缸。微机控制点火系统是目前最新型的点火系统，已广泛应用于各种中、高档轿车中。

8.1.2.4 磁电机点火系统

由磁电机本身直接产生高压电，不需另设低压电源。与传统蓄电池点火系统相比，磁电机点火系统在发动机中、高转速范围内产生的高压电较高，工作可靠。但在发动机低转速时，产生的高压电较低，不利于发动机启动。因此磁电机点火系统多用于常在高速、满负荷下工作的赛车发动机，以及某些不带蓄电池的摩托车发动机和大功率柴油机的启动发动机上。

8.1.3　对点火系统的基本要求

无论是哪一类的点火装置，均有共同的技术性能要求，即应在发动机各种工况和使用条件下保证可靠而准确地点火，为此应满足以下三个方面的要求：

8.1.3.1　能产生足以击穿火花塞间隙的电压

火花塞电极击穿而产生火花时所需要的电压称为击穿电压。点火系统产生的次级电压必须高于击穿电压，才能使火花塞跳火。火花塞击穿电压的大小与电极之间的距离（火花塞间隙）、汽缸内的压力和温度、电极的温度、发动机的工作状况等因素有关。

火花塞电极的间隙越大，气体中的电子和离子受电场力的作用越小，不易发生碰撞电离，击穿电压就越高，如图 8-1 所示；汽缸内气体压力越高而温度越低时，混合气的密度越大，离子自由运动的距离越短，越不容易发生碰撞电离，击穿电压越高，如图 8-2 所示。

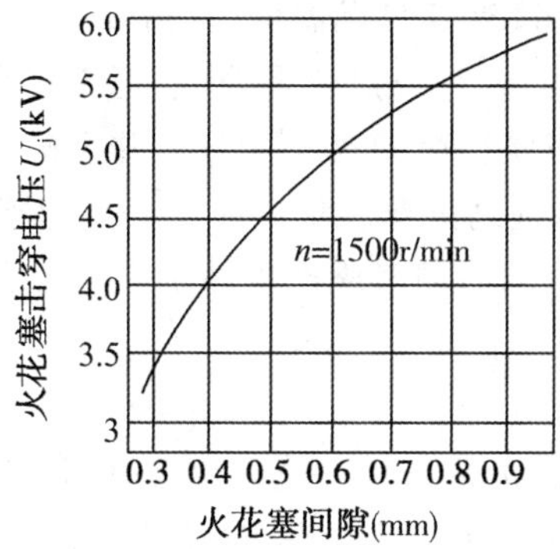

图 8-1　火花塞电极间隙与击穿电压的关系

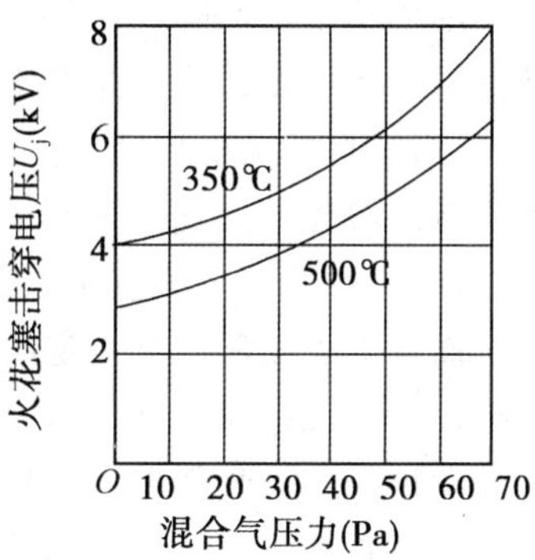

图 8-2　混合气压力与击穿电压的关系

火花塞电极的温度越高，电极周围的气体密度越小，击穿电压就越低；针状的中心电极为负极且温度较高时，击穿电压就较低。中心电极是负极时其击穿电压比中心电极是正极时约降低 20%～40%，如图 8-3 所示。

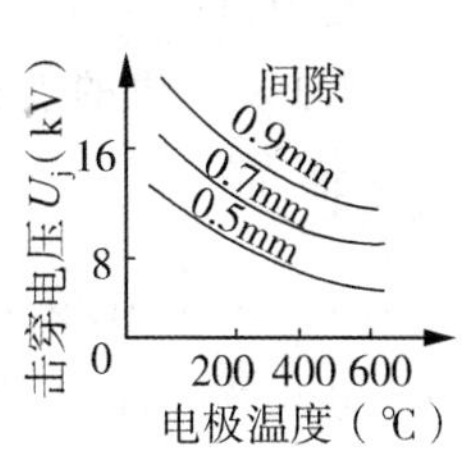

图 8-3　火花塞击穿电压与电极温度的关系

发动机工况不同，火花塞的击穿电压也不同，其值随发动机转速、负荷、压缩比、点火提前角和混合气成分而改变。发动机高速工作时，汽缸内的温度升高，使汽缸的充气量减小，致使汽缸中压力减小，因而火花塞的击穿电压随转速的升高而降低。如图 8-4 所示。发动机在启动和急加速时击穿电压升高，而全负荷且稳定工作状态时击穿电压较低。

混合气过稀和过浓时击穿电压都会升高，如图 8-5 所示。

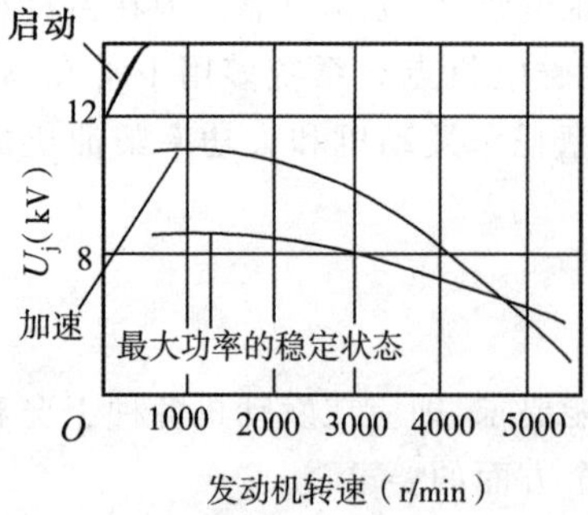

图 8-4 火花塞击穿电压与发动机转速的关系

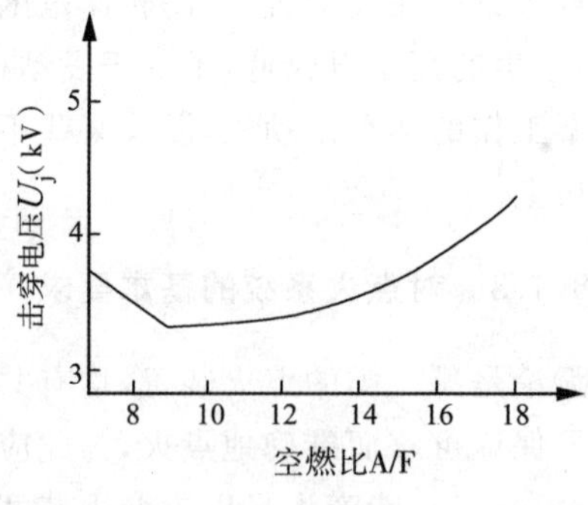

图 8-5 火花塞击穿电压与空燃比的关系

为了保证点火的可靠性，点火系统必须有一定的次级电压储备。但过高的次级电压，将造成绝缘困难，使成本提高。发动机正常运行时，火花塞的击穿电压为7～8kV，发动机冷启动时达19kV。为了使发动机在各种不同的工况下均能可靠地点火，要求火花塞击穿电压应为15～20kV。

8.1.3.2 火花应具有足够的能量

发动机正常工作时，由于混合气压缩终了的温度接近其自燃温度，仅需要1～5mJ的火花能量。传统点火系统能发出15～50mJ的火花能量，足以点燃混合气，但在混合气过浓或是过稀时，发动机启动、怠速或突然加速时，则需要较高的火花能量。并且随着现代发动机对经济性和排气净化要求的提高，都迫切需要提高火花能量。因此，为了保证可靠点火，电子点火系统一般应保证50～80mJ的火花能量，启动时应产生高于100mJ的火花能量。而且电火花还应有一定的火花持续时间，通常不少于500μs。

8.1.3.3 点火时刻应与发动机的工作状况相适应

发动机的点火时刻用点火提前角表示。点火提前角是指从火花塞跳火时刻到活塞运行到压缩上止点位置时刻曲轴转过的角度。发动机在不同的转速和负荷下工作时，所需点火提前角的大小是不同，点火系统必须能自动调节点火提前角到最佳值。同时，点火系统应按发动机的工作顺序正确点火。一般六缸发动机的点火顺序为1-5-3-6-2-4或1-4-2-6-3-5，四缸发动机的点火顺序为1-3-4-2或1-2-4-3。

拓展阅读

http://www1.xpc.edu.cn/dept/yzk/qichesheng/lessonweb/lilun/4-dianhx/1gshu.htm/邢台职业技术学院《汽车电器设备》精品课程网站

8.2 传统点火系统

8.2.1 传统点火系统组成与工作原理

8.2.1.1 传统点火系统的组成

传统点火系统主要由电源（蓄电池和发电机）、点火开关、点火线圈、分电器、火花塞、附加电阻和高低压导线等组成，如图 8-6 所示。

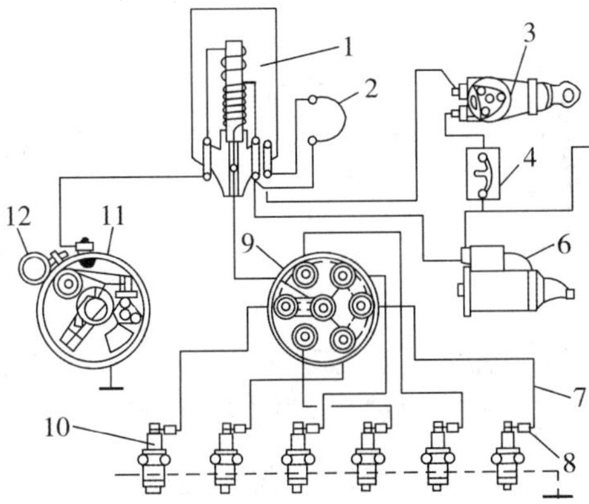

图 8-6　点火系统组成

1—点火线圈　2—附加电阻　3—点火开关　4—电流表　5—蓄电池

6—启动机　7—高压导线　8—附加电阻　9—配电器　10—火花塞

11—断电器　12—电容器

(1)电源：提供点火系统工作时所需的能量，由蓄电池和发电机构成。

(2)点火开关：用来控制点火系统初级电路、仪表电路以及启动机继电器电路的开与闭。

(3)点火线圈：相当于自耦变压器，用来将电源供给的 12V、24V 或 6V 的低压直流电转变为 15～20kV 的高压直流电。

(4)分电器：由断电器、配电器、电容器和点火提前调节装置等组成。它用来在发动机工作时接通与切断点火系统的初级电路，使点火线圈的次级绕组中产生高压电，并按发动机要求的点火时刻与点火顺序，将点火线圈产生的高压电分配到相应汽缸的火花塞上。

(5)火花塞：由中心电极和侧电极组成，安装在发动机的燃烧室中，用来将点火线圈产生的高压电引入燃烧室，点燃燃烧室内的可燃混合气。

(6)附加电阻：改善点火性能和启动性能。

8.2.1.2　传统点火系统的工作原理

传统点火系统是利用电磁感应原理，把来自蓄电池或发电机的 12V 低压电转变为 15～20kV 的高压电，并按点火顺序送入各缸火花塞，击穿其电极间隙点燃混合气的。其工作原理如图 8-7 所示。发动机工作时，断电器凸轮在配气凸轮轴的驱动下而旋转交替将触点闭合或打开。接通点火开关后，在触点闭合时初级线圈内有电流流过，并在线圈铁芯中形成磁场。触点打开时，初级电流被切断，使磁场迅速消失。此时，在初级线圈和次级线圈中均产生感应电动势。由于次级线圈匝数多，因而可感应出高达 15～20kV 的高电压。该高电压击穿火花塞间隙，形成火花放电。

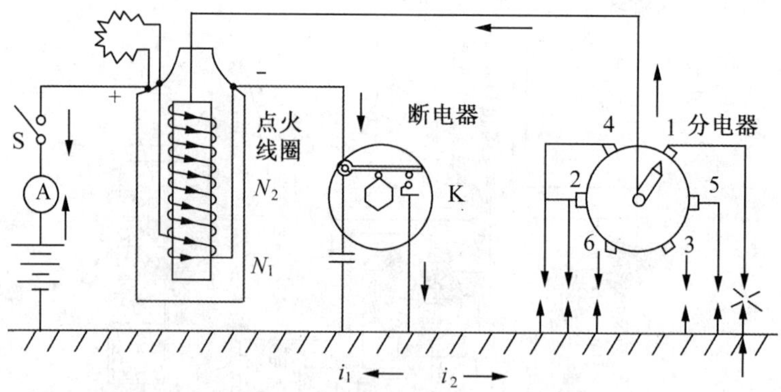

图 8-7　传统点火系统的工作原理

(1)断电器触点闭合、初级电流增长的过程

点火系统的初级电路包括蓄电池、点火开关、点火线圈初级绕组、附加电阻、分电器的断电触点及电容器。当触点闭合时，点火线圈初级绕组中有电流通过，传统点火系统工作过程波形如图 8-8 所示，流过初级绕组的电流称为初级电流 i_1，初级电流按指数规律增长，并趋于极限值，初级电流波形如图 8-8(a)所示。

对汽车上的点火线圈而言，在触点闭合约 20ms，初级电流就接近其极限值。

$$i_1=\frac{U_B}{R}(1-e^{\frac{R}{L}t}) \tag{8-1}$$

式中：i_1——初级电流；

U_B——蓄电池端电压；

R——初级电路的电阻(包括初级绕组的电阻 R_1 和附加电阻 R_f，即 $R=R_1+R_f$)；

L——初级绕组的电感；

t——触点闭合所经历的时间。

如果触点不分开，经过一段时间(约 20ms)，初级电流将达到最大稳定值。

其电路是低压电路，电流从蓄电池正极→电流表→点火开关→附加电阻→点火线圈初级绕组 N_1→断电器触点 K→搭铁→蓄电池负极。

初级电流增长时，不仅在初级绕组中产生自感电动势，而且同时在次级绕组中也会产生互感电动势，为 1.5～2kV，不能击穿火花塞间隙，次级电压波形如图 8-8(b)所示。

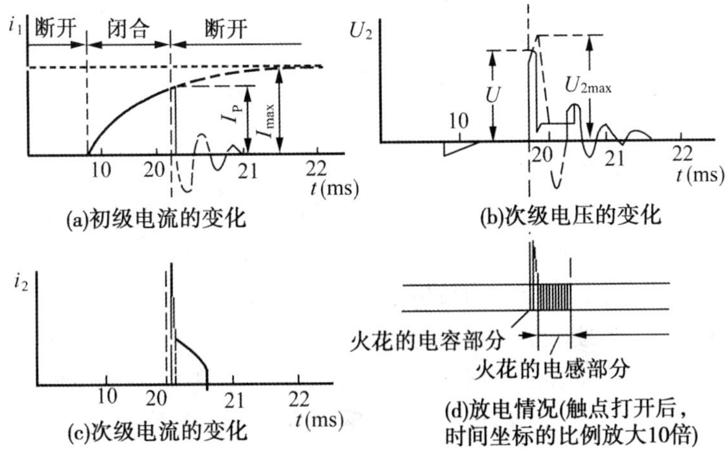

图 8-8　传统点火系统工作过程波形图

(2)断电器触点断开、次级绕组产生高压电的过程

当断电器凸轮顶开触点时，初级电路被切断，初级电流迅速下降到零，铁芯中磁通随之迅速衰减以至消失，因而在匝数多(1500～23000 匝)、导线细的次级绕组中感应很高的电压，使用火花塞电极之间的间隙被击穿，产生火花。初级组中电流下降的速率愈大，铁芯中磁通的变化率大，从而次级组中的感应电压也愈高。点火线圈次级绕组中的感应电压称为次级电压，其中通过的电流称为次级电流。次级电流所流过的电路称为次级电路或高压电路。

发动机工作时，在断电器触点分开瞬间，次级电路中分火头恰好与侧电极对准。高压电路在触点打开瞬间以点火线圈次级绕组为高压电源，以火花塞电极间隙为负载，其电流回路为：点火线圈次级绕组"＋"接线柱→附加电阻→点火开关→电流表→蓄电池→搭线→火花塞旁电极、中心电极→配电器旁电极→分火头→点火线圈次级绕组"－"接线柱。

(3)火花塞电极间火花放电过程

通常火花塞的击穿电压 U_j 总低于 U_{2max}，在这种情况下，当次级电压 U_2 达到 U_j 时，就使火花塞间隙击穿而形成火花，这时在次级电路中出现 i_2，次级电流波形如图 8-8 (c)所示，同时次级电压突然下降，如图 8-8(b)所示。

发动机工作期间，断电器凸轮每转一周(曲轴转两周)，各缸按点火顺序轮流点火一次。

8.2.1.3　影响传统点火系统工作性能的因素

(1)自感电压和电流的影响

在点火线圈铁芯中磁通发生变化时，不但在次级组中产生高电压(互感电压)，同时也在初级组中产生自感电压和电流。在断电器触点分开初级电流下降瞬间，自感电流与原初级电流方向相同，其电压高达 300V 左右，在触点间产生强烈的火花，这不仅会使触点迅速烧蚀，影响断电器正常工作，同时也会使初级电流的变化率下降，次级绕组中感应的电压降低，产生的电火花能量不足，难以点燃混合气燃烧做功。在断电器触点闭合，初级电流增长的过程中，次级绕组中也有电流产生，但其方向与初级电流的方向相反，使初级电流的增长速度减慢。由此可见，初级绕组中的自感电流对高压电的产生极为不利。因此，为了消除自感电流的不利影响，在断电器触点间并联有电容器。当断电器触点分开时，自感电流向电容器充电，减小了断电器触点间的火花，加速初级电流和磁通的衰减，从而提高了次级电压。

(2)发动机转速的影响

次级电压的大小与初级电流的大小有关，初级电流愈大，铁芯中的磁场愈强，当触点分开时磁通变化率就愈大，感应的次级电压也愈高，为此应尽可能增大流过初级组中的电流。但是在断电器触点闭合以后，初级电流是按指数规律由零开始逐渐增长的，需要经过一定时间以后，才能达到按欧姆定律的稳定值。因此，当发动机正常工作时，由于凸轮的转速很高，触点每次保持闭合的时间总是少于其稳定值。因此，当发动机转速升高时，由于触点闭合时间缩短，初级断开时电流减小，感应的次级电压下降；反之，发动机转速降低时，触点闭合时间长，初级电流增大，次级电压升高。

如果点火线圈按发动机高速时的需要设计，则低速时初级电流将过大，容易使点火线圈过热；如果按低速时线圈不至过热设计，则高速时又将使初级电流过小而次级电过低，不能保证可靠地点火。为解决这一矛盾，可在初级电路中串联一个其电阻能随温度而变化(温度愈高则电阻愈大)的附加电阻(热敏电阻)。

随着发动机转速降低初级电流加大，如图 8-9 所示，附加电阻的电阻值会因本身温度升高而增大，因而使初级电流减小，点火线圈不致过热。当发动机转速升高时，初级电流减小，但同时附加电阻的电阻值却因温度降低而减小，故又使初级电流下降较少。这样，附加电阻就起了保持初级电流基本稳定的作用。

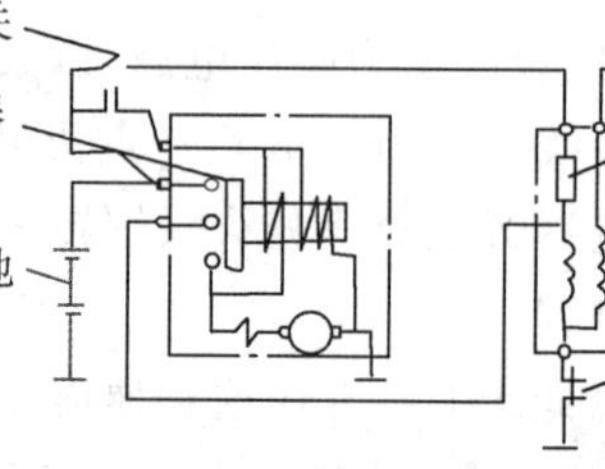

图 8-9 附加电阻

8.2.1.4 点火提前角及其影响因素

(1)点火提前角和最佳点火

发动机工作时，点火时刻对发动机的工作和性能有很大的影响。混合气燃烧有一定的速度，即从火花塞跳火到汽缸内的可燃混合气完全燃烧是需要一定时间的。虽然这段时间很短，不过千分之几秒，但是由于发动机的转速很高，在这样短的时间内曲轴却转过较大的角度。若恰好在活塞到达上止点时点火，混合气开始燃烧时，活塞已开始向下运动，使汽缸容积增大，燃烧压力降低，发动机功率下降。因此，应提前点火，即在活塞到达压缩行程上止点之前火花塞跳火，使燃烧室内的气体压力在活塞到达压缩行程上止点后10°～15°时达到最大值。这样混合气燃烧时产生的热量，在做功行程中得到最有效的利用，可以提高发动机的功率。

如图 8-10 所示为四冲程发动机在不同的点火时间情况下的示意图。各曲线所包围的面积为发动机实际的输出功率，点火过早或过迟都会降低发动机的输出功率。

若点火过早，则活塞还在向上止点移动时，汽缸内压力已达到很大数值，这时气体压力作用的方向与活塞运动的方向相反，在示功图上出现了套环，此时，发动机有效功减小，发动机功率也将下降。如果点火过迟，在活塞到达上止点时才点火，则混合气一面燃烧，活塞一面下行，即燃烧过程在容积增大的情况下进行，同时炽热的气体与汽缸壁接触的面积增加，热传导损失增大，因而转变为有效功的热量相对减小，气体最高压力降低，从而导致发动机过热，功率下降。

从点火时刻起到活塞到达压缩上止点，这段时间内曲轴转过的角度称为点火提前角。能使发动机获得最佳动力性、经济性和最佳排放性能的点火提前角，称为最佳点火提前角。发动机工作时，最佳点火提前角不是固定值，它随很多因素而改变。

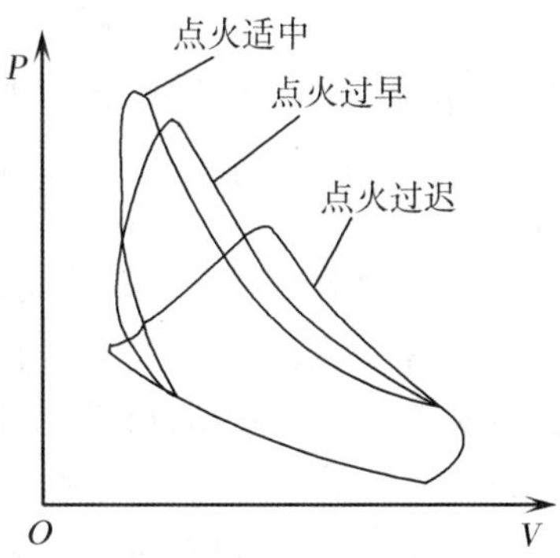

图 8-10　不同点火提前角的示功图

(2) 影响点火提前角的因素

影响点火提前角的主要因素是发动机的转速和混合气的燃烧速度。混合气的燃烧速度又与混合气的成分、发动机的结构及其他(燃烧室的形状、压缩比等)一些因素有关。

发动机转速对点火提前角的影响：发动机的最佳点火提前角随发动机转速 n 的提高而增大。转速提高，单位时间内曲轴转角加大。如果混合气的燃烧速率不变，则最佳点火提前角数值应按线性增加。但当转速升高时，混合气的压力温度增高，扰流也增强，使燃烧速度随之加快，因此，最佳点火提前角，应随发动机转速升高而增大，但不是线性的。

如图 8-11 所示为东风 EQ1090 型汽车发动机的最佳点火提前角与发动机转速的关系，发动机转速越高，最佳点火提前角越大。低转速时，点火提前角增大发动机转速上升快，高转速时，点火提前角增大转速上升慢；启动或怠速时，点火提前角数值应很小或为零。转速变化时点火提前角的调节由分电器的离心调节机构来实现。

发动机负荷变化对点火提前角的影响：在相同转速下，随着发动机负荷的增大，最佳点火提前角将随之减小。这是由于发动机负荷大即节气门开度大时，吸入汽缸的混合气量增多，压缩行程终了时的压力和温度增高，使燃烧速度加快，这就需要相应减小点火提前角。

如图 8-12 所示为跃进 NJ130 型汽车的发动机不同转速时，最佳点火提前角与负荷的关系。同一转速下，随着发动机负荷的增大，最佳点火提前角减小。负荷变化时点火提前角的调节由分电器的真空调节机构来实现。

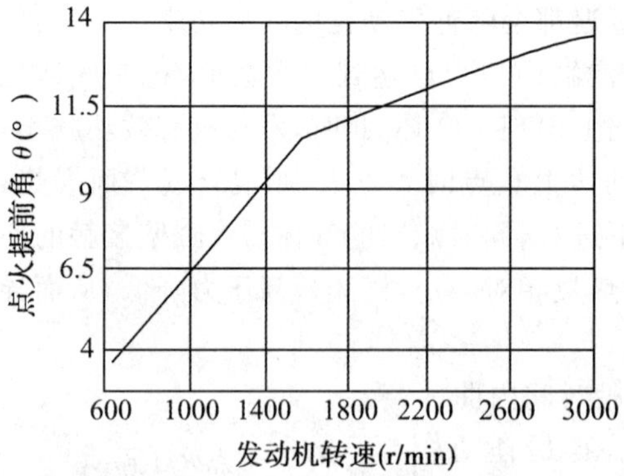

图 8-11　最佳点火提前角与发动机转速的关系

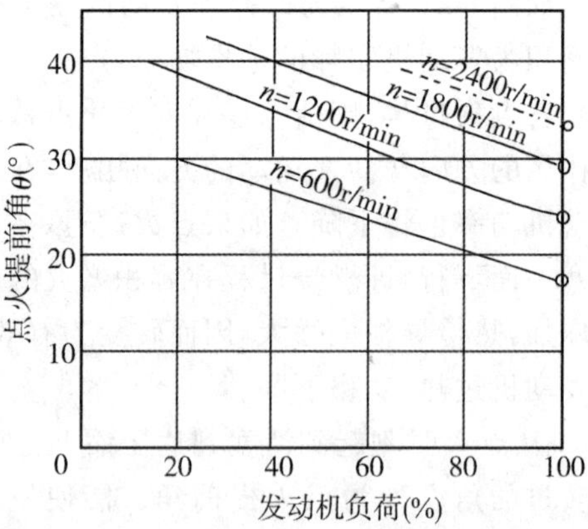

图 8-12　最佳点火提前角与负荷的关系

燃油的品质对点火提前角的影响：燃油的辛烷值不同其抗爆性也不同，辛烷值高的抗爆性能就好，我们希望发动机在工作时处于轻微爆震的状态，不同品质的燃油对应不同的点火提前角。当发动机换用不同牌号的汽油时，点火提前角也必须作适当调整。为此，要求点火系统的构造还应实现适当的点火提前角手动调节，如有些车型的点火系统中配有辛烷值校正器，可以在进行手动调节时指示调节的角度。

其他因素：在发动机转速不变的情况下，燃料燃烧速度的变化会引起发动机最佳点火提前角的变化。影响燃烧速度的因素有过量空气系数、进气压力、压缩比等。除此之外，点火提前角还与排气净化、发动机水温等诸多因素有关。因此，单靠离心调节机构或真空调节机构是不能满足要求的，必须有一种更为先进的控制手段，这就是微机控制电子点火系统。

8.2.2　传统点火系统主要元件的结构介绍

8.2.2.1　点火线圈

点火线圈的作用是将电源提供的低压电转换成点火所需的高压电，使火花塞电极能击穿跳火。按其磁路结构形式的不同，分为开磁路点火线圈和闭磁路点火线圈。

（1）开磁路点火线圈

开磁路点火线圈的基本结构，如图 8-13 所示，主要由铁芯、一次绕组、二次绕组、胶木盖、绝缘座等组成。

胶木盖中央突出部分为高压插孔，其余的接线柱为低压接线柱。为了减少涡流和磁滞损失，点火线圈的铁芯用 0.3～0.5mm 厚的硅钢片叠成，外面套有绝缘套管。铁芯上绕有一次绕组和二次绕组。一次绕组通常用直径为 0.5～1.0mm 的漆包线绕 240～370 匝；二次绕组通常用直径为 0.06～0.10mm 的漆包线绕 11000～30000 匝。由于一次绕组中流过的电流较大，发热量大，所以绕在二次绕组绝缘层的外面，有利于散热。当低压电流过一次绕组时，铁芯被磁化，其磁路如图 8-14 所示。由于磁路上下都暴露在空气中并未构成闭合磁路，所以称为开磁路点火线圈。为了增强绝缘性能，绕组绕好后要在真空中浸以石蜡和松香的混合物，并填满沥青或变压器油，以减少漏磁和加强绝缘性，同时防止潮气侵入。

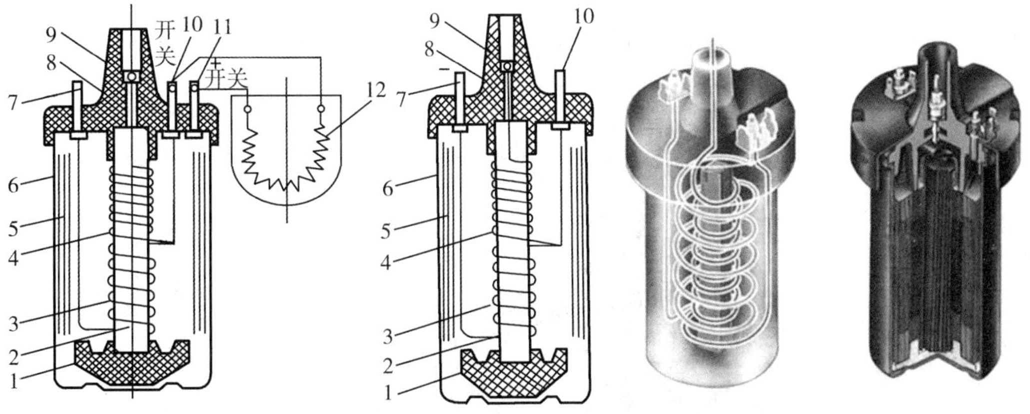

(a) 三接线柱式点火线圈　　(b) 二接线柱式点火线圈　　(c) 开磁路点火线圈内部结构

图 8-13　开磁路点火线圈结构

1—绝缘座　2—铁芯　3—一次绕组　4—二次绕组　5—导磁钢套
6—外壳　7—“－”接线柱　8—胶木盖　9—高压线接头
10—接启动机接线柱　11—“＋”接线柱　12—附加电阻

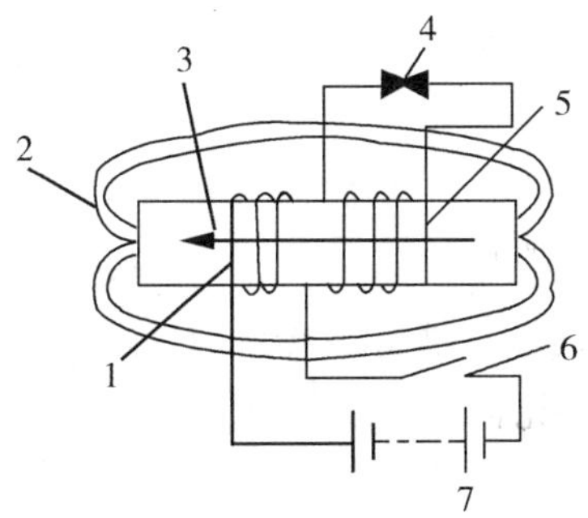

图 8-14　开磁路点火线圈的磁路

1—绝缘座　2—铁芯　3—一次绕组　4—二次绕组　5—导磁钢套
6—外壳　7—“－”接线柱

根据低压接线柱的数目不同，点火线圈有二接线柱式和三接线柱式之分。

如图 8-13(a)所示的三接线柱的点火线圈的胶木盖上，有低压接线柱 7、10 和 11，它们分别接断电器、启动机附加电阻短路接线柱和点火开关。如图 8-15 所示，点火线圈附加电阻是具有正温度系数的热敏电阻，它与点火线圈的一次绕组串联，当其温度升高时电阻值迅速增大、温度降低时电阻值迅速减小。发动机工作时，利用附加电阻这一特点自动调节初级电流的大小，可以改善高速时的点火性能。当发动机低速工作时，一次电流大，附加电阻受热量大，其阻值增大，避免了一次电流过大，防止了一次绕组过热；反之，当发动机高速工作时，一次电流小，附加电阻受热量小，阻值减小，使一次电流增大，保证能产生足够的二次电压。当发动机启动时，由于蓄电池的端电压会急剧下降，致使一次电流减小，点火线圈不能供给足够的高电压和点火能量。为了克服这一影响，在启动时将附加电阻短路，使一次电流最大，提高二次电压和点火能量，改善发动机的启动性能。

如图 8-13(b)所示，二接线柱式点火线圈无附加电阻，而用一根导线接至点火开关。这根导线是一根热敏电阻线被称作附加电阻线，阻值为 1.7Ω，起到三接线柱点火线圈中的附加电阻的作用。

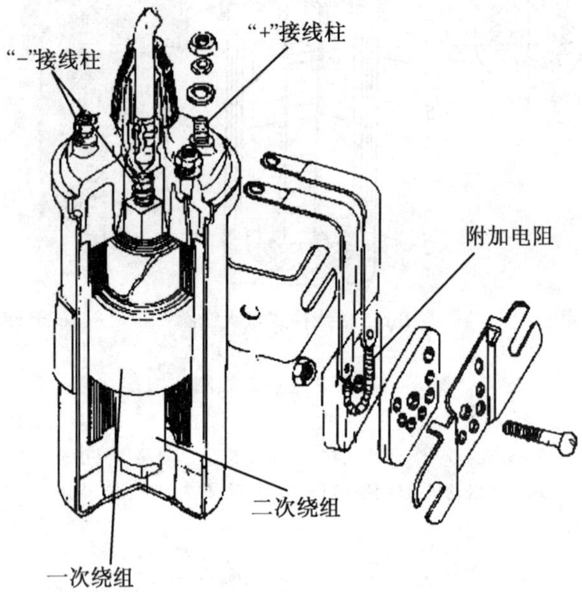

图 8-15　附加电阻式点火线圈

(2)闭磁路点火线圈

闭磁路点火线圈的结构如图 8-16 所示。传统的开磁路点火线圈中，次级绕组在铁芯中的磁通通过导磁钢套构成回路，磁力线的上、下部分从空气中通过，磁路的磁阻大，磁通损失大，转换效率低(约 60%)；闭磁路点火线圈的铁芯是"日"字形或"口"字形，铁芯内绕有初级绕组，在初级绕组外面绕有次级绕组，其铁芯构成闭合磁路，磁路中只设有一个微小的气隙。闭磁路点火线圈漏磁少，磁阻小，能量损失小，变换效率高，可使点火线圈小型化。

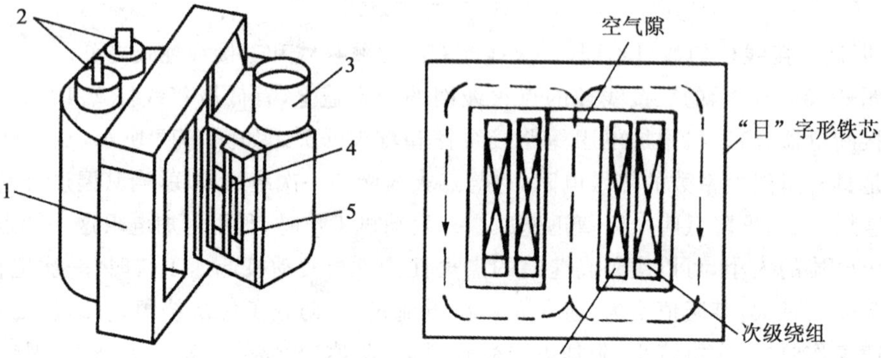

图 8-16　闭磁路点火线圈

1—"日"字形铁芯　2—一次绕组接线柱　3—高压接线柱　4—一次绕组　5—二次绕组

8.2.2.2　分电器

分电器由断电器、配电器、点火提前角调节装置和电容器等组成(见图 8-17),是点火系统中结构最复杂、功能最多的一个设备。

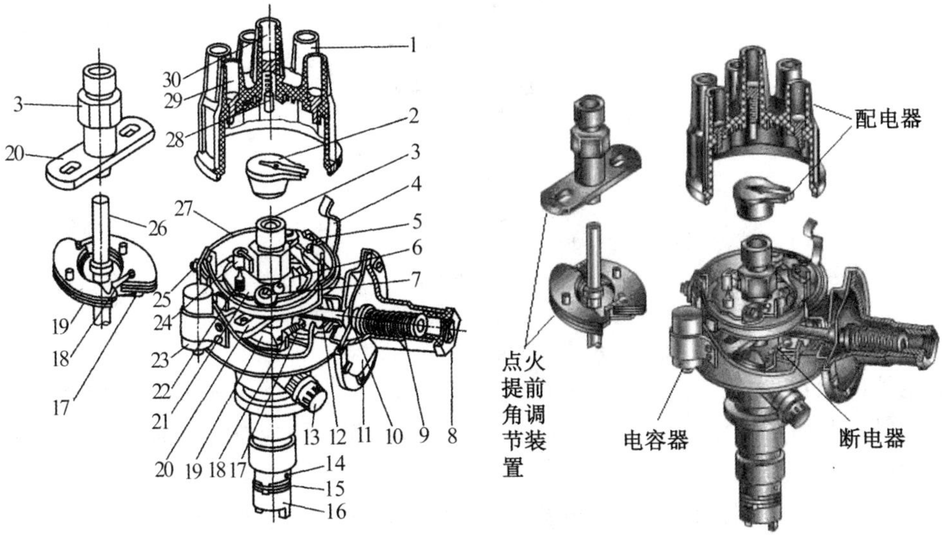

图 8-17　分电器的结构

1—分电器盖　2—分火头　3—断电器凸轮　4—分电器盖弹簧夹　5—断电器弹簧及固定夹　6—活动触点及支架　7—固定触点　8—接头　9—弹簧　10—真空调节器膜片　11—真空调节器外壳　12—拉杆　13—油杯　14—固定销及联轴节　15—联轴节钢丝　16—轴　17—离心调节器底板　18—离心重块拉紧弹簧　19—离心重块　20—横板　21—断电器底板　22—真空调节器拉杆及弹簧　23—电容　24—油毡　25—接线柱　26—分电器轴　27—分电器壳　28—中心触点　29—侧接线孔　30—中央接线孔

它的壳体由铸铁制成,下部压有石墨青铜衬套,分电器轴在衬套内旋转。分电器由凸轮直接或间接控制。断电器控制点火线圈产生高压电,配电器将高压电分配到各缸缸线,点火提前调节装置随发动机转速、负荷等变化调节点火提前角。

(1) 断电器

断电器是一个串联在点火线圈初级绕组电路中控制低压电流的开关设备,由活动触点、固定触点及凸轮组成,如图 8-18 所示。其作用是周期性地接通和切断点火线圈低压电路。断电器触点由钨合金制成,固定触点经底板直接搭铁。活动触点与壳体之间是绝缘的,它通过触点臂、经触点弹簧片与分电器低压接线柱相通。活动触点臂有孔一端松套在活动底板的销轴上,通过触点臂弹簧片的弹力紧压在凸轮上。凸轮具有与发动机汽缸数相同的凸角,凸轮与拨板制成一体,装在分电器轴上,经离心重块由分电器轴驱动。旋动偏心螺钉即可改变固定触点的位置,从而可以调整断电器触点的间隙。触点之间的间隙一般为 0.35～0.45mm。

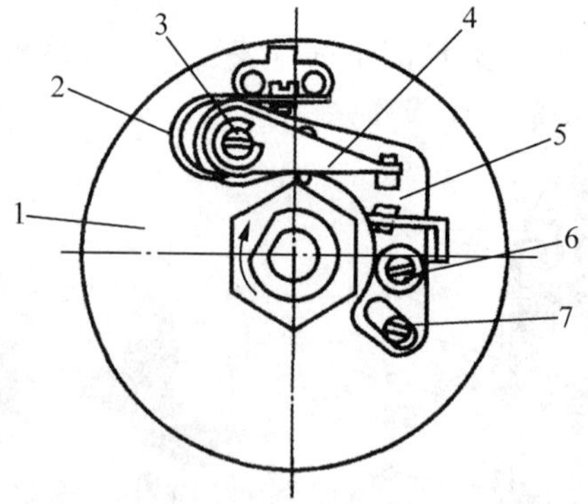

图 8-18　断电器

1—固定盘　2—片簧　3—销钉　4—活动触点臂

5—托板　6—固定螺钉　7—调节螺钉

断电器的检查:触点表面若有轻微烧蚀,应用细砂纸打磨;严重时可用细锉修磨或更换。活动触点与固定触点中心线应重合,触点间隙及弹簧张力应符合标准。

(2)配电器

配电器的组成:配电器安装在断电器上方,由胶木制的分电器盖和分火头组成,如图 8-19 所示。

配电器的作用是按发动机点火顺序,将高压电分配到各缸火花塞上。分火头插装在凸轮的顶端,和凸轮一起旋转,其上有金属导电片。分电器盖的中央有高压线插孔,其内装有带弹簧的炭柱,压在分火头导电片上。分电器盖的外围有与发动机汽缸数相同的旁电极插孔,以安装分缸高压线。分火头上的导电片离旁电极有 0.2～0.8mm 的间隙,当分火头旋转时,断电器触点打开,而此时分火头正好对准某一旁电极,于是高压电自导电片跳至与其相对的旁电极,再按点火顺序将高压电经高压线送至各缸相应的火花塞。

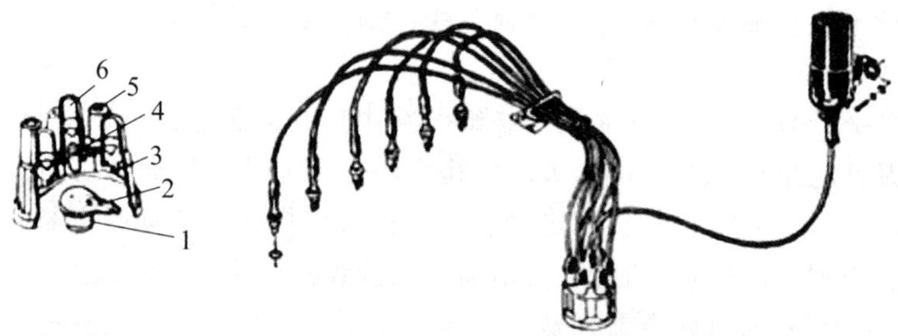

(a)内部组件　　(b)高压线的插接

图 8-19　配电器的组成

1—分火头　2—导电片　3—高压旁电极　4—中心高压炭精触头

5—分电器盖　6—高压中心插孔

高压线有中央高压线和分缸高压线两种。一般为耐压绝缘包层的铜芯线或全塑高压阻尼线。常为竖直排列,也有水平布置,可避免折损、缩短长度,抗高电压,延长寿命。

配电器的故障检查:检查分电器盖的绝缘状况,如图 8-20(a)所示:万用表置 $R\times$

10kΩ 挡，分电器中央插孔与各旁电极插孔之间的电阻应大于 50kΩ；否则分电器有裂纹或积污，应清洁或更换。

检查分火头的绝缘状况如图 8-20(b)所示：用上述方法检查时电阻应大于 50kΩ，或将分火头放在机体上，将分电器中央高压线距分火头 3～4mm。触点分开时若有火花为分火头漏电，应更换。

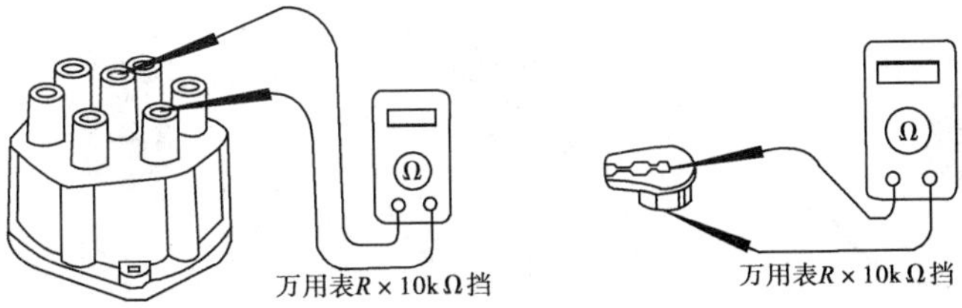

(a)检查分电器盖绝缘情况　(b)检查分火头绝缘情况

图 8-20　配电器的故障检查

(3)电容器

电容器的结构：电容器安装在分电器的壳体上，其结构如图 8-21 所示。电容器的作用是当触点分开时可减小触点间的火花，防止触点烧蚀；同时，由于电容器能吸收触点分开时的电能，使初级电流迅速切断，提高了磁场变化的速率，从而提高次级电压。

目前发动机点火系统所用的电容器一般均为纸质电容器，电容器外壳与一条箔带相连作为搭铁电极；另一条箔带则通过与外壳绝缘的导线引出，作为另一极，接分电器接线柱。

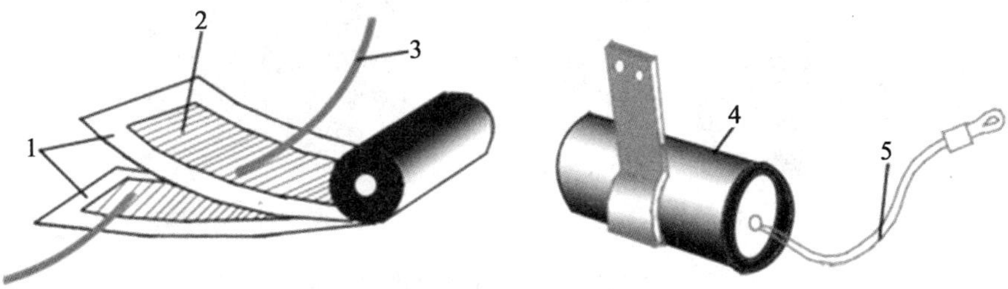

图 8-21　电容器结构图

1—纸带　2—箔带　3—软导线　4—外壳　5—引线

电容器的检查：在汽车上检查时，可分别在有无电容器的情况下，拨动触点，对比观察高压跳火情况。若有电容器时跳火火花强，无电容器时不跳火或火花弱，说明电容器良好。否则应予更换。

(4)点火提前角调节机构的结构

只有当发动机处于最佳的点火时刻，才能保证发动机拥有良好的动力性和经济性，同时改善燃烧性能，降低排放，准确的点火提前角对发动机的性能起着至关重要的作用。提前角主要受发动机转速、负荷、燃油品质等因素影响。为了保证发动机在任何工况下都能实现最佳点火时刻，在分电器中设置点火提前调整装置。

断电器触点打开，开始点火到活塞到达上止点的时间越长，其对应曲轴转角越大，点火提前角越大，因此，通过调节触点与断电器凸轮或断电器凸轮与分电器轴之间的相对位置，便可实现点火提前角的调节，如图 8-22 所示。

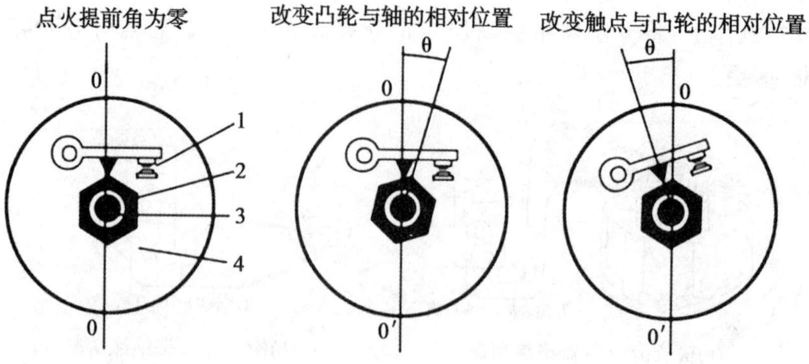

图 8-22　点火提前角的调整

离心点火提前机构的功能是在发动机转速发生变化时自动调节点火提前角，它通常装在断电器固定底板的下部，结构如图 8-23 所示。在分电器轴上固定有托板，两个重块分别套在托板的柱销上，重块另一端由弹簧拉住，凸轮和拨板为一体，套在分电器轴的上端，而拨板两端的孔则插在离心块的销钉上。

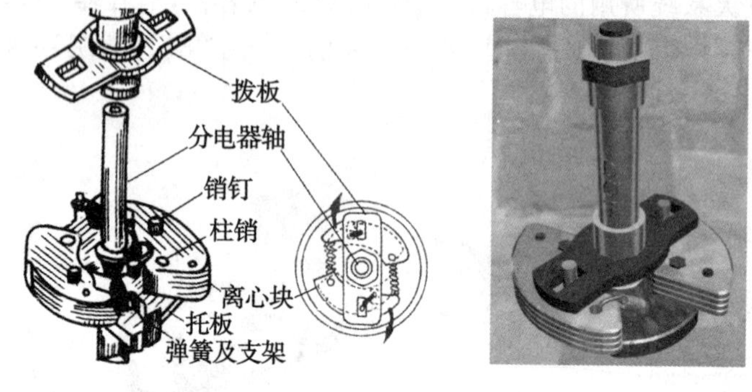

图 8-23　离心式调节机构

随着发动机转速升高，重块的离心力增大，克服弹簧拉力绕柱销转动一个角度，销钉推动拨板，使凸轮沿旋转方向相对于分电器轴转过一个角度，点火提前角增大。转速下降时，弹簧将重块拉回，使提前角自动减小。

有的离心点火提前机构每个重块设有一粗一细两个弹簧，两个弹簧弹性不同。粗弹簧安装后成为自由的状态，细的一根安装后略呈拉紧状态。在低速范围内，只有细弹簧起作用，当转速提高到一定程度后，两根弹簧同时起作用，点火提前角成正比增大，以后又趋于平缓，即点火提前角与转速不是线性关系，使之更符合发动机转速变化时对点火提前角的要求。

真空点火提前机构的功能是在发动机负荷变化时，自动调节点火提前角。它安装在分电器壳体的外侧，内部构造如图 8-24 所示。

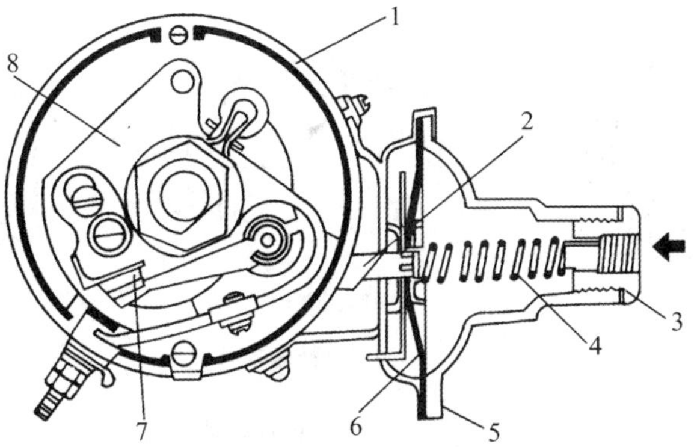

图 8-24　真空提前机构

1—分电器外壳　2—拉杆　3—螺母　4—弹簧　5—真空提前机构外壳
6—膜片　7—信号发生器　8—信号发生器底板

真空提前机构壳内装有膜片，将其内部分成两个腔室，位于分电器壳体一侧的腔室与大气相通，另一腔室连接到节气门附近。膜片中心固装着拉杆，通过销钉和断电器活动底板连接在一起，拉杆运动可带动断电器活动底板随之转动。

工作原理如图 8-25 所示。当发动机处于小负荷时，节气门开度小，小孔处真空度较大，吸动膜片向右拱曲，拉杆推动活动板带着断电器触点副逆分电器轴旋转方向转动一定角度，使点火提前角增大。节气门开度大时(负荷增大)，小孔处真空度降低，膜片在弹簧力作用下，使点火提前角自动减小。怠速时，节气门接近全闭，小孔处于节气门上方，真空度几乎为零，使点火提前角很小或基本不提前，以保证怠速稳定运转。

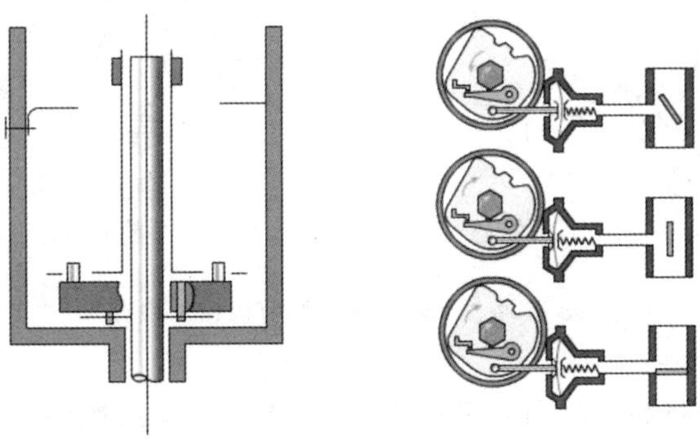

图 8-25　真空提前机构

点火提前角的手动调节装置也称辛烷值校正器。在换用不同品质的汽油时，为适应不同汽油的抗爆性能，常需调整点火时间。不同形式的分电器，其辛烷值校正器的结构也不同，但基本原理相同。通过转动分电器的壳体来带动触点，使触点与分电器轴做相对移动，从而改变点火提前角。逆凸轮旋转方向转动分电器外壳时，点火提前角增大；反之，则点火提前角减小，如图 8-26 所示。

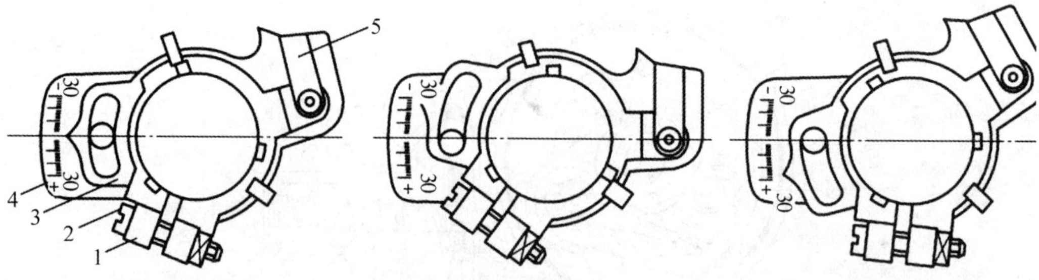

图 8-26　辛烷值选择器

1—调节臂　2—夹紧螺针及螺母　3—托架　4—调节底板　5—拉杆

壳体转动多少，一般可以从刻度板上看出。每转动一个刻度相当于曲轴转角 2°。调整时，先旋松调整托架的固定螺钉，而后转动外壳，顺时针转动为推迟（转至"－"号），逆时针转动为提前（转至"＋"号）。

(5)点火提前调节机构检查

离心点火提前调节机构检查，如图 8-27(a)所示，将分电器轴固定，用手捏住凸轮（或转子）式分火头，将其顺旋转方向转到极限位置后松手，应能自动回到原位；否则应修理或更换。

真空点火提前调节机构检查，如图 8-27(b)所示用真空泵或用嘴吸吮的方法，在吸气管处抽真空时，膜片能带动调节器拉杆和断电器底板移动；否则应修理或更换。

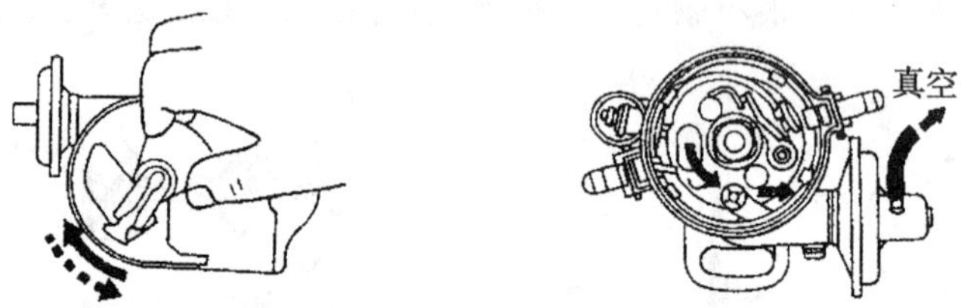

图 8-27　点火提前角调节机构的检查

8.2.2.3　火花塞

火花塞的作用是将高压电引入燃烧室，并形成电火花点燃混合气。火花塞装于汽缸盖的火花塞孔内，下端电极伸入燃烧室。上端连接分缸高压线。火花塞是点火系统中工作条件最恶劣、要求最高和最易损坏部件。

(1)火花塞的工作条件及其要求

混合气燃烧时，火花塞下部将承受气体高压的冲击，要求火花塞必须有足够的机械强度。

火花塞承受着交变的高电压，要求它应有足够的绝缘强度，能承受 30kV 的高压。

混合气燃烧时，燃烧室内温度很高，可达 1500℃～2200℃，进气时又突然冷却至 50℃～60℃，因此要求火花塞不但耐高温，而且能承受温度剧变，不出现局部过冷或过热。

混合气的燃烧产物很复杂，含有多种活性物质，如臭氧、一氧化碳和氧化硫等，易使电极腐蚀。因此要求火花塞要耐腐蚀。

火花塞的电极间隙影响击穿电压，所以要有合适的电极间隙。火花塞安装位置要合适，以保证有合理的着火点。火花塞气密性应当好，以保证燃烧室不漏气。

(2)火花塞的构造和类型

火花塞的结构：火花塞主要由接线帽、瓷绝缘体、中心电极、侧电极和壳体等部分组成。其结构如图 8-28 所示。在钢质壳体 6 的内部固定有高氧化铝陶瓷绝缘体 9，金属杆 8 位于绝缘体中心孔的上部，金属杆 8 的上端有接线螺母 10，用来接高压导线，下端装有中心电极 1。中心电极 1 与金属杆 8 之间用导电玻璃密封，铜质内垫圈 3、7 起密封和导热作用。钢质壳体 6 的上部有便于拆装的六角平面，下部有螺纹以便旋装在发动机汽缸盖内，壳体 6 下端固定有弯曲的侧电极 2。电极一般采用耐高温、耐腐蚀的镍锰合金钢或铬锰氮、钨、镍锰硅等合金制成，以提高散热性能。火花塞电极间隙为 0.6～0.7mm，电子点火间隙可增大为 1.0～1.2mm。

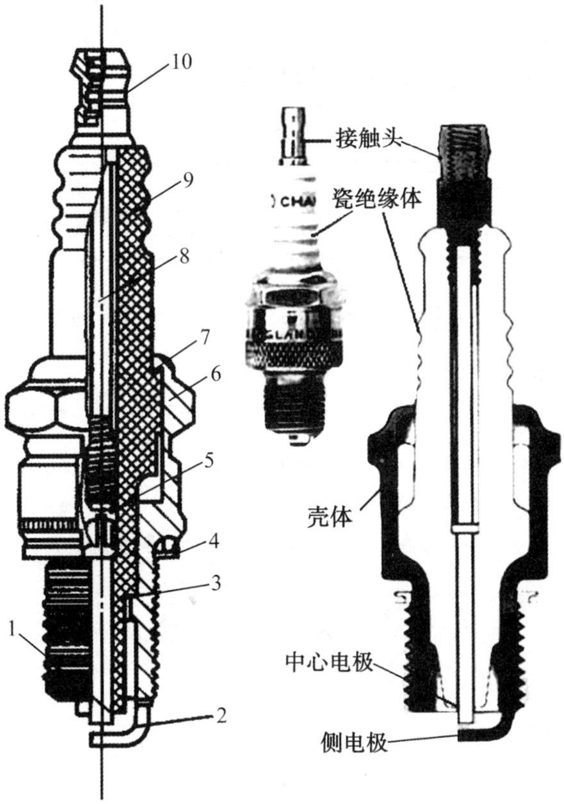

图 8-28　火花塞结构图

1—中心电极　2—侧电极　3、7—内垫圈　4—多层密封圈

5—导电玻璃　6—壳体　8—金属杆　9—绝缘体　10—接线螺母

火花塞中心电极和侧电极之间是绝缘的。当在火花塞两电极间加上直流电压并且电压升高到一定值时，火花塞两电极之间的间隙(火花塞电极间的距离)就会被击穿而产生电火花，能够在火花塞两电极间产生电火花所需要的最低电压称为击穿电压。为了使发

动机在各种工况下均能可靠地点火，作用在火花塞间隙的电压应达到15～20kV。击穿电压的数值与电极间的距离、汽缸内的压力和温度有关。电极间隙越大、汽缸内压力越高、温度越低，则击穿电压越高。

发动机工作时，火花塞发火部位吸收热量并向冷却系统散发的性能，称为火花塞的热特性。火花塞要能正常工作，其下部绝缘体裙部的温度应保持在500℃～700℃，这样才能使落在绝缘体上的油滴烧干净，不至于形成积炭，通常把这个温度称为火花塞的"自净温度"。

火花塞的类型：影响火花塞热特性的主要因素是火花塞裙部的长度。裙部较长时，受热面积大，吸收热量多，而散热路径长，散热速度慢，裙部温度容易上升，把这种火花塞称为"热型"火花塞。反之，当裙部较短时，吸热少，散热路径短，散热速度快，裙部温度较低，把这种火花塞称为"冷型"火花塞。

注：热型火花塞适用于低速、低压缩比的小功率发动机；冷型火花塞适用于高速、高压缩比的大功率发动机。

火花塞的热特性常用热值或炙热数来标定。我国是以火花塞绝缘体的裙部长度来标定，并以1～11的阿拉伯数值作为热值代号，如表8-1所示。

表8-1　热值代号

热值代号	1	2	3	4	5	6	7	8	9	10	11
热特性	热型……………………………………………………………………冷型										

现在还有多极型火花塞，侧电极一般为两个或两个以上，优点是点火可靠，间隙不需经常调整。

拓展阅读

1. http://jpkc.jxjtxy.com/ncourses/auto/pedu/pedu3.htm/江西交通职业技术学院《汽车检测与诊断技术》精品课程网站

2. 高吕和.汽车电器系统检修.北京：化学工业出版社，2010

8.3　点火系统的检修

8.3.1　分电器的检修

8.3.1.1　分电器的分解

(1)松开低压接线柱螺母，拆下电容器及分电器盖，取下分火头。

(2)拆下断电器底板的固定螺钉、真空提前拉杆上的锁片，取出断电器底板总成。

(3)拆下真空提前装置的固定螺钉，取下真空提前装置。

(4)取出凸轮中心孔内的油毡，拆下凸轮固定螺钉，取出凸轮与调整垫片。

(5)拆下离心块拉簧，取出离心块。

(6)拆下活动触点上的锁片，取出活动触点、塑料绝缘体、低压接线柱。

(7)拆下固定触点的固定螺钉,取下固定触点。

8.3.1.2　主要部件的检测

(1)触点:目视检查触点副是否光洁平整,游标卡尺测量触点的厚度应大于 0.5mm。

(2)凸轮:目视检查凸轮的工作表面是否光洁,游标卡尺测量凸轮各对角间的直径,磨损量应小于 0.04mm。

(3)轴承:用游标卡尺分别测量轴与轴承的配合间隙,应小于 0.05mm。

(4)分火头:用高压跳火的方法检查分火头,应无火花。

(5)分电器盖:目视检查分电器盖,应无裂纹、条纹状痕、缺口等。

(6)点火提前装置:用嘴吸吮法检查真空提前装置膜片的密封性,应无漏气。一手捏住分电器轴,另一手捏住凸轮,并顺时针旋转到极限位置后松手,凸轮应能自动回到原位。

(7)电容器:先把电容器的引线与外壳短接,使电容器放电。然后用万用表欧姆挡检查电容器的技术状况,正常为指针摆动一次后回到原位。

8.3.1.3　分电器的组装

(1)按解体的相反顺序组装分电器,装复后的分电器应转动灵活、无卡滞现象。

(2)装分电器盖之前,需调整触点之间的间隙,如图 8-29 所示,触点间隙标准为 0.35～0.45mm,用塞尺检查。

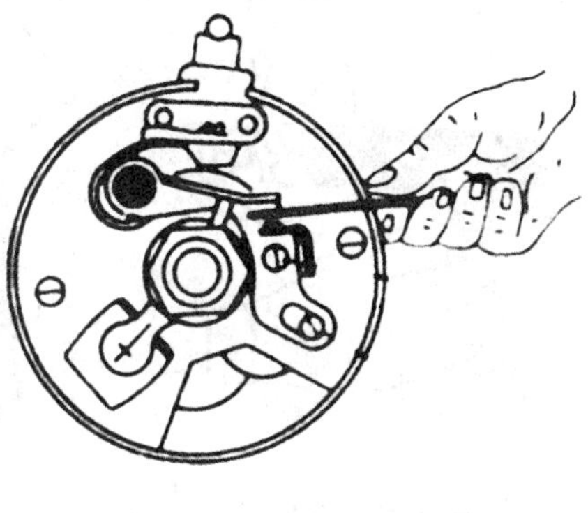

图 8-29　分电器触点间隙的检查

8.3.2　点火线圈的检修

观察点火线圈的外表是否有胶木绝缘盖裂损、填充物外溢、接线柱松动、螺纹滑牙、壳体变形、高压插座接触不良及温度过高等。

用万用表 200Ω 挡,测量一次绕组两端的电阻值是否符合原厂规定;用万用表 2kΩ 挡,测量二次绕组两端的电阻值是否符合原厂规定。

用万用表 200Ω 挡,测量附加电阻两端电阻值,应在 2Ω 左右,若为无穷大,则附加电阻烧断,应予更换。

用兆欧表检查接线柱与外壳的绝缘电阻(500V 兆欧表,测得阻值不得小于 200MΩ),如图 8-30 所示。

图 8-30　点火线圈绝缘性能检查

8.3.3　火花塞的检修

观察火花塞间隙处有无积炭、损坏等故障状况。如存在以上现象先用铜丝刷清洗或用火花塞清洗机进行清洗。清洗方法如图 8-31 所示。

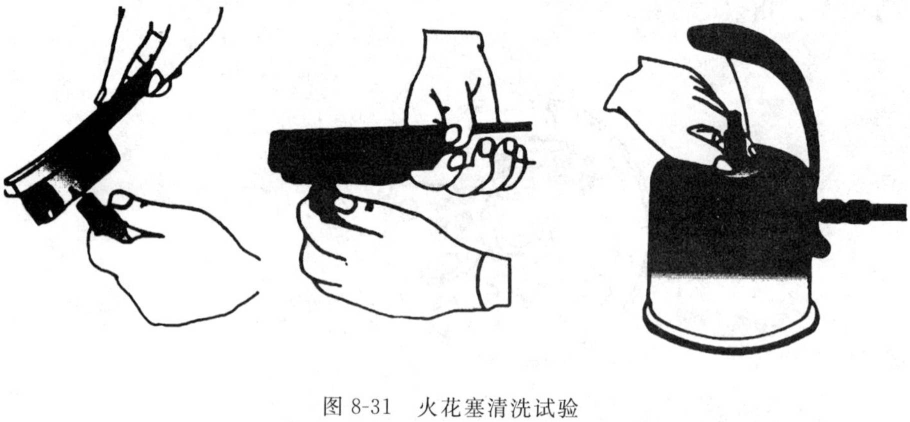

图 8-31　火花塞清洗试验

火花塞电极间隙的检查：首先用火花塞专用量规测量火花塞的电极间隙。其间隙一般为 0.6～0.8mm(如采用电子点火的火花塞的电极间隙可达 1～1.2mm)。如果不符合要求，应调整到标准值。

火花塞电极间隙的调整：用钢丝式专用火花塞塞尺，小心地弯曲侧电极来调整间隙。注意不可通过敲击电极来调整。

拓展阅读

http://www.qipei.hc360.com/tech/04/cxxt/fdjdk/gc/bq/002.htm/切诺基微机控制电子点火系统的检修

复习思考题

(1)汽油发动机汽车对点火系统的要求有哪些?

(2)什么是点火提前角，影响最佳点火提前角的因素有哪些?

第9章　启动系统

学习目标

1.熟悉启动机的结构组成及功用。

2.理解启动系统的工作过程。

3.掌握启动系统的检查特点及一般诊断方法。

考核标准

知识要求：

1.了解启动系统的组成、功用和结构特点。

2.熟悉启动系统的工作过程和要求。

3.掌握启动系统的检修特点。

技能要求：

1.能够正确拆装启动机。

2.能够正确检查发动机启动系统。

3.能够查阅相关标准和技术资料。

4.能够正确诊断并排除发动机启动系统常见故障。

教学建议

1.本部分内容授课过程中，在专业实训室完成，采用讲练结合，理论知识和实际操作交叉进行，增强学习效果。

2.讲授的过程中，尽可能采用多媒体教学，直观，便于理解。

3.课程的考核方式不能单一，可以多种方式结合，如提问、理论考试、技能考核、成果展示、课堂表现等。

9.1　启动系统概述

使发动机从静止状态过渡到工作状态的全过程，叫发动机的启动。完成启动所需要的装置叫启动系统，如图9-1所示。

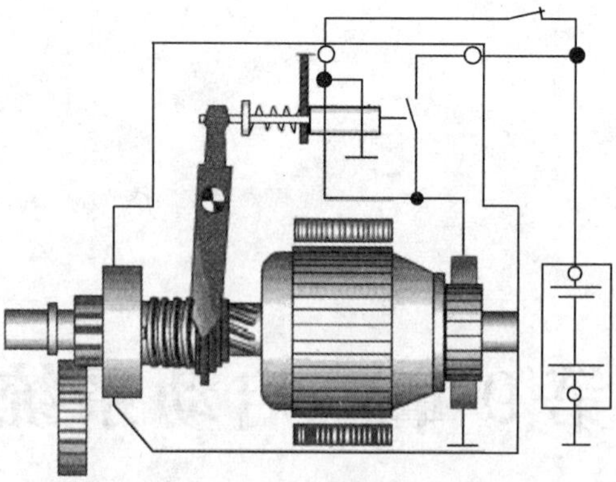

图 9-1　汽车启动系统

9.1.1　启动条件

启动转矩:能够使曲轴旋转的最低转矩称为启动转矩,启动转矩必须克服压缩阻力和内摩擦阻力矩。启动阻力矩与发动机压缩比、温度、机油黏度等有关。

启动转速:能使发动机启动的曲轴最低转速称为启动转速,在 0℃～20℃时,汽油机的启动转速为 30～40r/min,柴油机的启动转速为 150～300r/min。

9.1.2　启动方式

转动曲轴使发动机启动的方式很多,汽车发动机常用的有两种。

人力启动:启动最为简单,只需将启动手摇柄端头的横销嵌入发动机曲轴前端的启动爪内,以人力转动曲轴。

电动机启动:电动机启动是用电动机作为机械动力,当将电动机轴上的齿轮与发动机飞轮周缘的齿圈啮合时,动力就传到飞轮和曲轴,使之旋转。电动机本身又用蓄电池作为电源。

拓展阅读

1. http://121.26.225.8/jpkc/qichedianqi/index.asp/承德石油高等专科学校《汽车电器与电路检修》精品课程网站

2. http://www.jingpinke.com/course/details? uuid = 11e8b659-1244-1000-90c1-144ee02f1e73&courseID=SG080400/黄冈职业技术学院《汽车电器》精品课程网站

9.2　启动辅助装置

发动机在严寒冬季启动困难,这是由于机油黏度增高,启动阻力矩增大,蓄电池工作能力降低,以及燃油汽化性能变坏的缘故。为了便于启动,在冬季应设法将进气、润滑油和冷却水预热。柴油机冬季启动困难尤大。车用柴油机为了能在低温下迅速可靠的启动，常采用一些用以改善燃料着火条件和降低启动转矩的启动辅助装置，如电热塞、进气预热器、启动液喷射装置以及减压装置等。

9.2.1　电热塞

如图 9-2 所示，一般在采用涡流室式或预燃室式燃烧室的发动机中装有电热塞，以便在启动时对燃烧室内的空气进行预热。螺旋形的电阻丝一端焊于中心螺杆上，另一端焊在耐高温不锈钢制造的发热钢套底部，在钢套内装有具有一定绝缘性能、导热好、耐高温的氧化铝填充剂。各电热塞中心螺杆用导线并联，并连接到蓄电池上。在发动机启动以前，先用专用的开关接通电热塞电路，红热的发热钢套使汽缸内空气温度迅速升高，从而提高了压缩终了时的空气温度，使喷入汽缸的柴油容易着火。

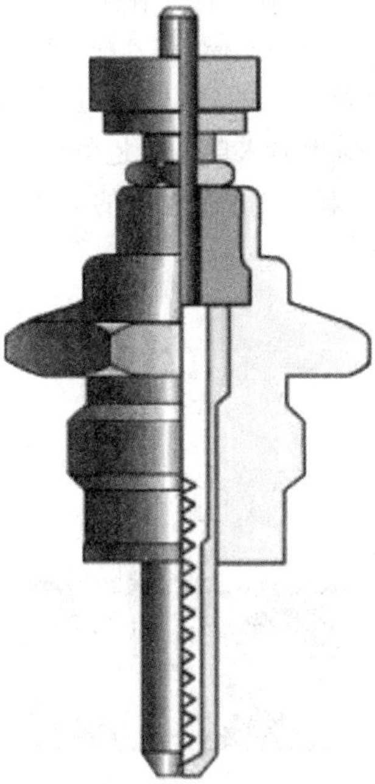

图 9-2　电热塞

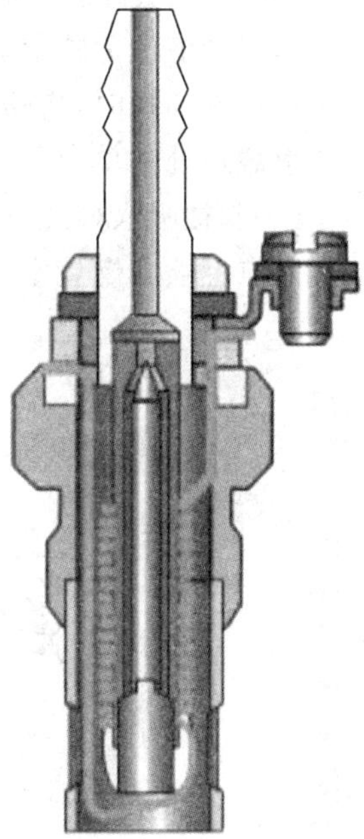

图 9-3　进气预热器

9.2.2　进气预热器

如图 9-3 所示，在中、小功率柴油机上常采用进气预热器作为冷启动的辅助装置。空心阀体由膨胀系数较大的金属材料制成。其一端与进油管接头相连，另一端有内螺纹与一端带有外螺纹的阀芯相连。阀芯的锥形端在预热器不工作时将油管接头的进油口堵塞。阀体外绕有外表面绝缘的电热丝。柴油机启动时，接通预热器电路后，电热丝发热，同时加热阀体，阀体受热伸长，带动阀芯移动，使阀芯的锥形端离开进油孔。燃油流进阀体内腔受热汽化，从阀体的内腔喷出，并被炽热的电热丝点燃生成火焰喷入进气管，使进气得以预热。当关闭预热开关时，电路切断，电热丝变冷，阀体冷却收缩，其锥形端又堵住进油孔而截止燃油的流入，于是火焰熄灭，预热停止。

9.2.3 减压装置

如图 9-4 所示，为了降低启动力矩，提高发动机转速，在某些车用柴油机上采用减压装置。发动机启动时，首先通过手柄驱使调整螺钉旋转，并略微顶开气门(气门一般下降 1～1.25mm)，以降低初压缩阻力。这样在柴油机启动前启动机转动曲轴比较容易。

当曲轴转动起来后，各零件工作表面温度升高，润滑油黏度降低，摩擦阻力减小，从而降低了启动阻力矩。这时将手柄扳回原来位置，柴油机即可顺利启动。

9.2.4 启动液喷射装置

如图 9-5 所示，在低温启动时，可根据需要装用启动液喷射装置。在柴油机进气管内安装一个喷嘴，启动液压力喷射罐内充有压缩气体(氮气)和易燃燃料(乙醚、丙酮、石油醚等)。当低温启动柴油机时，将喷射罐倒立，罐口对准喷嘴上端的管口。轻压启动液喷射罐，即打开喷射罐口处的单向阀，则启动液通过单向阀、喷嘴喷入柴油机进气管，并随同进气管内的空气一起被吸入燃烧室。因为启动液是易燃燃料，故可在较低的温度和压力下迅速着火，从而点燃喷入燃烧室的柴油。

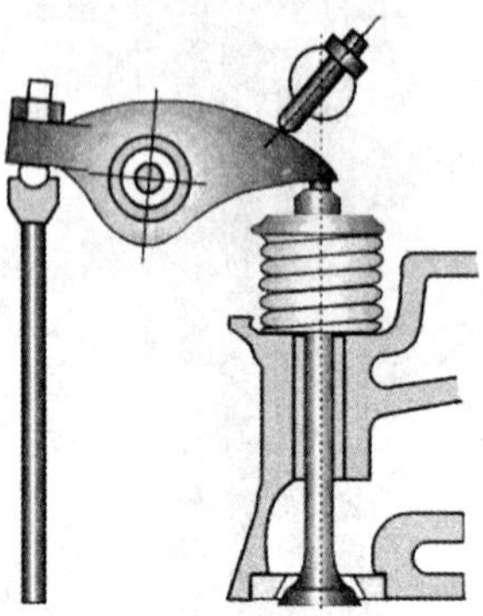

图 9-4　启动减压装置

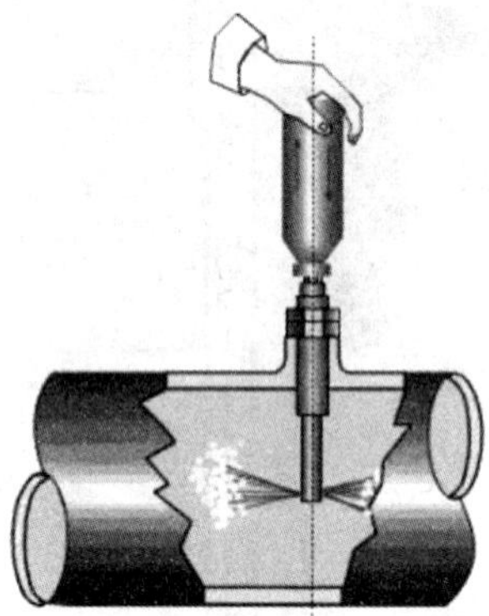

图 9-5　启动液喷射装置

拓展阅读

1. http://121.26.225.8/jpkc/qichedianqi/index.asp/承德石油高等专科学校《汽车电器与电路检修》精品课程网站

2. http://www.jingpinke.com/course/details?uuid=11e8b659-1244-1000-90c1-144ee02f1e73&courseID=SG080400/黄冈职业技术学院《汽车电器》精品课程网站

9.3 启动机

9.3.1 组成

一般由三大部分组成:直流电动机、操纵机构、离合机构。

直流电动机常采用串激直流电动机,其特点是低速时转矩很大,随转速 n 增大,转矩也增大,这一特征非常适合发动机启动的要求。

汽油机用启动机功率为 1.5kW,电压为 12V。

柴油机用启动机功率为 5～11kW,电压为 24V。

9.3.2 操纵机构

直接操纵:由驾驶员通过启动踏板和杠杆机构直接操纵启动开关并使传动齿轮副进入啮合。结构简单,使用可靠,但操作不便,且当驾驶员座位距启动机较远时难以布置,目前已很少使用。

电磁操纵:由驾驶员通过启动开关操纵继电器(电磁开关),而由继电器操纵启动机电磁开关和齿轮副或通过启动开关直接操纵启动机电磁开关和齿轮副。布置灵活,使用方便,适宜于远距离操纵,目前,车用汽油机或柴油机均采用电磁操纵式启动机。启动机齿较与飞轮齿圈传动比为 10∶15。

9.3.3 离合机构

启动机应该只在启动时才与发动机曲轴相连,而当发动机开始工作之后,启动机应立即与曲轴分离。否则,随着发动机转速的升高,将使启动机大大超速,产生很大的离心力,而使启动机损坏(启动机电枢绕组松弛,甚至飞散)。

因此,启动机中装有离合机构。在启动时,它保证启动机的动力能够通过飞轮传递给曲轴;启动完毕,发动机开始工作时,立即切断动力传递路线,使发动机不可能反过来通过飞轮驱动启动机以高速旋转。滚柱式离合机构是常用的离合机构(见图 9-6)。

图 9-6 滚柱式离合机构

滚柱式离合机构由开有楔形缺口的外座圈、内座圈、滚子以及连同弹簧一起装在外座圈孔中的柱塞组成。作为内座圈毂的套筒和启动机轴用花键连接。固定在外座圈上的齿轮随电枢轴一起转动,驱动飞轮齿圈而使曲轴旋转。

当电枢连同内座圈依箭头所示方向旋转时，滚子借摩擦力和弹簧推力而楔紧在内外座圈之间的楔形槽的窄端。于是启动机轴上的转矩便可通过楔紧的滚子传到外座圈，因此固定在外座圈上的齿轮随电枢轴一同旋转，驱动飞轮齿圈而使曲轴旋转。

当发动机开始工作，曲轴转速升高以后，即有飞轮齿圈带动启动机齿轮高速旋转的趋势。此时虽然齿轮的旋转方向不变，但已由主动轮变成了从动轮。于是，滚子在摩擦力的作用下克服弹簧张力而向楔形槽较宽的一端滚动，从而，高速旋转的小齿轮与电枢轴脱开，防止了启动机超速的危险。

9.3.4 启动过程

启动时，接通启动开关，启动机电路通电，继电器的吸引线圈和保持线圈通电，产生很强的磁力，吸引铁芯左移，并带动驱动杠杆绕其销轴转动，使齿轮移出与飞轮齿圈啮合。与此同时，由于吸引线圈的电流通过电动机的绕组，电枢开始转动，齿轮在旋转中移出，减小冲击(见图 9-7)。

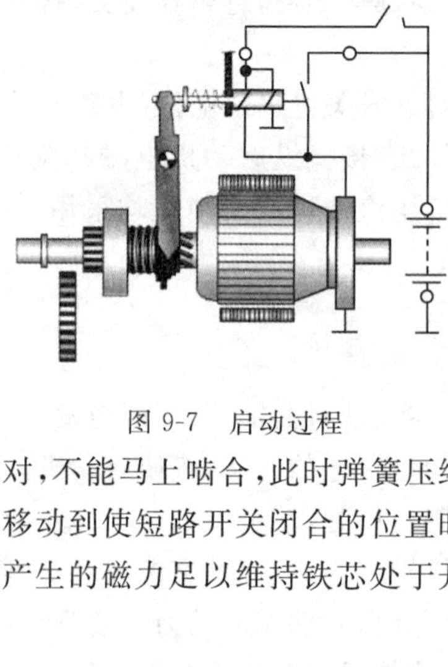

图 9-7 启动过程

如果齿轮与飞轮齿端相对，不能马上啮合，此时弹簧压缩，当齿轮转过一个角度后，齿轮与飞轮迅速啮合。当铁芯移动到使短路开关闭合的位置时，短路线路接通，吸引线圈被短路，失去作用，保持线圈所产生的磁力足以维持铁芯处于开关吸合的位置。

9.3.5 减速启动机

在启动机的电枢轴与驱动小齿轮之间装有齿轮减速器的启动机称为减速启动机(见图 9-8)。当启动机功率一定时，提高电机转速，降低转矩，可以减小其体积。因此，在采用小型、高速、低转矩的启动机时，靠装在电机轴上的齿轮减速器(速比为 3∶4)将电机转速降低后再驱动飞轮。减速启动机与同功率的启动机相比，它具有体积小、重量轻、驱动转矩大的优点。

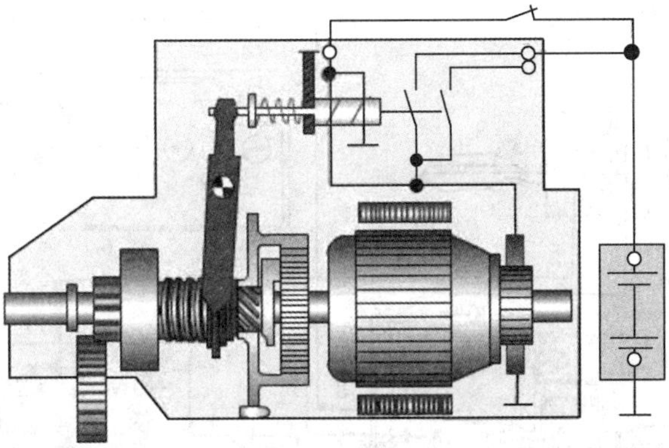

图 9-8　减速启动机

拓展阅读

1. http://121.26.225.8/jpkc/qichedianqi/index.asp/承德石油高等专科学校《汽车电器与电路检修》精品课程网站

2. http://www.jingpinke.com/course/details? uuid = 11e8b659-1244-1000-90c1-144ee02f1e73&courseID=SG080400/黄冈职业技术学院《汽车电器》精品课程网站

9.4　启动系统的检修

9.4.1　启动机的拆卸与安装

本部分实训内容以桑塔纳轿车为例，所以首先介绍一下桑塔纳轿车启动机的结构及接线。

9.4.1.1　桑塔纳轿车启动机结构及接线

桑塔纳轿车启动机采用的是串激直流电动机。电压为12V，功率为0.95kW。其作用是带动发动机运转，启动发动机。它的特点是低速扭矩大，随着转速升高扭矩逐步降低，有利于发动机启动。同时操作方便，简单可靠，便于远距离控制。

启动机的线路连接如图9-9所示。

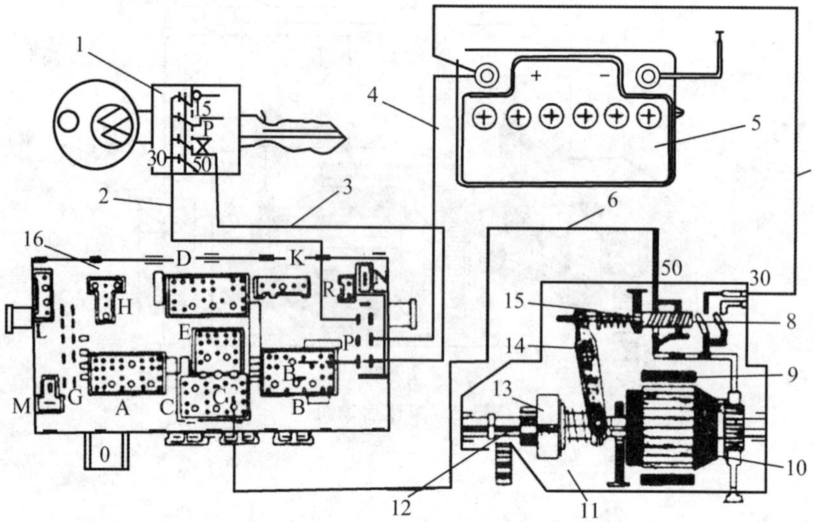

图 9-9 启动机接线

1—点火开关 2、4—红色线 3、6—红/黑色线 5—蓄电池
7—黑色线 8—电磁开关 9—定子 10—转子 11—启动机
12—小齿轮 13—滚柱离合器 14—移位拨杆 15—回位弹簧
16—中央线路板

启动机接柱“30”由黑色导线与蓄电池正极连接；点火开关接通电源，由红/黑色导线从点火开关“50”接柱与中央线路板结点 EK 连接，再通过中央线路板 Q 结点，引到启动机电磁开关“50”接柱。

启动机的工作过程：当点火开关处于启动位置时，启动机的电磁开关线圈电路接通，有电流通过并产生吸力，在电磁吸力作用下，拨叉将启动机驱动齿轮与发动机飞轮齿圈啮合，同时接通启动机电源，启动电机产生扭矩带动发动机运转。当发动机启动后，其转速超过启动机额定转速时，单向离合器打滑，以保护启动机免受损坏。当点 JK 开关离开启动位置后，启动电路被切断，启动机驱动齿轮在弹簧的作用下回位，脱离发动机飞轮齿圈，启动过程结束。

上海桑塔纳轿车的启动机型号为 QD1229 或 QD1225，分别由长沙汽车电器厂和上海汽车电机厂生产。其结构是由直流电动机、传动机构和控制装置三部分组成，如图 9-10 所示。启动机最大启动电流为 110A，当制动电流不大于 480A 时，最大输出扭矩不低于 13N·m。

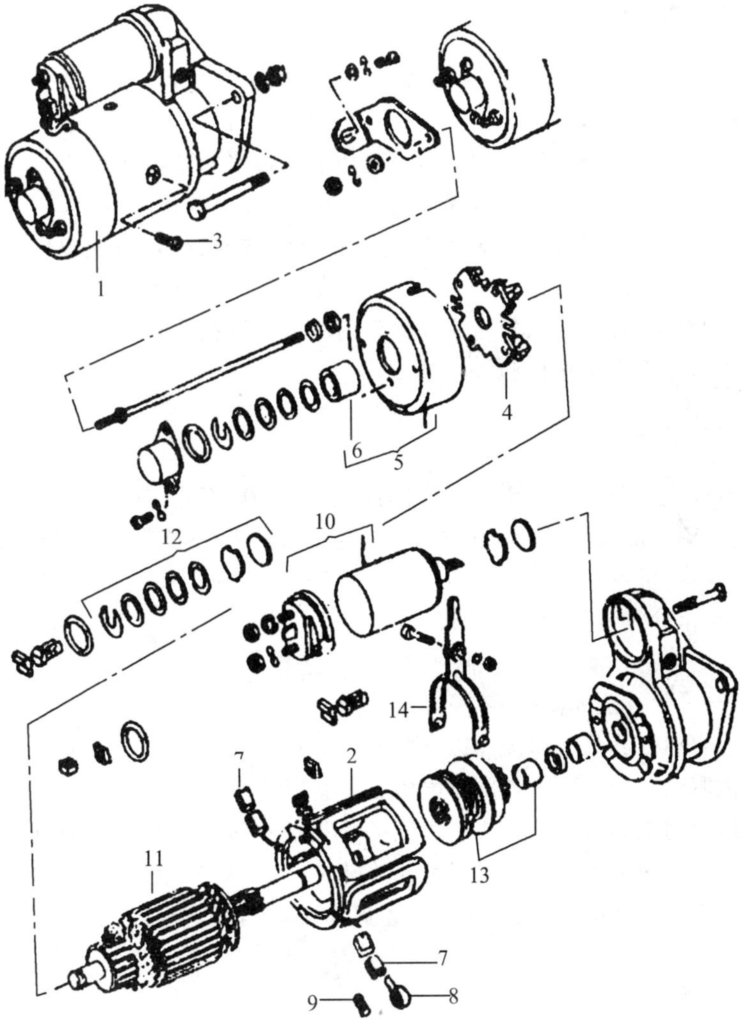

图 9-10　启动机分解图

1—启动机　2—启动机定子线圈　3—螺钉　4—启动机碳刷支架　5—轴承总成
6—启动机后衬套　7—启动机碳刷　8—启动机碳刷弹簧　9—弹簧
10—启动机开关　11—启动机转子　12—启动机转子调整件
13—启动机驱动齿轮　14—拨叉

9.4.1.2　启动机的拆卸

拆卸步骤：拆下蓄电池搭铁线。拆下启动机上的各连接导线。拧下支架与发动机的连接螺栓，取下启动机及安装支架。

9.4.1.3　启动机的安装

安装时先将支架与启动机上的螺栓，通过垫片、弹簧垫圈及螺母连在一起，然后把支架连同启动机一起装在发动机上，并使启动机的螺栓能在支架孔中活动，以调整启动机的最佳位置，最后将固定螺母拧紧。拧紧力矩为 20N·m。

9.4.2 启动机的使用与维护

启动机每次连续工作时间不得超过 5s，若第一次不能启动，应停歇 10～15s，再进行第二次启动。

要经常保持蓄电池在充足电的状态，不能用放电过多的蓄电池启动发动机。

各导线接头要连接牢固，电桩应保持清洁，以尽量减小其接触电阻。

经常保持启动机各部件清洁，特别是电刷和换向器的清洁，以便电刷与换向器接触良好。

注意各转动部位的润滑，保养时应在衬套内涂上润滑脂。

冬季启动时，应采取预热措施。

9.4.3 启动机的故障诊断

启动机常见的故障有：启动机不转；启动机运转无力，不能带动发动机运转；启动机驱动齿轮与飞轮齿圈不能很好啮合并有撞击声；启动机空转，不能带动发动机转动。

9.4.3.1 启动机不转

检查步骤与排除方法如图 9-11 所示。

9.4.3.2 启动机转动无力，不能带动发动机运转

检查步骤与排除方法如图 9-12 所示。

9.4.3.3 启动机其他故障的原因与排除

(1)启动机驱动齿轮与飞轮齿圈不能啮合并有撞击声

故障原因：启动机驱动齿轮或飞轮齿圈的牙齿磨损过甚或损坏。电动机开关闭合过早，启动机驱动齿轮尚未啮合时启动机就已旋转。

排除方法：更换损坏齿轮(或齿圈)；调整启动机驱动齿轮与限位螺母的距离，一般应为 4～5mm。

(2)启动机空转

故障原因是单向离合器打滑。应更换离合器。

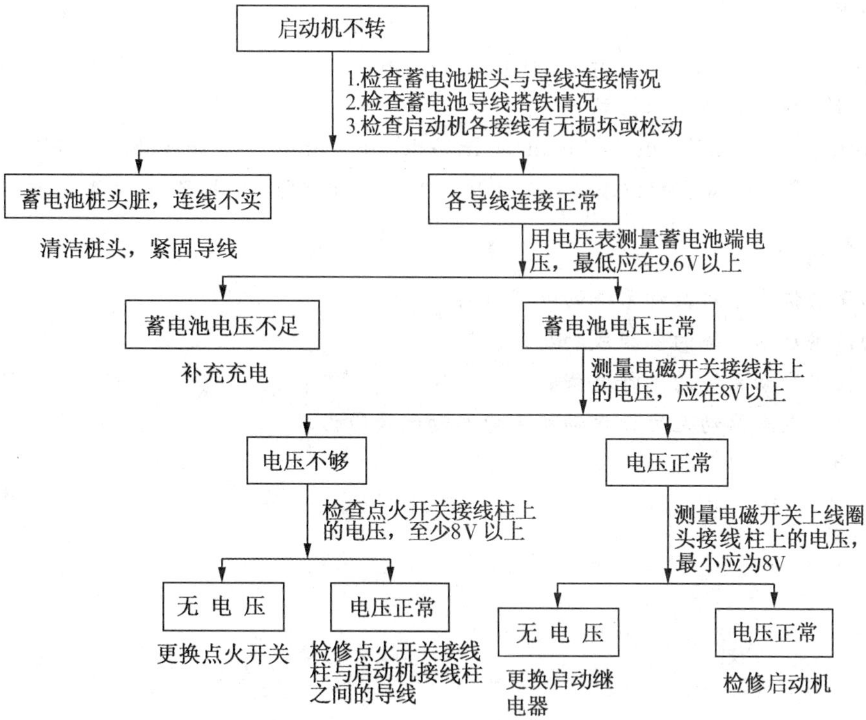

图 9-11　启动机不转检查步骤与排除方法

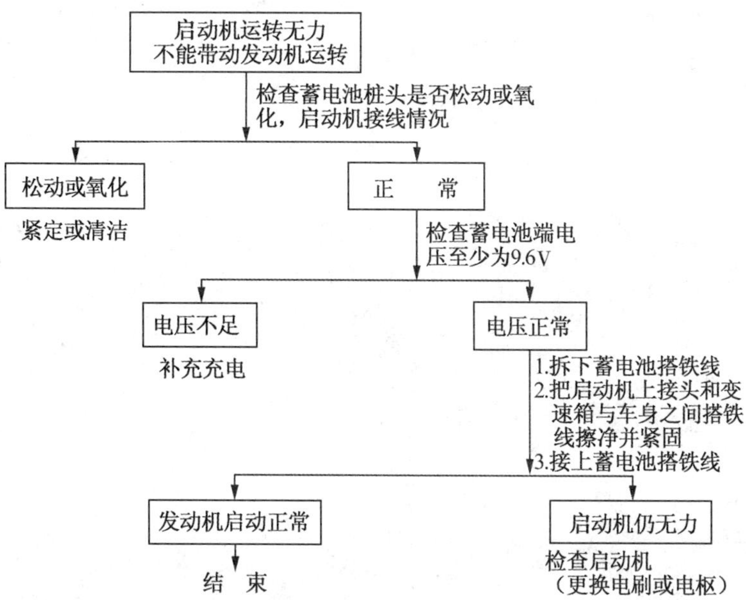

图 9-12　启动机转动无力，不能带动发动机运转的检查与排除

拓展阅读

1. http://121.26.225.8/jpkc/qichedianqi/index.asp/承德石油高等专科学校《汽车电器与电路检修》精品课程网站

2. http://www.jingpinke.com/course/details? uuid = 11e8b659-1244-1000-90c1-144ee02f1e73&courseID=SG080400/黄冈职业技术学院《汽车电器》精品课程网站

复习思考题

(1)发动机汽车对启动系统的要求有哪些?

(2)简述启动系统的各组成和功用。

(3)描述启动系统的工作过程。

(4)简述汽车启动无力致发动机不能启动的故障诊断。

主要参考文献

1. 孙海波:《汽车发动机检修》. 北京:人民邮电出版社 2009 年版。

2. 吴建华:《汽车发动机原理》. 北京:机械工业出版社 2005 年版。

3. 黄俊平:《汽车发动机维修实训》. 北京:机械工业出版社 2009 年版。

4. 张子波:《汽车发动机大修实训》. 北京:高等教育出版社 2007 年版。

5. 黄玮:《柴油发动机构造与原理》. 北京:科学出版社 2009 年版。

6. 陈小龙、代洪、吴东平:《汽车发动机构造与维修》. 北京:化学工业出版社 2009 年版。

7. 焦传君:《汽车发动机构造与维修》. 北京:高等教育出版社 2007 年版。

8. 杨柏青:《汽车发动机机械系统检修》. 北京:北京大学出版社 2009 年版。

9. 周林福、林平:《汽车发动机机械系统检修》(汽车检测与维修技术专业). 北京:人民交通出版社 2009 年版。

10. 刘建平:《汽车发动机机械维修工作页》. 北京:人民交通出版社 2007 年版。

11. 张葵葵:《电控发动机原理与检测技术》. 北京:机械工业出版社 2007 年版。